CHINA'S ECONOMY

UNDER THE IMPACT OF EPIDEMIC SITUATION

疫情冲击下的
中国经济

做好"六稳"工作 落实"六保"任务

中国建设银行研究院
中国宏观经济研究院 联合课题组◎著

人民出版社

责任编辑：高晓璐

图书在版编目（CIP）数据

疫情冲击下的中国经济:做好"六稳"工作 落实"六保"任务/中国建设银行
　研究院中国宏观经济研究院联合课题组 著. —北京:人民出版社,2020.9
ISBN 978－7－01－022494－7

Ⅰ.①疫…　Ⅱ.①中…　Ⅲ.①中国经济-经济发展-研究　Ⅳ.①F124

中国版本图书馆 CIP 数据核字（2020）第 179305 号

疫情冲击下的中国经济
YIQING CHONGJIXIA DE ZHONGGUO JINGJI
——做好"六稳"工作 落实"六保"任务

中国建设银行研究院　中国宏观经济研究院　联合课题组　著

人民出版社 出版发行
（100706　北京市东城区隆福寺街 99 号）

北京汇林印务有限公司印刷　新华书店经销

2020 年 9 月第 1 版　2020 年 9 月北京第 1 次印刷
开本:710 毫米×1000 毫米 1/16　印张:24.5
字数:390 千字

ISBN 978－7－01－022494－7　定价:79.00 元

邮购地址 100706　北京市东城区隆福寺街 99 号
人民东方图书销售中心　电话 （010）65250042　65289539

编委会成员

序一　共享时代机遇　共担时代责任

　　正如狄更斯评价当年工业革命后的世界一样，我们当前面临的时代可谓是最好的时代，也是最坏的时代，处处充盈着矛盾和巨变，焦虑和不安。新一轮科技革命和产业变革使得物质财富更加丰富，人们生活方式也发生了深刻变化。全球经济形势正在经历冷战结束以来最深刻的变革，具有国际影响力的大事频繁发生，人类社会发展充满了不确定性和不稳定性因素。对此，面对每一次全球性难题，宏观经济研究都无一例外地提出了建设性的解决方案，有助于推动人类经济社会发展和时代进步。

　　当然，宏观经济研究离不开它所处的特定环境。十八大以来，党中央明确提出了中国经济发展的新常态、供给侧结构性改革、"三去一降一补"政策、"一带一路"倡议、"六稳""六保"政策等掷地有声的重大改革思想，各项经济社会领域改革力度之大、范围之广、调整之深，整体性系统性改革成效举世瞩目。近十年来，我国经济已由高速增长阶段转向高质量发展阶段，正经历转变经济发展方式、优化经济结构、转换增长动力的重大攻关期。这些新时代中国特色社会主义经济思想及其巨大转型实践是开创性的，值得系统性阐释和总结，而不是零星的梳理甚或片面的解读，需要我国学者们认真研究构建有中国特质化的转型经济学理论体系，宏观经济研究也因此被赋予鲜明的时代意义。

　　需要注意的是，当前全球经济和政治格局均呈现出新现象。发达经济体和新兴经济体债务高企，经济增速下滑，民粹主义和民族主义抬头。特别是中美贸易摩擦不仅深刻影响着中国贸易格局和经济增速，也对全球经济秩序和产业链价值重构产生深远的影响。我国当前不仅面临前所未有的宏观经济与政策环境变化，而且还面临史无前例的转型变革及一系列新的结构问题。譬如，结构转型中经济增速下降与债务积压两者相互加强的恶性循环问题；去杠杆和稳杠杆对金融体系效率与金融风险、经济周期与资源配置的影响以及去杠杆的政策选择问题；如何通过创新型的货币政策、汇率政策、财政政策、宏观审慎政策及其有效配合来提高就业和化解金融风险问题；海外低利率甚至负利率对中国货币政策选择影响问题；逆全球化问题等都将是宏观经济理论和现实研究的未来方向。因此不同于以往，现在的宏观经济研究应是建立在全球开放条件下的研究，需要用更高的智慧和更先进的方法研究中国巨大转型的系统性问题，需要新的宏观经济学框架为中国解决复杂多变的经济社会问题提供理论支撑。

"万物得其本者生，百事得其道者成"。过去商业银行的发展与转型普遍对宏观经济研究不够重视，实际上商业银行发展亟须宏观经济金融理论的研究支撑。这不仅有助于资本市场的投资运作，也有利于为商业银行转型发展战略制定和业务经营管理决策提供智力支持。当前，宏观经济研究对商业银行发展有几点意义是很值得关注的：一是掌握和运用宏观经济研究新范式，能增强商业银行服务国家建设的能力。我们梳理宏观经济理论与实践的探索过程发现，宏观经济研究新范式正通过异质性宏观模型和微观数据来准确刻画中国经济中的结构问题。这不仅有利于理解中国宏观经济运行机制和定量评估宏观经济政策，更有利于商业银行开拓更广阔的视野和更前瞻的思维，重点围绕国家宏观经济发展战略，优化商业银行资源配置，创新全球一体化服务模式，加快商业银行向综合性经营、多功能服务、集约化发展转型，增强服务国家建设的能力。二是认识和遵循宏观经济运行规律，能增强商业银行防范金融风险能力。过去宏观经济研究只将风险当作某种外生的冲击，近年来宏观经济研究开始更认真地对待"金融摩擦"问题和研究内生的杠杆水平、资产泡沫、系统性风险等重要问题，可以说系统性重要银行发展战略与宏观经济发展息息相关。因此，认清中国经济波动特征，识别经济金融风险发生的根源、方式、途径，能提升商业银行防范和抵御风险能力，最大限度地避免重大金融风险事件对宏观经济运行的冲击与干扰。三是分析和把准宏观经济形势，能增强商业银行经营管理的方向感。透过复杂的经济数据和宏观现象把握经济发展的脉络，深层次分析复杂多变的经济社会问题，有利于商业银行及时调整经营发展战略，对市场主攻方向做出快速、客观、可行的预测，增强经营管理工作的主动性和预见性。

"积力之所举，则无不胜也；众智之所为，则无不成也"。中国宏观经济研究院是以宏观经济理论和政策研究见长的国家高端智库，在宏观经济总量和专题调研数据方面具有较大优势，中国建设银行是银行业国家队之一，有大量企业、居民和政府等微观层面数据，两者在数据资源上优势互补，研究合作相得益彰。为此，中国宏观经济研究院与建设银行举办了多场研讨会，相互碰撞思想的火花，持续探索解决国民经济、社会发展和改革开放中重点、难点问题的方案和可行路径，达成了不少研究共识，形成了一些观点鲜明，分析精辟的成果。例如，《隐性债务风险分布与现实化解路径》、《中美经贸摩擦影响及经济金融应对策略研究》、《中美贸易战背景下人民币汇率破"7"及下半年走势》、《工业领域结构性通缩风险会卷土重来吗？》等专题报告，都得到了各方的一致认可。

往日不在，未来已来。幸运的是，当前全球经济正处在不稳定性和不确定性的百年大变局时期，当代中国正处在最宏大、最深刻的经济转型发展时期，最新颖、最鲜活的改革实践也正发生在中国，伟大的改革时代，给予我们很多值得研究探索的问题。中国建设银行愿与中国宏观经济研究院同道，以本书的合作为契机，持续总结合作研究经验，不断改进和提升融合式研究合作深度，努力构建有特色的独特分析框架和研究品牌，力争为我国宏观经济研究发展做出自己的贡献。

中国建设银行副行长　纪志宏

2020 年 7 月

序　二

　　在过去的一年中，我国坚持稳中求进工作总基调，以供给侧结构性改革为主线，三大攻坚战取得关键进展，"十三五"规划主要指标进度符合预期，高质量发展迈上新的台阶。一是主要经济指标运行在合理区间。2019 年国内生产总值同比增长 6.1%，如期实现年初确定的 6.0%—6.5% 的既定增长目标，且连续 18 个季度保持在 6%—7% 区间之内；全年城镇新增就业 1352 万人，完成全年目标任务的 122.9%，失业率始终稳定在 5.0%—5.3% 的低位区间；居民消费价格指数同比增长 2.9%，处在 3% 的预期目标之内，市场上商品供应充足，供需基本平衡；外汇储备增至 3.1 万亿美元，较年初实现小幅扩张。二是供给侧结构性改革取得显著成果。"三去一降一补"扎实推进，全年工业产能利用率升至 76.6%，过剩产能逐步消化，全年累计新增减税降费规模超过 2 万亿元，企业经营成本持续下降，基础设施等领域补短板力度不断加大；微观主体活力持续增强，全国新设市场主体 2179 万户，日均新设企业达到 2 万户，"放管服"改革持续推进，营商环境加速改善；产业链水平逐步提升，传统产业优化升级，新兴动能加速培育，新技术、新产业、新业态、新集群持续涌现，我国在全球供应链、产业链、价值链中的地位逐步提升。三是三大攻坚战稳步推进。防范化解重大风险攻坚战取得积极成效，金融市场和金融机构运行平稳，宏观杠杆率基本稳定，存量风险有序压降，中小银行局部性、结构性流动性风险获得稳妥化解，民营企业债券违约事件得到有序处置，人民币汇率总体稳定；脱贫攻坚战取得决定性进展，农村贫困发生率由2012年末的10.2%降至2019年末的0.6%，"两不愁三保障"问题基本得到解决；污染防治攻坚战持续推进，主要污染物排放总量逐步减少，生态环境质量总体改善，"十三五"规划纲要确定的生态环境保护主要指标均达到年度目标和序时进度要求。

然而需要看到的是，当前我国经济发展过程中仍然面临部分问题和挑战，对于重要战略机遇期的把握和高质量发展的进一步推进均会形成一定制约和干扰。一是国际经济金融环境日趋复杂多变。2019年美欧日等主要经济体内部需求整体疲弱，下半年经济增速均处在近年相对低位，制造业PMI在荣枯线附近徘徊，全球经济同步放缓趋势日益明显；金融动荡风险有所加剧，金融市场繁荣缺乏实体经济支撑，债市利率"倒挂"信号频现，不确定性持续加大；单边主义、贸易保护主义逐步抬头，各国围绕经贸规则博弈有所加速，地区间贸易争端时有发生，英国无协议脱欧、日韩贸易争端等地缘政治经济事件频发多变。二是国内经济下行压力有所加大。当前，实体经济发展仍面临多因素掣肘，企业经营效益整体欠佳，全年规模以上工业企业利润总额同比下降3.3%，增速较上年出现明显回落，融资难融资贵问题尚未根本解决；金融债务领域风险仍存，2019年我国宏观经济杠杆率已增至245.4%，债务水平依然偏高，多因素导致地方财政收支困难加大，债券市场违约事件有所增多；就业结构性风险上升，受食品尤其是畜肉类商品价格快速上涨带动，总体物价水平涨幅显著，保障和改善民生压力仍然较大。

2020年是我国决胜全面建成小康社会和"十三五"规划的收官之年，正处在我国"两个一百年"奋斗目标的历史交汇期、经济社会发展的关键窗口期以及全面开启社会主义现代化强国建设新征程的重要机遇期。习近平总书记在党的十九大报告中指出，"当前，国内外形势正在发生深刻复杂变化，我国发展仍处于重要战略机遇期，前景十分光明，挑战也十分严峻"。中央经济工作会议同样强调，"我国正处在转变发展方式、优化经济结构、转换增长动力的攻关期，结构性、体制性、周期性问题相互交织，'三期叠加'影响持续深化，经济下行压力加大。当前世界经济增长持续放缓，仍处在国际金融危机后的深度调整期，世界大变局加速演变的特征更趋明显，全球动荡源和风险点显著增多"。身处复杂多变的国内外环境之下，能否精准研判当前我国经济的实际运行状况、面临的风险挑战进而对未来经济走势进行合理预判，对于保障全年乃至"十三五"时期我国各项经济社会目标的如期实现、准确全面把握重要战略机遇期、坚定不移推动经济迈向高质量发展均具有重要价值和意义。

本书按照"专题支撑，点面结合"的研究思路对 2019 年我国宏观经济总体运行状况及各领域发展态势进行了细致全面的梳理和总结，同时对 2020 年上述各领域的形势进行了研判和分析，一定程度上弥补了同类年度研究报告的缺点和不足。然而，限于经验和水平，书中如有谬误之处，恳请各位专家和广大读者批评指正。中国宏观经济研究院（国家发展和改革委员会宏观经济研究院）是首批国家高端智库建设试点单位，是国内唯一以宏观经济理论和政策为专长的国家级决策咨询智库，具有贴近国家宏观经济管理决策机构、贴近中国发展实际、学科专业比较齐全的特色。本书是中国宏观经济研究院与中国建设银行开展战略合作的首批成果之一，在此对中国建设银行给予我院的支持致以诚挚的谢意，同时期待双方可以在未来开展更广范围、更深层次的合作与交流。

中国宏观经济研究院院长　王昌林

2020 年 7 月

目 录

总量篇

结构篇

产业篇

Part 1
总量篇

第一章　宏观经济形势分析：
2019—2020 年的主要变化

2019 年经济运行保持了总体平稳、稳中有进的态势，主要宏观指标基本平稳，经济结构继续优化，新动能持续增强，经济质量效益稳步提升。但是全球经济同步放缓趋势增强、实体经济发展仍较困难、金融债务领域风险仍存、保障和改善民生压力较大成为经济运行中的突出问题。展望 2020 年，我国经济基本面好、发展韧性足的基本特点并未改变，但短期疫情冲击和长期积累的矛盾相互叠加，经济运行中的不稳定、不确定性因素有所增多，总体经济形势依然较为复杂严峻。为此建议，应统筹做好"六稳"工作，把握好逆周期调节政策的力度和节奏，强化各项政策的协同协调，有条不紊推进各项改革措施，发挥好政策合力，确保实现全年经济发展的预期目标。

2019 年，面对国内外风险挑战明显上升的复杂局面，全国各地区各部门按照中央部署，坚持稳中求进工作总基调，贯彻新发展理念，落实高质量发展要求，以供给侧结构性改革为主线，统筹推进稳增长、促改革、调结构、惠民生、防风险各项工作，全年经济运行总体平稳、稳中有进。经济运行外部环境趋紧，国内实体经济发展仍较困难，多重困难矛盾和风险挑战交织叠加，掣肘经济平稳运行，一些突发性事件进一步加大了短期经济下行压力。为此，需全面做好"六稳"工作，发挥政策合力，释放宏观动力和微观活力，力促经济在平稳运行中高质量发展。

第一节　2019年我国经济运行总体平稳、稳中有进

2019年，我国经济运行总体平稳、稳中有进，从宏观面到微观面呈现"稳、优、新、好"的发展局面。

宏观指标基本平稳。一是经济增长处于合理区间。全年国内生产总值同比增长6.1%，如期实现年初确定的6.0%-6.5%的既定增长目标，且连续18个季度保持在6%-7%区间内。二是就业保持稳定。全年城镇新增就业1352万人，完成全年目标任务的122.9%，连续7年保持在1300万人以上的较高水平，年内失业率始终保持在5.0%-5.3%低区间。三是价格水平温和。全年居民消费价格指数（CPI）同比增长2.9%，处在3%的预期目标之内，市场上商品供应充足，供需基本平衡。剔除食品和能源的核心CPI同比上涨1.6%，较上年回落0.3个百分点。工业产品价格涨势放缓，工业生产者出厂价格指数（PPI）同比下降0.3%。四是国际收支延续平稳态势。全年累计贸易差额达29150亿元，较上年增加5903亿元。外汇储备增至3.1万亿美元，较年初实现小幅扩张。年度人民币汇率小幅贬值，但三季度以来人民币兑主要货币均保持稳中微升态势。

经济结构继续优化。一是产业结构持续优化。服务业在经济中的比重达到53.92%，比上年同期提高0.65个百分点。工业继续向中高端迈进，高技术制造业和战略新兴产业增速分别高于规模以上工业3.1个和2.7个百分点。二是消费结构逐步优化。消费升级态势更加明显，中高端消费需求不断释放，服务消费较为活跃。2019年，全国居民人均服务性消费支出占全国居民人均消费支出比重为45.9%，比上年提高1.7个百分点。三是投资结构不断优化。补短板、强弱项、增后劲投资持续发力，全年高技术制造业投资、高技术服务业投资分别增长17.7%和16.5%，快于全部投资12.3个和11.1个百分点。全年工业技改投资增长9.8%，快于全部工业投资5.0个百分点。全年高技术产业同比增长8.8%，快于全部投资4.4个百分点。生态保护和环境治理业、环境监测及治理服务投资分

别增长 37.2% 和 33.4%，文化娱乐经济、互联网经济等新兴领域渐成投资热点，分别实现 13.9% 和 8.6% 的增长。四是外贸出口结构逐步优化。出口市场日趋多元，抵御外部风险挑战的能力进一步提升，对"一带一路"沿线国家合计进出口增长 10.8%，高出货物进出口总额增速 7.4 个百分点。全年一般贸易和民营企业进出口占进出口总额比重增至 59.0% 和 42.7%，较上年分别提高 1.2 个和 3.1 个百分点。

新动能持续增强。一是市场主体增量提质。全年新登记市场主体累计 2377 万户，日均新登记企业逾 2 万户，活跃度达 70% 左右，年末市场主体总数已超过 1.2 亿户。各类非公有制市场主体快速发展。二是新产品产量增长较快。3D 打印设备、太阳能工业用超白玻璃、高温合金、充电桩、城市轨道车辆等新材料、新能源等领域新兴产品继续高速发展，增速达到 32.6%-155.2%，智能手表、服务机器人、智能手环等智能化消费产品增速分别为 101.7%、38.9%、36.8%。三是新模式、新业态持续涌现。现代科技应用不断拓展，信息通信体系日益完善，5G 商用稳步推进，大数据、云计算、人工智能等现代信息技术快速发展。

质量效益稳步提升。一是居民收入稳步增长。全年全国居民人均可支配收入达 30733 元，名义同比增速为 8.9%，高于 GDP 增速 2.8 个百分点，快于上年 0.2 个百分点，其中经营净收入、财产净收入等均保持较快增长。城乡居民人均收入比值降至 2.64，较上年收窄 0.05，城乡收入差距进一步缩小。二是脱贫攻坚扎实推进。全年 340 个左右贫困县成功摘帽，1109 万农村贫困人口实现脱贫，向着消除绝对贫困又迈出一大步。三是企业利润结构有所改善。2019 年，高技术制造业、战略性新兴产业利润同比分别增长 4.8% 和 3.0%，明显优于规模以上工业平均水平。

同时，2019 年供给侧结构性改革持续推进，全年工业产能利用率已升至 76.6%，过剩产能逐步消化；全年累计新增减税降费规模超过 2 万亿元，拉动全年经济增长约 0.8 个百分点，推动企业经营成本稳步下行，12 月份工业企业每百元营业收入中的成本降至 84.08 元，较上半年下降 0.25 元。

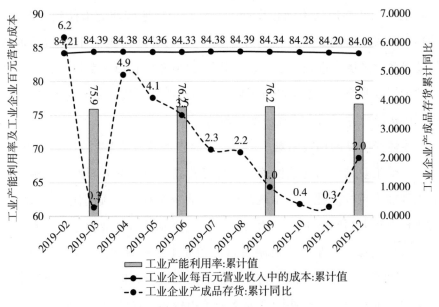

图 1-1　工业产能利用率、企业成本及产成品存货变化情况 -1

第二节　经济运行中存在的主要问题和风险挑战

内外部、长短期、宏微观等多重问题矛盾交织叠加，短期经济下行风险增大。

全球经济同步放缓趋势增强。一是发达经济体下行压力趋升。2019年，美国 GDP 同比仅增长 2.3%，季度经济增速持续回落，下行压力不断加大。欧盟经济增速持续疲弱，全年欧盟 28 国 GDP 仅增长 1.5%，德国、英国、法国等主要经济体表现均不及预期。日本经济延续下行态势，2019 年日本 GDP 同比增速仅为 0.7%，季度环比折年率实现由正转负。二是新兴经济体增长不及预期。印度经济增速出现大幅放缓，四季度印度 GDP 仅增长 4.7%，增速水平创近 6 年新低。巴西、俄罗斯、南非经济均呈现微增长态势，全年 GDP 同比增速仅分别为 1.1%、1.3% 和 0.2%。受经贸冲突、经济制裁等因素影响，韩国、土耳其、墨西哥等国经济增速较上年同期均出现不同程度回落。三是全球地缘冲突事件频发多变。2019 年以来，全球经贸环境持续恶化，英国无协议脱欧、日韩贸易争端等地缘政治经济事件频发多变，尤其是 2020 年年初以来美伊、叙土、美委冲突持续升级，对全球经济平稳运行造成明显干扰。受上述因素影响，国际机构已普遍下调全球经济增长预期。

实体经济发展仍较困难。一是工业企业经营效益整体欠佳。2019 年以来，受工业品价格持续回落、综合经营成本居高不下等因素影响，企业盈利能力持续恶化。全年规模以上工业企业利润总额同比下降 3.3%，增速较上年大幅回落 13.6 个百分点，工业企业亏损数量和亏损额度较上年均有所增加。二是融资难融资贵问题尚未根本解决。受环保、能耗、行业监管等多方面政策门槛约束，企业信贷获取难度加大，资金供需不匹配现象依然突出，一些隐性成本和负担较多，导致企业实际融资成本仍居高不下。

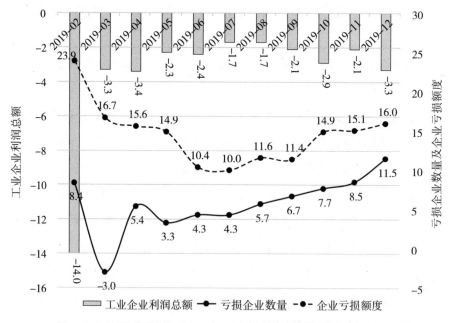

图 1-2　工业企业利润总额、亏损企业数量及额度累积同比增速（%）

金融债务领域风险仍存。一是宏观经济杠杆水平依然较高。2019 年我国宏观经济杠杆率已增至 245.4%，较上年提高 6.1 个百分点，债务水平依然偏高。非金融企业部门杠杆率整体平稳，但居民部门和政府部门杠杆率上升较快，其中低收入家庭债务水平上涨过快，"短借长用"、"借新还旧"等问题有所增多。二是地方财政收支平衡风险加大。在疫情防治、民生保障、重点项目建设等刚性支出不减的背景下，政府财税收入减少、隐性债务化解压力较重、税收开源能力不足等因素致使地方财政收支困难加大。三是债务违约风险趋升。债券市场违约事件增多，截至 12 月中旬银行间和交易所违约债券共计 153 只，涉及的债券本金规模达 1185.64 亿元，违约规模处在历史高位，其中 39 家发行人首次发生违约行为。

保障和改善民生压力不减。一是稳就业难度有所上升。当前民营和中小企业发展信心不足，就业预期持续走低，就业结构性风险上升。转型发展地区就业接续难度加大，创业公司融资难度进一步增加，创业带动就业的示范效应趋弱。全球制造业竞争加剧、就业岗位外迁风险加大，国有企业改革、减员的压力上升，部分地区、部分行业低技能群体转岗就业较为困难。二是物价结构性上涨压力增大。2019 年下半年以来，受食品尤其是畜肉类商品价格快速上涨带动，总体物价水平涨幅显著，12月份 CPI 同比上涨 4.5%，涨幅水平创 2012 年以来新高。在居民劳动报酬和财产性收入增长乏力的背景下，食品的刚性需求支出上升明显，低收入群体反映尤为强烈。

第三节 2020 年经济走势及主要指标预测

2020 年初的新冠肺炎疫情加大了短期经济下行的压力，但不会影响我国经济中长期发展趋势。上半年随着全国经济活动逐渐恢复常态，供给和需求动能持续修复，工业、服务业、消费和投资数据逐步好转。展望全年，在经济良好的基本面和发展韧性条件下，辅以加力的政策措施，全年经济将呈现快速回稳态势。

——**工业增长回落后快速回调**。2019 年四季度以来，工业经济呈现回升态势，但受疫情冲击，今年一季度工业增速大幅回调，但疫情结束后会快速回稳回升，预计 2020 全年后三季度工业增长总体稳定。从有利条件来看：一是企业库存周期触底反弹。2019 年制造业整体处于去库存周期，当前库存水平处于低位，这为今年行业库存回补提供了较大空间。以汽车行业为例，前期库存超调的汽车行业已经率先开启了补库存周期，2019 年 9 月份汽车企业库存 94.2 万辆，为近年来的最低水平，之后进入库存回补，12 月份达到 108.2 万辆，同期汽车行业的增加值增速也开始显著上行，由 9 月份的 0.5% 回升至 12 月份的 10.4%。同时销售端逐渐好转，12 月份汽车销售增速已经转正，预计未来销售端的好转将进一步向生产端传导，支撑汽车行业增速进一步上行。从历史规律和先行指标来看，预计制造业整体转向"补库存"的拐点将在 2020 年下半年出现，加之 2019 年基数较低，将有力支撑 2020 年制造业的整体景气上行。二是新动能行业保持较快增长。随着供给侧结构性改革的持续推进，新动能行业方兴未艾，加之政策倾斜支持，产业规模持续扩张，2020 年将大概率延续 2019 年的快速增长态势。三是基建投资提速带动相关产业生产显著改善。基建投资快速增长带动原材料类行业生产。3 月份以来，原材料行业增加值持续正增长，5 月份月度增速达到 5.5%，其中黑色金属冶炼压延业累计增长 2.8%，二季度平均增速达到 5% 以上，带动装备制造业快速增长。5 月份装备制造业增加值同比增长 9.5%，建筑工程用机械产量连续保持两位数增长，5 月份达到 38.4%，其中挖掘机增长 82.3%。四是政策效应持续显现。2019 年尤其是下半年以来出台的一系列稳增长政策，其政策效应将在 2020 年陆续显现，如持续推进的减税降费政策、针对制造业的信贷倾斜政策，都将在一定程度上缓解企业的生产经营困难，推动企业恢复和扩大生产。从不利条件来看：一是国内外需求依然疲弱。2020 年国际经济贸易整体保持趋势下行，国内消费和投资景气度难以显著回升，内外需疲弱对工业企业扩大生产的拉动力不足。二是部分省份能耗指标超标。2020 年是"十三五"收官之年，国家必将对"十三五"期间能耗"双控"目标进行考核，而部分省份"双控"指标已超出国家下达任务，新工业项目落地将面临较大限制。三是主要工业品价格持续走低。2019 年以来 PPI 指数持续负增长，大部分大宗工业产品价格持续走低，企业销售预期减弱，扩大生产动力不足。

——**服务业增长稳中趋缓**。2020 年受到疫情冲击，预计服务业总体呈现稳中趋缓态势。从有利条件来看：一是新兴行业快速增长。2019 年以来，以战略性新兴服务业、高技术服务业和科技服务业为代表的服务业新动能持续保持快速增长，增速均高于服务业整体水平，预计 2020 年上述势头仍将延续。二是政策红利持续释放。年初以来持续推进的减税降费、降低融资成本以及培育拓展新的商品和服务业增长点等一系列政策措施相继落地，政策成效有望持续释放。从不利条件来看：一是部分生产性服务业增速放缓。中上游行业放缓或带动交通运输、仓储和邮政业等生产性服务业有所放缓。二是金融业增加值放缓。人民币贷款将平稳增长，债券发行有望保持较快增速，股票市场成交将继续修复，但考虑到上年高基数因素影响，预计金融业增加值增速也将略有放缓。三是第三产业受到疫情冲击最为显著。近期新型肺炎疫情形势严峻，餐饮、文化娱乐、交通运输、旅游等行业遭遇明显冲击，店铺停业、订单取消等现象极为普遍，对全年服务业增长造成影响。

——**消费增长保持低位**。受到疫情冲击影响，一季度消费增长大幅回落，部分后期消费会呈现补偿式增长，总体判断 2020 年消费保持低位增长。从有利条件来看：一是居民收入和就业保持稳定。在各地贯彻落实就业优先战略和稳就业各项政策的作用下，2019 年以来我国就业形势和居民收入增速总体保持平稳。二是汽车销售有所好转。2019 年消费增长低迷主要受到出行类商品尤其是汽车销售不佳因素影响，近期出行类商品特别是汽车销售降幅收窄，汽车类消费 4 月份转正后，5 月份同比增长 3.5%，显著快于整体消费增速。预计 2020 年下半年在低基数等因素作用下将进一步好转。三是升级类消费仍将保持较快增长。在消费升级大趋势下，消费升级类商品销售增速逐步加快。新能源汽车、智能家用电器和音像器材等商品实现快速增长，预计 2020 年上述趋势仍将延续。四是线上消费平台崛起，一定程度上对冲疫情冲击。当前实物商品网上零售已经占到全部社会消费品零售总额的五分之一，网络消费的崛起一定程度上对冲了疫情对于消费乃至于对经济整体的拖累。从不利条件来看：一是居民部门杠杆率持续走高抑制居民消费增长。2019 年末居民部门杠杆率增至 55.8%，较 2018 年末再次提高 3.7 个百分点。央行研究报告指出，当前居民杠杆率水平每上升 1 个百分点，消费增速将下降约 0.3 个百分点。高杠杆条件下，偿贷等刚性支出在居民总支出中的比重提高，导致消费对于收入变动的敏感度进一步加大。二是价格上涨压力较大。在猪肉等畜肉价格快速走高带动下，2019 年 CPI 逐步上行，12 月份已达到 4.5%，预计 2020 年 CPI 上涨压力整体大于 2019 年，对消费增长形成一定制约。三是疫情冲击下部分消费增长放缓。从"非典"经验来看，除日常用品外，部分可选消费在疫情期间大幅减速，虽然疫情结束后，部分消费可能呈现补偿性增长，但难以弥补全部损失。

　　——投资增长持续回稳。 从有利条件来看：一是基建投资将延续当前反弹态势。展望 2020 年，专项债额度有望进一步扩大，发行提前且速度加快，专项债使用范围扩大，部分基建资本金比例下调，基建投资可能逐步回升。二是补短板投资快速增长。2019 年以来高技术服务业、工业技改以及教育投资等补短板投资快速增长，是整体投资增长的重要拉动力。预计在补短板政策倾斜支持下，上述领域投资将继续保持较快增长。从不利条件来看：一是投资预期和信心不足。国内外经济下行压力进一步加大，企业利润增长放缓，企业家扩大投资的信心和预期均有所不足。二是房地产投资增速有所下行。本轮地产周期已步入下行通道，并已表现为房地产新开工项目和土地购置费同比增速的持续下滑。然而，

2018-2019 年所累积的大量未完工项目，有望为 2020 年建安投资提供有力支撑，因此预计房地产投资增速的下行空间有限。三是地方政府面临的资金约束较多。减税降费政策大力实施、土地市场景气度不高以及地方政府化债负担加重等因素制约了地方政府的资金来源，对固定资产投资增长形成掣肘。

——出口增长面临挑战。在全球疫情延绵之势下，防疫物资、远程办公用品以及高新技术产品的出口预计将逆势而上，出口表现相对稳健，且国外前期严厉防疫的循序解封以及新一轮大规模刺激也将我国的贸易增长形成一定支撑。但考虑到多数发达经济体需求依然疲弱，美国收紧对华出口限制、供应链脱钩压力加剧等因素影响，下半年几个月出口可能走弱。

——价格总水平保持温和。当前疫情冲击确实带来了部分消费品价格的上涨，但其影响短暂且具有局部性，2020 年上半年 CPI 创出新高，个别月份突破 5%，但之后在猪肉价格回落和高基数因素影响下将实现逐步回落。然而，上述预测需建立在非洲猪瘟不会再度大规模爆发和全球粮食市场有安全保障的前提下，一旦非洲猪瘟落地生根并大规模爆发，养殖户将遭遇重创，或者国际游资炒作粮食市场，食品价格的上涨可能将突破原有的预测。三大因素显著影响 PPI 未来走势。一是大宗商品价格波动带来的输入性影响。二是国内需求拉动。总体上看，虽然 2020 年需求面仍处在偏弱区间，预计 2020 年 PPI 负增长压力将进一步加大。三是疫情冲击下，工业生产需求减弱，PPI 走弱压力更大。

第四节　统筹施策，力促经济平稳高质量发展

2020 年是全面建成小康社会和"十三五"规划收官之年，要坚持稳中求进工作总基调，统筹做好"六稳"工作，保居民就业、保基本民生、保市场主体、保粮食能源安全、保产业链供应链稳定、保基层运转，大

力支持实体经济疫后恢复发展，统筹把握好逆周期调节政策的力度和节奏，强化投资、消费、产业、区域、就业等政策的协同协调，有条不紊推进各项改革措施，发挥政策合力，确保实现全年经济增长预期目标。

加大逆周期政策调节力度。 积极的财政政策要更加积极有为，进一步提高赤字率，加快积极财政实施节奏。积极的财政政策更加注重结构调整，加大对重点领域和薄弱环节等方面的支出力度，加大对地方特别是困难地区财政保障力度，加大中央财政对疫情地区的转移支付力度，大力压减一般性支出，取消不必要的项目支出，从严控制新增项目支出。进一步巩固和拓展减税降费成效，提高减税降费政策的力度和精准度。优化税务执法方式，持续增进办税缴费便利。继续盘活各类存量资金和资产，切实提高财政资金使用效益。针对疫区分类进一步阶段性降低社保缴费率和增值税、所得税率或延迟缴纳，对受疫情影响较大的行业和企业，尤其是中小企业实行全面减税降费。优化债券投向结构，落实好扩大专项债券使用范围等政策，尽快扩大有效投资。稳健的货币政策要更加灵活适度，运用降准、降息、再贷款等手段，保持流动性合理充裕，优化货币、信贷供给，促进货币信贷、社会融资规模增长同经济发展相适应，视疫情进展适当增加降息降准次数或将实施时间窗口提前。加大金融对制造业和民营小微企业的支持力度，进一步降低民营小微企业等社会融资成本，增加制造业中长期融资，加大对养老、健康、医疗等重点领域和薄弱环节的信贷支持，加大疫情重点区域定向信贷支持，确保中小微企业贷款量增价降。

高质量推进强大国内市场建设。 加快推进以提高中等收入群体收入能力和增强基本保障为重点的收入分配体制改革。着力鼓励增加高品质产品和服务供给。一方面要加强产品标准建设和知识产权保护，补齐产品和服务质量标准的短板。另一方面要进一步健全公平竞争市场环境，促进产品和服务多样化供给。积极研究出台合理发挥财政资金引导消费作用的相关政策，合理发挥财政资金撬动作用，可以在总结以往全国和地方层面财政促消费措施经验的基础上，加快研究合理发挥财政资金作用的合适方式、具体措施等。多措并举改善消费软硬环境。一方面，要加强消费基础设施建设。积极发挥财政资金引导作用，进一步吸引社会投资，加快推进中西部地区、农村地区现代流通、信息网络、服务消费等短板领域基础社会建设，提高投资质量和效益。另一方面，应加快消费领域信用体系建设。

深化重点领域改革激发经济活力。通过深化重点领域改革加快建设高标准市场体系。加大金融供给侧结构性改革力度，注重以改革的办法疏通货币政策传导机制，完善贷款市场报价利率传导机制。加快完善资本市场基础制度，健全退出机制。优化金融体系结构，建立较为完善的民营和小微企业融资支持政策制度体系。深入推进投融资和价格体制改革。完善以管资本为主的国有资产监管体制。完善产权制度和要素市场化配置的体制机制。深化科技体制改革，加快科技成果转化应用的配套机制改革。

推动高水平对外开放。推进由商品和要素流动型开放向规则等"制度型开放"转变，进一步加大开放的广度、深度。提升跨境贸易投资的便利化水平，高质量共建"一带一路"，进一步扩大利用外资，加大市场开放力度，进口更多优质产品满足市场多元化需求，继续支持自贸试验区建设，大力推进综合保税区高水平开放、高质量发展，推动外贸商务高质量发展。稳步推进人民币国际化和资本项目可兑换，推动金融业在更大范围、更宽领域、更深层次的有序开放。

加强重点领域风险防范化解。引导金融机构高度重视并积极推广民营企业债券融资支持工具，推动支持工具增量、扩面惠及更多企业。对于一些尾部风险比较大的行业适当进行定向纾困，发挥基建的稳定器功能，保障房地产整体平稳。监管机构加强指导，引导金融机构妥善应对违约。从根源上规范信用市场建设，在法律制度、财务制度上做好长期制度性供给侧改革。进一步完善债券风险的缓释机制，采取市场化机制降低违约风险。强化信息披露要求，提升信息披露质量。继续推进债券市场跨部门监管合作，加强执法力度。要持续关注重点区域的高风险中小银行机构，继续拆解影子银行，加快完善银行体系风险防控长效机制，确保我国银行体系持续健康稳定。宏观政策需要保持战略定力，在继续推动"总体稳杠杆"、"结构性去杠杆"的同时，解决一批阻碍降杠杆防风险的真难题，建立一套防止周而复始过度加杠杆的好机制。降杠杆是一个长期过程，且不会直线下降；降杠杆也不必拘泥于一两个季度的波动起伏，但要以中长期眼光审视并处置其深层次问题。

多措并举保障社会民生基本稳定。及时有效加大涨幅较大的农产品等供给，全力保障"菜篮子"产品等生活必需品供应。建立社会救助和保障标准与物价上涨挂钩的联动机制，多措并举保障困难群众、低收入人群和前期失业人员的生活水平不因疫情受影响。逐步增加城镇低收入人群、普通从业员的收入，拓宽农牧民增收渠道。健全全社会各类从业人员工资正常调整机制，完善保障工资增长的第三方机制。探索政府、企业和职工合理分担疫情造成的损失，尽力稳定现有就业岗位，防止大规模裁员；因势利导，有效利用为应对疫情而新增的就业机会，特别把工业领域的小微企业，作为疫情防控期间"稳就业"的重中之重。进一步稳定工业企业用工，促进劳动者平稳转岗。重视新就业空间的拓展，加快发展先进制造业，通过科技创新提高制造业的全球竞争力，通过新旧动能转换拓展新的就业领域。延续劳动密集型产业的就业优势，充分利用国内市场和梯度发展优势，有选择地推动传统制造业向中西部地区转移。加大职业教育和职业培训投入力度，提高职工转岗就业能力。重新焕发新经济就业带动作用，依托技术进步打造新的就业增长点，实施差异化就业配套政策，促进区域就业均衡。

第二章　世界经济形势分析：
2019—2020 年的主要变化

当前主要经济体经济走势均相对低迷，美日欧 2019 年下半年经济增速均处近年来相对低位，特别是制造业 PMI 均接近甚至低于荣枯线，实体经济短期内难见明显好转。从金融市场看，2019 年全球金融市场整体较为繁荣，但一度出现剧烈动荡乃至债市利率"倒挂"，说明金融市场繁荣缺乏实体经济支撑，金融动荡风险有所加剧。即便没有新冠肺炎疫情冲击，2020 年全球经济增长也将相对乏力。新冠肺炎疫情对全球经济造成巨大冲击，今年全球经济负增长已成定局，未来能否恢复严重依赖于疫情的控制情况，尚存较大不确定性。但与新冠疫情所带来的短期冲击相比，如何在发达经济体和新兴经济体在全球经贸规则的立场中寻求调和和平衡，逐步构建出新时期有效深入推进全球化发展、使各方能够充分获益的新机制，推动全球经济实现中长期可持续增长，是我国以及世界其他国家未来共同努力完成的重要任务。

2019 年以来，全球经济增长乏力。国际货币基金组织 2020 年 1 月份报告估测 2019 年世界经济增速仅为 2.9%，为金融危机之后最低水平。全球经济增速的下滑，既有中美经贸争端、英国脱欧等重大短期事件的影响，也和欧元区、日本等主要经济体处于经济下行周期有密切关系。但更为重要的是，在以垂直专门化分工为主导的上一轮全球化模式逐步退场之后，当前世界经济尚未找到一条有效促进全球化深入发展，并推动各参与方互利共赢的新模式，反而发达经济体和新兴经济体之间的矛盾和冲突点逐渐上升，上述突发经济事件实际上是这些深层次矛盾的"冰山一角"。因此，从短期形势分析和深层次原因分析两个视角对 2020 年全球经济形势进行判断，对于把握未来几年内全球经济发展大趋势、有效推动我国高水平制度型开放具有十分重要的意义。

第一节　当前世界经济增长乏力的态势仍较明显

一、主要经济体经济增速低迷，通胀疲软和信心不足并存

主要经济体经济增长仍显低迷。自 2019 年二季度创下为 2017 年第 1 季度以来最低增幅以来，四季度美国 GDP 环比折年率为 2.1%，与三季度持平；三季度，日本经济增长仍然乏力，GDP 环比折年仅增长 1.8%，与二季度持平；欧盟 28 国三季度 GDP 同比增长 1.7%，较二季度稍有上升。与发达经济体相比，新兴经济体经济增长态势稍有好转，但整体乏力和分化的趋势并未根本改变。俄罗斯和巴西经济增长稍显回暖迹象，俄罗斯四季度 GDP 同比增长 1.9%，巴西三季度 GDP 同比增长 1.2%，均较一、二季度有所回升，但仍均处历史较低水平。南非 GDP 同比增长 0.1%，环比为 -0.6%；印度 GDP 同比增速下滑到 4.5%，继一季度跌破 6% 之后保持下滑态势，再创新低。

表 2-1　主要经济体 2019 年以来 GDP 增速　　　　　（单位：%）

	美国	欧盟 28 国	日本	巴西	俄罗斯	印度	南非
2019 年一季度	3.1	1.7	2.6	0.6	0.5	5.8	0
2019 年二季度	2	1.2	2	1.1	0.9	5	0.9
2019 年三季度	2.1	1.7	1.8	1.2	1.7	4.5	0.1
2019 年四季度	2.1	*	*	*	1.9	*	*

资料来源：各国统计局。

★表示尚未公布

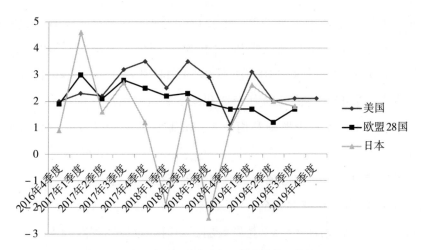

图 2-1　主要发达经济体 GDP 季度增速　单位：%
资料来源：各国统计局。

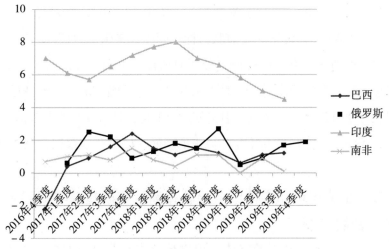

图 2-2　主要新兴经济体 GDP 季度增速　单位：%
资料来源：各国统计局。

制造业投资和产出持续低迷。从私人部门投资看，美国企业投资连续下滑，欧元区工业增加值和工业生产指数均处于下调阶段。从制造业 PMI 看，美国 2020 年 1 月 Markit 制造业 PMI 为 51.9，较 12 月有所下降；

欧元区 1 月制造业 PMI 为 47.9，连续 12 个月低于荣枯线；受日韩贸易争端升级拖累，日本 1 月制造业 PMI 为 48.8，仍低于荣枯线；印度、巴西的制造业 PMI 自下半年开始有所回升，1 月印度和巴西 Markit 制造业采购经理人指数 PMI 终值分别为 55.3 和 51，较上月有所回调；俄罗斯、南非则表现不佳，1 月俄罗斯和南非 Markit 制造业采购经理人指数为 47.9 和 48.3。

通胀疲软，消费信心略微回升但仍处低位。从通胀看，美国 12 月核心 PCE 价格指数年率为 1.6%，显著低于 2% 的调控目标；欧元区 12 月核心通胀同比仅增加 1.6%，持续疲弱，短时间难以达到欧洲央行通胀目标；除印度外，金砖国家通胀基本低于央行通胀目标，12 月，印度消费物价指数同比上涨 7.35%，较上月 5.54% 的水平明显上升，高于央行通胀目标；俄罗斯 12 月 CPI 同比上涨 3%，低于央行 4% 的通胀目标；12 月巴西消费物价指数同比上涨 1.15%，低于 4.5% 的通胀目标；12 月南非通胀率为 4%，仍位于央行通胀目标区间内。各国消费信心一度出现明显下降，近期虽然有所回升但仍处相对低位。美国 8 月密歇根大学消费者信心指数一度创 2012 年 12 月以来月度最大跌幅，随后虽然开始回升，12 月已经攀升至 7 个月高点，但仍处历史低位；日本 9 月消费者信心指数一度降至 35.6，创 2011 年下半年以来的新低，12 月份也仅回升至 39.1。

二、金融市场和实体经济显著背离，短期趋势与新冠肺炎疫情走势密切相关

2019 年全球金融市场整体呈现股债双牛态势。一方面，2019 年全球股市整体保持较好涨势，如图 1 所示。美国标普 500 指数全年上涨 28.3%，创历史新高；市盈率达到 30.91，已经高于 2008 年金融危机之前 27.55 的市盈率。日本日经 225 指数和印度 BSE SENSEX 指数分别上涨 20.9% 和 16.4%，倍受"脱欧"不确定性困扰的英国和遭受暴力事件影响的香港特区也分别上涨 11.0% 和 10.5%。另一方面，在股市涨势较好的

同时，债市表现也可圈可点。彭博巴克莱全球综合债券指数 2019 年年化报酬率达到 8.4%。然而，2019 年发达经济体和新兴经济体经济下行压力普遍有所加大，难以为股债的"双优"表现提供基本面的有效支撑，这种反差的背后可能隐含着较大的泡沫和金融风险。进入 2020 年，全球风险事件频发，尤其是我国爆发新冠肺炎疫情，股债双双承压。

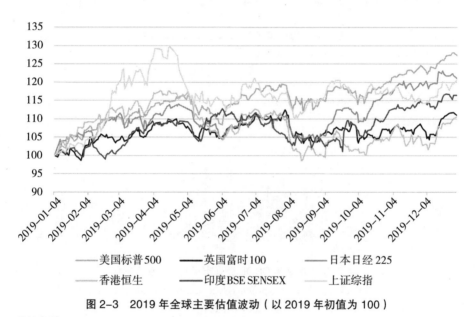

图 2-3　2019 年全球主要估值波动（以 2019 年初值为 100）

数据来源：https://finance.yahoo.com/world-indices

　　一是全球股市波动较大，投资者情绪剧烈摇摆。虽然全球股市整体保持涨势，但美国标普 500、英国富时 100 等重要股指一度出现显著跌幅，Cboe 美国股市波动率指数和 Cboe 新兴市场股市波动率也曾一度飙升（如下图所示），投资者悲观和避险情绪在 5 月末和 8 月末分别达到高潮，投资者普遍对经济走势缺乏信心，不愿意将资本投入股票市场。但是，2019 年末，虽然经济基本面并未出现显著变化，随着中美贸易摩擦缓和、英国"脱欧"尘埃落定等，投资者情绪又出现迅速好转，带动股市迎来大幅上涨行情。

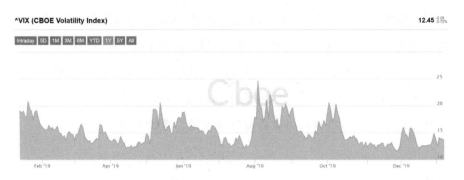

图 2-4   2019 年 CBOE 美国股市波动率指数

数据来源：http://www.cboe.com/vix

图 2-5   2019 年 CBOE 新兴市场股市波动率指数

数据来源：http://www.cboe.com/products/vix-index-volatility/volatility-on-etfs/
cboe-emerging-markets-etf-volatility-index-vxeem

二是债市收益率走低，负利率债券余额居高。作为主要避险工具的美国国债收益率走低，其中美国 30 年国债收益率一度跌至 1.907%，创历史新低。英美等经济体国债收益率在较长时期内维持"倒挂"。2019 年8 月，作为欧元区经济发展主要引擎的德国整条收益率曲线都落入负利率区间，为历史首次，其中 30 年国债收益率一度跌至 -0.272%。根据彭博统计，2019 年 9 月，全球负收益率债券总量接近 17 万亿美元，达到全球可投资债券总量的 30%，说明投资者避险情绪和悲观预期在酝酿，对未来英美乃至全球经济衰退的担忧上升到新的高度。2019 年四季度，债券

收益率有所回升，例如美国 10 年期国债收益率从 8 月末的低点 1.938%
提升至 12 月末的 2.389%，德国 30 年期国债收益率到 12 月末也已经恢
复到 0.353%，但收益率整体仍处于历史低位（如表 2-2 所示），而负利
率债券总量仍处于高位。

表 2-2 美国、德国、英国 30 年期国债收益率

收益率（%）	2012 年末	2015 年末	2018 年末	2019 年末
美国 30 年期国债	2.952	3.015	3.020	2.389
德国 30 年期国债	2.158	1.491	0.877	0.353
英国 30 年期国债	3.097	2.669	1.816	1.332

数据来源：https://cn.investing.com/

三是新冠疫情成为影响近期全球资本市场的首要因素。2020 年初冲
击性事件颇多，喜忧参半。但近期新冠疫情暴发使得全球股市遭遇"火
烧连营"（如表 2-3 所示）。截至目前，主要分为五个阶段。第一，1 月
下旬，中国进入全国抗疫模式。1 月 23 日，WHO 首次给出疫情风险评估，
认为中国风险为"非常高"、地区和全球风险为"高"。1 月 30 日，WHO
正式认定此次新冠疫情为国际关注的突发公共卫生事件（PHEIC）。这段
时间，全球股指普遍下挫，债市收益率走低，避险情绪上升，但整体来
看，下降幅度有限，尚未形成严重恐慌情绪。我国股市受冲击严重，2 月
3 日开市当天，近 3200 只股票跌停，上证综指下跌 7.7%。第二，2 月中
上旬，中国疫情防控效果渐显，全球紧张情绪有所缓解。2 月 3 日 -2 月
14 日两周，我国上证综指上涨 6.2%，全球主要股指也普遍出现恢复性上
涨。第三，2 月中下旬到 2 月末，疫情在伊朗、日本、韩国、意大利等
国扩散，全球恐慌情绪膨胀。全球主要股指普遍遭受重挫，美、英、日、
德四国股指跌幅均为两位数。第四，进入 3 月份，全球疫情进一步恶化，
3 月 11 日 WHO 正式认定新冠疫情为"全球大流行病"。全球股市陷入恐
慌式剧烈下跌。尤其是美国，3 月初疫情暴发，3 月 9 日、12 日、16 日、

18 日美国股市在两周之内出现四次熔断，同时美国 10 年期国债收益率一度跌至历史新低 0.318%，10 年期国债期货触及涨停，金融市场恐慌情绪升至历史最高点。第五，3 月下旬以来，资本市场充分消化疫情冲击，加上各种经济刺激计划密集出台，市场逐渐企稳、反弹。截至 5 月初，全球疫情暴发增长态势仍在持续，疫情发展仍具有较大不确定性，专家普遍认为今年内全球疫情很难得到有效控制，全球抗疫可能进入"持久战"，在此过程中疫情变化还将持续影响全球资本市场。

表 2-3　新冠疫情导致全球股市动荡

	美国 S&P500	英国 FTSE100	日本 Nikkei225	德国 DAX30	印度 SENSEX	香港 恒生指数
年初至 1 月 23 日变动	2.1%	−1.3%	2.5%	0.0%	−0.6%	−2.2%
1 月 23 日 −1 月 31 日变动	−3.0%	−3.0%	−2.5%	−3.0%	−1.6%	−5.7%
2 月 3 日 −2 月 14 日变动	4.0%	1.1%	3.1%	5.4%	3.5%	5.5%
2 月 14 日 −2 月 28 日	−12.6%	−11.2%	−10.7%	−13.5%	−7.2%	−6.1%
3 月 4 日 −3 月 23 日	−28.5%	−26.7%	−20.0%	−27.9%	−32.4%	−17.3%
3 月 23 日 −4 月 30 日	30.2%	18.2%	19.6%	24.3%	29.8%	13.6%

数据来源：https://finance.yahoo.com/world-indices

三、全球经济治理分歧加剧，经贸纷争此起彼伏

经济治理理念分歧明显扩大。二战以来，虽然发达经济体和新兴经济体之间在具体的经贸规则领域同样存在矛盾，但各方推进全球贸易投资自由化、充分发挥市场在资源配置中的作用以做大全球经济"蛋糕"的全球经济治理理念是基本认同的，为 20 世纪末以来全球化的深入发展创造了良好的条件。然而，近期发达经济体和新兴经济体在全球经济治

理的一些原则性理念上的分歧持续加大，美国等少数发达经济体认为给予大多数发展中国家差别待遇违反所谓的"公平"原则，包括在气候变化中反对"共同而有差别"的承担责任原则，在 WTO 改革中反对给予大多数新兴经济体优惠待遇，并明确提出应运用所谓"对等"原则要求其他国家经贸规则向美国看齐，等等。

经贸冲突仍将持续。当前，各国在经贸规则理念的差异已经体现为直接的经贸冲突，去年以来，在"自由而公平贸易"、"对等原则"等理念的指导下，美国主动挑起各类经贸争端，迄今已经和中国、欧盟、印度等主要经济体发起了多场贸易冲突，且冲突均呈现持续波动升级的态势，并正在向其他经济体蔓延。在经过长达近两年的紧密谈判磋商后，2020 年 1 月 15 日中美双方成功签订第一阶段协议，就知识产权、技术转让、食品和农产品贸易、金融服务以及汇率等部分宏观经济问题达成一致，中美第一阶段协议的签订释放出的积极信号，提振了市场对全球贸易投资增长前景的信心。但也应认识到，美国视我为战略竞争对手并进行遏制打压的态势并未改变，不排除美方未来在谈判中不断加码导致中美无法达成最终协议的可能性，近期美国政府借新冠疫情禁止我国公民入境就是典型的案例。

四、全球直接投资规模持续下降，贸易增速持续放缓

受全球经济复苏缓慢和投资地政策环境不确定性增强的影响，全球直接投资规模持续下降。根据联合国贸易和发展会议（UNCTAD）2020年 1 月份发布的《全球投资趋势监测报告》，2019 年全球外国直接投资（FDI）流入量约为 1.39 万亿美元，较 2018 年下降约 1%，已是连续四年下降，且在 2018 年全球外国直接投资存量也出现了 2008 年以来的首次下降。从主要经济体来看，2019 年发达经济体 FDI 流入量平均下降 6%，发展中经济体较上一年基本持平，受中美经贸摩擦、英国脱欧、香港暴乱等事件的影响，美国和中国 FDI 流入量基本处于零增长状态，英国和

中国香港 FDI 流入量则分别下降 6% 和 48%，而法国和德国则在英国脱欧事件中受益，FDI 流入量分别增长 40% 和 232%，反映出全球资本流动对投资国政策和环境不确定性的天然规避和高度敏感性，在当前全球经济复苏缓慢和贸易前景不确定性增强的环境下，全球 FDI 规模增长乏力。

全球货物贸易增速明显放缓。 2010 年 3 季度以来，全球货物出口量增速明显下行，长期在 0~5% 之间波动。尤其是 2018 年以来，受以中美贸易战为代表的世界经贸冲突加剧影响，全球货物出口量增速快速下滑，根据 UNCTAD 的数据，2019 年第二季度出口负增长 0.11%，跌至金融危机以来的最低值，三季度也仅增长 0.26%。全球主要经济体出口均有所下滑，2019 年全年我国货物出口增速仅为 0.5%，同期美国和日本出口增速分别为 –1.1%、–4.5%，1–11 月欧盟出口增速为 –3.3%，其中，前三大经济体德国、英国、法国出口增速为 –4.7%、–2.7% 和 –1.7%。

全球产业链分工萎缩迹象明显。 全球产业链分工合作最重要的一个特征是产品的生产由多个国家共同完成，即产品的价值由多个生产它的国家共同获得，一国出口产品的价值中既包含了本国的增加值也包含生

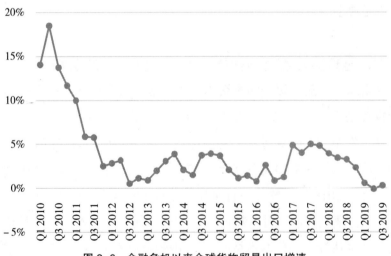

图 2-6　金融危机以来全球货物贸易出口增速

数据来源：UNCTAD 数据库。

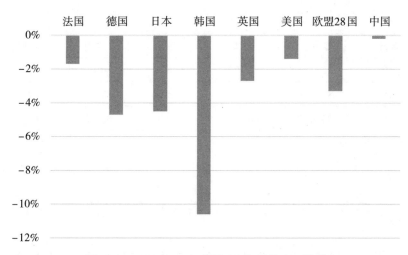

图 2-7 2019 年 1-11 月份主要经济体出口增速

产中投入的国外中间品。为此联合国贸发会议将"参与全球价值链的贸易总额"（GVC participation）定义为一个经济体出口产品中来自其他经济体的增加值加上其他经济体出口中来自该经济体的增加值。2000-2010年间各经济体参与全球价值链的贸易总额年均增速普遍在 9% 以上，而2010-2017 年年均增速则全部在 4% 以下。与此同时，无论是发达国家还是发展中国家，2011-2016 年间，出口中本国增加值的比例普遍有所上升，例如欧元区国家从 2011 年的 81.80% 上升到 2016 年的 83.55%，日本从 85.7% 上升到 88.6%，美国从 87.27% 上升到 90.96%，中国从 78.26% 上升到 83.35%，印度从 87.19% 上升到 88.68%。因此，这说明全球价值链在各国之间的分工呈现弱化态势，而在各国的国内部分则日益强化。

表 2-4 全球主要经济体出口的国内增加值含量

年份	欧元区	日本	美国	中国	印度
2011	81.80%	85.70%	87.27%	78.26%	74.90%
2012	81.46%	86.05%	87.59%	79.16%	74.90%
2013	82.16%	84.83%	88.54%	79.65%	75.25%

年份	欧元区	日本	美国	中国	印度
2014	82.55%	84.19%	88.82%	80.47%	77.05%
2015	83.15%	86.77%	90.52%	82.68%	80.91%
2016	83.55%	88.62%	90.96%	83.35%	83.87%

数据来源：OECD Tiva 数据库。

第二节　全球经济发展模式将面临新一轮调整

一是从经济格局看，新兴经济体和守成经济体之间的剧烈冲突恐难避免。目前，新兴经济体取代发达经济体引领全球经济发展已经开始接近从量变到质变的关口。从需求侧看，虽然新兴经济体整体需求规模仍然低于发达经济体，但中国、印度等新兴经济体在全球经济中的地位已经显著上升，两国若按购买力评价计算 GDP 规模已经达到全球第一和第三位，印度已经制定了在 2040 年购买力评价计算 GDP 超过美国的计划；从供给侧看，新兴经济体在土地、资源、劳动力等传统生产要素上的整体优势仍将维持，而在新一轮技术革命和产业变革持续推进过程中发挥"弯道超车"优势，缩小与发达经济体在技术、管理和专业服务等领域的差距将成为大概率事件；从体制机制看，新兴经济体既有效吸收了发达经济体构建市场经济体制的丰富经验，也基于自身的经济特征进行了卓有成效的制度创新，激发自身经济增长潜力的能力也显著强于发达经济体。因此，未来新兴经济体取代发达经济体在更高层次上引领全球经济增长是大概率事件。但发达经济体已经形成了"要素质量优势—实体经济质量优势—金融优势—规则制定优势—政治军事优势"的循环反馈机制，必然会运用金融、规则、科技乃至政治军事等各方面的力量来限制新兴经济体的赶超，从而引发剧烈冲突。只有在新兴经济体在冲突中进一步成长壮大，发达经济体发起冲突对其自身的损害大于收益之后，才会再次形成新的互利共赢格局。

二是从分工格局看，技术进步带来的新产业和新分工模式将逐步取代传统模式。一方面，5G、物联网、人工智能等新一轮信息技术正在积极投入应用，将继续改变传统产业的要素密集度，并推动个性化定制、协同创新、系统解决方案等新业态、新模式成为主流。另一方面，人体增强、太空、核聚变等重大革命性技术的突破也在酝酿之中，一旦取得重大技术突破，则很可能彻底改变现有的生产方式，导致全球分工格局出现颠覆性变化。

三是从经贸规则看，现有规则体系被打破重组的可能性要高于渐进完善的可能性。与 20 世纪全球化浪潮初期相比，当前商品和要素跨境自由流动的成本已经大幅度下降，进一步降低贸易投资壁垒对于扩大全球生产可能性曲线的边际效用也显著降低，如何构建更合理、更公平的利益分配机制则成为全球化的新焦点问题。在这一问题上，各方立场天然存在分歧，大概率需要通过激烈博弈才能达到新的规则平衡，将导致全球经贸规则出现"破坏式重组"而非渐进改良式改革。

第三节　新冠肺炎疫情已经导致
2020 年经济出现剧烈调整

全球经济大调整可以通过渐进有序的方式进行，也可能通过剧烈无序的方式进行，WTO 改革、CPTPP 签署等偏向于前者，英国脱欧风波、中美经贸争端等则偏向于后者。目前看，新冠肺炎疫情成为全球经济剧烈调整的"导火索"。截至 5 月 8 日，此次新冠肺炎疫情已经蔓延到 211 个国家和地区，累计感染人数超过 380 万人，成为二战以来全球最为严重的一次大流行病。由于新冠病毒传染性极强，为控制疫情绝大多数经济体均采取了"保持社交距离"、停工、停课等严格管控措施，导致世界经济在供给端和需求端同时受到巨大冲击，金融市场泡沫严重、贫富差距持续扩大等深层次结构性矛盾也随之不断发酵，2020 年全球经济陷入衰退已经成为定局。

一、全球经济衰退不可避免，复苏将十分艰难曲折

疫情直接从供给和需求两个层面对几乎所有国家造成严重冲击。美国新冠肺炎确诊病例数、死亡病例数双双居世界第一，全国普遍采取严格社交隔离和停产停工措施，经济陷入"停摆"。目前看，美国处理好"重启经济"和控制疫情之间的平衡难度很大，加之国内社会冲突加剧，经济活动很难在短期内迅速恢复，甚至可能被再次暴发的疫情打断。高盛公司预测美国二季度 GDP 将同比萎缩 11%，失业率可能达到 15%。欧盟也是新冠疫情的"重灾区"，虽然部分国家疫情趋缓，经济"解冻复苏"同样面临挑战，尤其是意大利、法国等经济体在疫情暴发前基本面不容乐观，可能成为衰退最为严重的发达地区。日本目前疫情失控的风险正在大幅度上升，全国已经进入紧急状态，经济萎缩不可避免。印度、巴西、东盟等新兴经济体经济基础较为脆弱且严重依赖外需，旅游业、矿产资源开发等已经受到重创，加之由于公共卫生治理能力偏弱，已经成为疫情暴发的新"热点"，爆发经济危机甚至社会危机的风险大幅度上升。从目前看，在全球疫情短期内难以结束、下半年再次暴发风险上升的情况下，预计各经济体的经济复苏势头仍将十分艰难，下半年经济同比负增长基本仍成定局，但幅度预计将低于上半年。国际货币基金组织（IMF）4 月 15 日最新预测称，即便疫情在下半年得到有效控制，2020 年全球经济也将衰退 3%，其中美国经济将衰退 5.9%，欧元区将萎缩 7.5%，中国和印度也仅能实现 1.2% 和 1.9% 的正增长，预计将进一步下调全球经济增速。WTO 最新预测报告称，即便疫情下半年得到控制，全球贸易在2020 年下半年逐渐恢复到 2011–2018 年的增长水平，2020 年全球经济增速也仅为 –2.5%，而在悲观情形下更降至 –7.8%。从目前看，若疫情未来难以得到有效控制，出现世界经济大萧条的风险将显著上升。OECD6 月

10 日的最新预测称，世界经济全年将下滑 6%，其中美国、日本、欧元区经济将分别萎缩 7.3%、6% 和 9.1%。美联储最新预测称，虽然今年下半年经济有望开始复苏，但全年 GDP 仍将萎缩 6.5%。

二、文化、汽车等重点产业将受到重创

一方面，物流、旅游、餐饮住宿、文化娱乐、教育等服务业具有人员密集的自然属性，受各国采取的严厉管控措施的影响要相对高于制造业；另一方面，相对食品、衣服等生活必需品，大部分服务具有非生活必需的性质，在收入下降时居民往往首先减少对服务的消费，也严重影响了服务业的发展。对于以服务业作为经济支撑的欧美发达经济体而言，疫情带来的负面影响更为明显，美国服务业 PMI 已从 1 月份的 53.4 降至 5 月份的37.0，同期欧元区服务业 PMI 则从 52.5 降至 31.9。除服务业外，汽车等制造业也受到严重冲击。作为全球价值链和国际分工合作最典型的汽车行业，在疫情中受到严重的负面冲击。2 月份受疫情扩散的严峻形势影响，作为全球汽车零部件的供应基地，我国大部分汽车及零部件工厂停工停产，导致对下游企业的原材料供应中断，雷诺、日产、铃木、本田、捷豹路虎等全球汽车业巨头被迫减产或停工。3 月份之后，随着疫情在全球的蔓延，疫情直接影响了美日欧等全球汽车生产中心的生产运营，大批汽车生产企业生产受阻、销量下滑、现金流承压、零部件涨价等问题突出，并掀起裁员降薪潮，包括戴姆勒、大众、菲亚特克莱斯勒集团（FCA）、标致雪铁龙集团（PSA）等在内的著名海外车企已经关停或计划关停的工厂将超过上百家，若长期不能复工复产，将使大量零部件供应商面临破产风险。

三、全球经济面临的风险剧烈上升

一是国际金融市场动荡风险显著加剧。疫情已使得国际金融市场产生严重震荡，全球主要股市均大幅下挫，3 月 9 日、12 日、16 日、18 日美国股票市场在两周之内出现四次熔断，与此同时美国 10 年期国债收益

率一度跌至历史新低位 0.318%，10 年期国债期货触及涨停，金融市场恐慌情绪升至历史最高点。虽然 4 月份以来，随着欧美国家疫情初现放缓迹象，国际金融市场暴跌态势有所缓和，但是风险仍未实质性消除，一旦出现疫情再次大幅反弹、页岩油企业大面积倒闭、部分发展中国家主权债券出现严重违约等重大突发事件，完全可能爆发更严重的金融动荡，甚至导致全球金融市场陷入崩溃。

二是原油等大宗商品市场出现失序震荡。疫情暴发以来，OPEC+ 减产不力，以及全球经济低迷增长使得大宗商品需求大幅下滑，原油价格处于低位剧烈震荡态势，3 月开启的产油国"增产战"和"价格战"拉动油价迅速下行探底，原油价格迅速由年初的 50 美元 / 桶以上降至 20 美元 / 桶以下，个别日期降幅甚至超过 30%。虽然"OPEC+"已经达成历史最大规模的减产协议，但原油显著供过于求的大趋势短期内不会改变，加之 WTI 原油主要交割地库欣等部分地区库存空间将很快消失，未来一两个月内原油期货无法实际交割的风险大幅度上升，投资者纷纷不计损失强行平掉头寸，导致 4 月 20 日 WTI5 月期货合约官方结算价直接收报 –37.63 美元 / 桶，历史上首次收于负值。虽然这一价格客观上和疫情导致的短期库存需求暴增和期货市场交易机制缺陷有关，期货价格目前已经明显有所反弹，但在全球经济衰退的大背景下，投资者对未来油价的悲观预期将长期持续，加之中东地区政治乱局以及新冠疫情扩散对供给端的扰动，后续油价走势预计仍将在低位持续剧烈震荡。

三是局部国家和地区粮食安全问题严峻。疫情暴发前，虽然全球粮食整体供求关系总体平衡，但非洲、中东等地区的诸多经济体仍然难以实现粮食自给。此次疫情暴发虽然短期内对农产品供给的冲击不大，但俄罗斯、越南、印度等农产品重要供应国为应对疫情危机已经开始限制粮食出口。若这一现象持续发酵并扩散到美国、巴西等全球农产品主产国，将严重加剧农产品的区域供求失衡，一些粮食难以自给的国家很可能出现粮食价格短期大幅度上涨，营养不良的人口数量可能大幅度上升。

联合国粮农组织最新预测，新冠疫情很可能导致粮食净进口国中的营养不良现象增加 8% 至 10%，部分粮食净进口国将出现新的饥荒。

四、全球经贸规则陷入短期无序的可能性增加

当前，美国等少数发达经济体已经很难接受 WTO 在发展中国家地位、产业政策等领域的全球经贸规则体系，但这些发达经济体虽然在各类新议题上存在诸多分歧，但整体理念原则相对一致，通过先达成双边经贸规则安排，再最终达成区域性经贸规则体系的可能性是存在的。当前，在广大新兴经济体的强烈反对下，美国等少数发达经济体在 WTO 框架内实现自身利益诉求存在较大难度。在这一背景下，美国很可能联合经贸规则体系和其相近的日本、澳大利亚、欧盟等经济体，采取实质性退出 WTO 的方式，"另起炉灶"构建经贸规则体系。印度、阿根廷、土耳其等新兴经济体出于维护自身利益目的，打 WTO 规则"擦边球"甚至公然违背 WTO 规则的可能性也将大幅度上升。一旦这种情况出现，WTO 规则体系很可能"名存实亡"，全球经贸规则甚至可能出现短期无序状态，贸易投资面临的壁垒很可能将大幅度增加。

第四节　对策建议

我国作为此轮世界经济大调整的重要一极，应坚持以夯实自身为前提，以"守义为先，维利为次"为价值导向，立足全球经济发展的大局进行战略决策，在将所受冲击降低在最低限度的前提下，成为全球经济由"大破"向"大立"转化的重要支柱力量。

一、短期内有效防范外部风险

从目前看，在此轮全球经济格局调整过程中，我国是新供给、新需求、新模式、新体系等"增量"的主要贡献者之一，必然会面临较大的

外部压力。为此，必须灵活有效应对外部压力，将其对我国经济发展的冲击降低到最低限度。具体而言，应妥善应对中美经贸争端，既坚持维护自身利益底线，又有效管控升级风险，防范中美经济"脱钩"；加强同世界主要经济体在经贸规则上的协调，尽可能防范现有多边经贸规则体系受到破坏性冲击；在深化改革、扩大开放的前提下运用更加精准、更加科学、更加灵活的手段维护经济安全。加强和世界各国以及世界卫生组织的通力合作，积极控制新冠疫情。

二、持续提升经济综合实力，为在更高层次参与构建全球经济新格局做好准备

在世界经济经历一段时间的冲突甚至部分领域无序之后，世界经济必然会进入一个新的发展轨道。从要素禀赋、体制机制等各方面看，我国具备了在世界经济新轨道上发挥更大作用的潜力，而提升经济综合实力则是发挥作用的前提条件。为此，应继续深化供给侧结构性改革，特别是建设创新型强国，打造全球重要的新产业新业态新模式发源地；继续深化改革扩大开放，在借鉴国际一流经贸规则的过程中形成具有独特优势的开放型经济体制；积极培育和吸收各种高端要素，为全球实现更高层次供需平衡奠定要素基础。

三、坚定不移实施一系列重大中长期战略

针对未来全球经济发展的重点领域实施一系列中长期战略对于在大变局之后在经济发展中发挥主导作用具有重要意义。具体可在以下几个方面予以推动：一是以太空、人体增强等未来产业为重点的原始创新能力提升战略；二是维持制造业规模并提升发展层次的战略；三是打造全球人才、知识、创新高地的战略；四是逐步构建和对接国际一流经贸投资规则的战略；五是在持续扩大开放过程中创新国家安全维护模式的战略；六是在中西部地区培育经济增长新高地的战略。

第三章　美国经济形势分析：
2019—2020 年的主要变化

2019 年美国迈入最长扩张周期末期；经济增速逐季下滑，特朗普政府的财政刺激政策作用逐渐消退，美联储全年三次降息后宣布维持联邦基金利率目标区间不变，对外经贸政策不确定性压制居民消费预期和商业投资信心，美国经济内生增长动力有所减弱。PMI、就业、资本支出计划等领先指标已亮红灯，预示经济增速可能延续放缓态势。进入 2020 年后，突如其来的新冠肺炎疫情加大了美国经济企稳的难度和不确定性；经济增速下行压力加大。尤其是疫情扩散叠加油价暴跌引发市场对流动性的担忧和对经济衰退的恐慌，导致金融市场的波动性加大、美股四次熔断，以及经济与金融市场间的恶性循环。预计 2020 年美国经济增速负增长，多项经济指标快速恶化反映美国经济衰退风险明显上升。

第一节　2019 年美国经济形势回顾分析

美国经济增长动能减弱，GDP 增速处于持续下行轨道。美国自 2009 年开启新一轮经济周期以来，经历了历史上最长的经济扩张期，且扩张趋势仍未结束，创自 1954 年来最长历史纪录。2019 年以来，受减税刺激政策效应减弱、持续加息冲击效应显现以及对外经贸摩擦等因素影响，美国内生增长动力减弱，经济增速持续回落。2019 年实际 GDP 增速逐季下滑,四季度折年环比增速 2.1%,较一季度下降 1.0 个百分点,超过历史同期变化幅度。其中,由于特朗普政府减税效应的衰减,以及贸易政策不确定性影响,企业投资信心受到严重冲击,设备投资、建筑投资和存货投资显著回落,导致实际固定资产投资同比增速下降至 1.3%,对 GDP 增长拉动率降至 0.2%;商品与服务净出口恶化,对全球主要经济体的贸易逆差加速扩大,对 GDP 增长形成 0.2 个百分点的拖累。相比较,个人消费支出平稳增长,全年实际消费支出同比增速维持在 3.7%,拉动 GDP 增长 1.8%,成为支撑美国经济增长的核心力量。

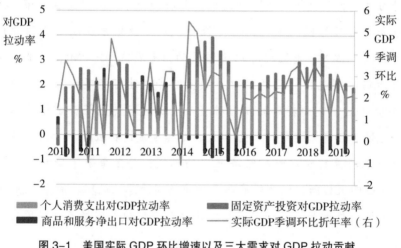

图 3-1　美国实际 GDP 环比增速以及三大需求对 GDP 拉动贡献

数据来源:NBER

美国通胀水平保持温和,核心 CPI 稳中略涨。2019 年以来,由于美国经济产能利用率下降,加之能源、租金、服装、交通运输等价格低迷,带动通胀率小幅下降。2019 年消费者物价指数同比增长 1.8%,剔除食品和能源价格波动的核心消费者物价指数同比增长 2.2%;核心 PCE 指数 12 月同比增速为 1.6%,低于美联储 2% 的调控目标。疫情冲击和中美贸易摩擦下产品加征关税提高可能带来局部商品价格上涨,考虑美国工业部门产能利用率下降，且美国私人非农企业部门平均时薪涨幅趋缓，预计美国整体通胀压力不大。多数机构调查显示美国通胀率将小幅下降，据纽约联储 3 月消费者预期调查（SCE）结果，未来 12 个月通胀率预期保持在 2.54% 不变，未来三年通胀率中值从前一个月的 2.59% 降到了 2.4%，均处于过往预期低点；密歇根大学调查的未来 5-10 年通胀水平预测值为 2.5%，较上半年预测均值下降 0.3 个百分点。

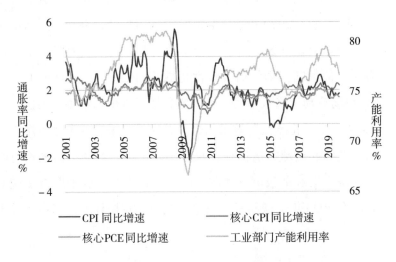

图 3-2 美国通货膨胀率及工业部门产能利用率走势变化

数据来源：美国劳工部，NBER，美联储

美国劳动力市场保持稳健，但潜在就业压力上升。过去十年，受就业环境改善、人口结构变化以及服务业就业岗位增多等因素驱动，美国劳动力市场状况持续好转，失业率持续下降。2019 年 12 月失业率降至 3.5%，为 50 年来的最低水平。近期美国劳动力市场出现一些边际变化。由于减税效应逐步衰退、全球经济放缓以及贸易摩擦加大了商业活动的不确定性，劳动力就业增长呈现放缓迹象。2019 年 12 月美国新增非农就业人数 18.4 万人，低于历史平均水平；美国企业雇佣率、员工离职率等劳动力市场动能指标均显示出美国就业市场进入景气回落阶段。

第二节　美国货币、财政政策分析与判断

　　2019 年美联储货币政策逐渐转向宽松，但空间和效果受限；进入 2020 年后，受全球疫情蔓延和国际石油价格暴跌影响，美联储推出超常规的经济救助政策，但具体效果取决于疫情持续时间和市场信心。2019 年内，面对全球经济放缓带来经济前景不确定性上升以及国内通胀低迷压力，美国在 2019 年 7 月以来实施"预防式"降息三次，下调联邦基金利率目标区间。进入 2020 年后，全球突发新冠疫情，叠加国际石油价格暴跌影响，全球金融市场经历了一轮持续动荡。美国三大股指出现前所未有的多次跌停熔断，华尔街波动性指数（VIX）3 月 16 日创下历史峰值 82.69，市场流动性陷入干涸。美国紧急加码货币政策宽松力度，启动"零利率 + 无限量化宽松"政策组合，并通过多渠道给金融市场提供流动性。由于美国和全球疫情仍存在较大不确定性，若经济活动长时间停滞会加剧经济衰退和金融市场动荡风险，这将需要美国采取更多应对措施。故总体看 2020 年美联储货币政策将维持超宽松环境，但由于美国已

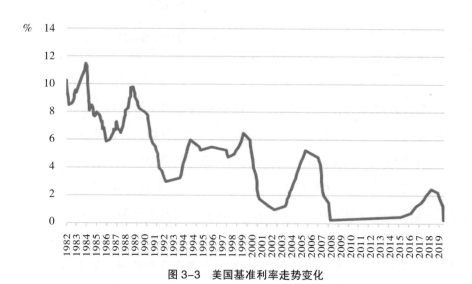

图 3-3　美国基准利率走势变化

数据来源：美联储

推出无限量化宽松，且利率水平降至历史低位，未来货币政策宽松空间进一步下降。

2019 年美国债务规模不断扩大，叠加财政政策刺激效果减弱，美国财政政策作用有限；进入 2020 年后，新冠疫情对美国经济造成巨大冲击，美国政府出台史上最大规模财政刺激政策，未来财政政策或进一步加码。2019 年美国财政政策发力空间有限，主要原因有如下几个方面：一是债务规模的不断扩大挤压政策调整空间。美财政部报告显示，2019 财年（2018 年 10 月 1 日至 2019 年 9 月 30 日）美国财政赤字较上一年扩大约 26%，升至约 9844 亿美元，为 2012 年以来最高水平。2019 年，美国财政赤字占 GDP 的比重从上一年的 3.8% 升至 4.6%。从债务规模来看，2019 年美国公众持有的政府债务总额已超过 17 万亿美元，国债规模继续攀高至 23 万亿美元。二是政策刺激效果减弱。2018 年受益于财税政策推动，美国经济实现了超预期强劲增长。2019 年大规模减税法案推行的政策红利正逐步消退，且多数企业在获得减税后更倾向于回购公司股票，而非进行固定资产投资，使得减税法案对企业投资的刺激作用不达预期。进入 2020 年后，突发疫情对美国经济造成巨大冲击。为对冲疫情影响，美国政府出台了史上最大规模的财政刺激计划，总规模高达 2.2 万亿美元。按 2019 年 GDP 计算，今年财政赤字率将达到 GDP 的 14%。这一刺激政策短期提振了市场情绪，但鉴于目前疫情对经济的影响程度尚难判断，美国或在未来进一步加码财政刺激政策。

第三节 2020 年美国经济形势分析

美国经济增长承压。展望 2020 年，受全球经济放缓、疫情、贸易摩擦和美国大选带来的不确定性影响，美国经济仍会承压，企业盈利前景减弱将持续压制投资意愿和支出，劳动力市场就业和薪资改善趋缓也会制约居民收入和消费支出增长。叠加美国高企的财政赤字和政府债务、货币政策无限宽松以后的空间受限等因素，预计美国经济增长继续呈现疲软态势，并大概率出现衰退。

2020 年美国经济增速较大概率出现负增长。疫情发生以来，多家权威机构纷纷下调美国 2020 年的经济预期增速。据 OECD 评估，在疫情冲击、"大选效应"、石油价格下跌等因素影响下，2020 年美国经济将较大概率出现负增长。NBER 判断美国正处于金融危机以来的晚周期阶段[①]。美联储前主席伯南克对美国长期经济走势持乐观态度，认为美国经济呈 V 型，在急剧衰退后会迅速反弹；耶伦则相对悲观，认为如果损害较大，经济恐出现 U 型，甚至 L 型走势；IMF 和世界银行预计美国经济将会大幅下滑，或将接近大萧条时期经济增速。

美国经济衰退的风险正在加大。美国最新数据显示，诸多领先指标预示美国经济或将滑入经济衰退。从美国历次经济衰退看，PMI 综合景气指数、就业、消费信心指数、企业投资支出和国债收益率期限利差等经济金融指标对经济衰退有一定领先预警的作用。结合当前指标变化及成因分析，我们认为：美国陷入经济衰退的风险正在加大，但陷入衰退后是否迅速反弹还需结合疫情实际影响以及美国刺激经济的措施力度而定。

表 3-1　美国经济下行预警指标

	指　标	近期变化	预警状态
PMI 指数	ISM 制造业 PMI 指数	低于荣枯线	指标亮灯预警
	ISM 制造业 PMI 新订单指数	低于荣枯线，接近 2008 年金融危机以来最低水平	指标亮灯预警
	Markit 服务业 PMI 指数	2019 年后呈现明显下滑，2020 年后连续三个月大幅下滑	指标需要进一步观察

---

① NBER 会根据美国实际 GDP 同比增速方向和绝对水平结合 CPI 变化将美国经济划分为"早周期（early cycle）"、"中周期（mid cycle）"、"晚周期（late cycle）"以及"衰退期（recession）"。

续表

指　标	近期变化	预警状态
就业指标	新增非农就业人数	2019 年超过半数月份低于去年同期，2020 年超大幅度下降	指标需要进一步观察
就业扩散指数	连续 5 个月持续大幅下降	指标亮灯预警
消费指标	密歇根大学消费者信心指数	连续四个季度下降，降幅超过 GDP 调整幅度	指标需要进一步观察
Sentix 投资信心指数	连续四个季度下降	指标需要进一步观察
投资指标	未来 6 个月的资本支出计划	连续 6 个季度下降	指标亮灯预警

数据来源：Wind 数据库

一是综合领先指标持续低迷。2019 年 8 月至年底，美国 ISM 制造业 PMI 指数以及制造业 PMI 新订单指数均持续低于荣枯线。据最新发布数据显示，2020 年 3 月制造业 PMI 指数降至 49.1，而制造业 PMI 新订单指数降至 42.2，接近 2008 年金融危机以来最低水平。同时，景气度呈现萎缩的行业有扩大趋势，18 个行业中有 12 个行业 PMI 陷入萎缩；其中，服务业景气状况值得高度重视。Markit 服务业 PMI 指数在进入 2020 年后连续大幅下滑，3 月服务业 PMI 指数降至 39.8，较上月下降 9.6 个百分点。由于美国已经蜕变为以服务业主导的经济体，服务业景气持续下降，预示美国经济将在 2020 年上半年进一步疲软。

二是实体经济领先指标普遍转弱。第一，就业数据是美国经济的压舱石。在薪资增速、居民可支配收入和零售销售均回落的背景下，就业改善对经济的带动效应正在减退。2019 年，新增非农就业人数增长有 6 个月低于去年同期，"1 个月后就业扩散指数"近 5 个月持续大幅下降。进入 2020 年后，受疫情影响美国就业数据明显恶化，3 月新增非农就业人数减少 298.7 万人，远低于历史低点。第二，消费者需求是支持美国经济的关键力量。历史经验显示，经济衰退期间消费者信心显著消退。美

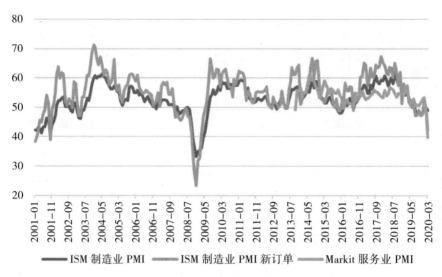

图 3-4　美国制造业 PMI 和服务业 PMI 走势变化

数据来源：Wind 数据库

国消费者信心指数和预期指数目前接近历史高点，但受疫情冲击、就业疲软和收入增长趋缓影响，消费者信心和预期向下调整风险在逐步释放。第三，资本支出下滑是早期的预警信号。企业在资本支出上的决策取决于企业对未来经济形势和贸易前景的判断。多项调查显示，计划在近期增加资本支出的美国企业明显减少。根据美国商业圆桌会议三季度调查结果显示，企业未来 6 个月的资本支出计划已连续 6 个季度下降。

多数市场机构一致认为美国经济将陷入衰退。高盛近期调高美国衰退概率，认为美国 2020 年全年经济增速将下降至 -3.1%，并认为美国经济会进入技术性衰退[①]。摩根大通认为美国 2020 年经济增速为 -2.3%，并将在上半年进入衰退；而美国新债王冈拉克认为 2020 年 11 月大选前就出现衰退的概率达到 40%。从美国全国商业经济协会调查数据看，美

---

① 技术性衰退（Technical Recession）是指一个经济体以 GDP 同比增速为技术参数，当这个参数连续表现为负值时，就表明该经济体进入"技术性衰退"。

图 3-5　美国就业指数和消费者指数走势变化

数据来源：Wind 数据库

国经济 2020 年上半年出现衰退的概率为 21%，2020 年底上升至 43%，2021 年年中进一步升至 66%。与此同时，部分机构和专家保持相对乐观的看法。美国银行认为，2020 年一季度美国经济增速将降至 0.5%，而全年经济增速可能降至 –0.8% 水平，但不太可能出现技术性衰退。

第四章　欧元区经济形势分析：
2019—2020 年的主要变化

　　2019 年，欧元区受全球经济放缓和全球贸易摩擦影响，外部需求拉动经济增长弱于预期，经济增长动能持续减弱，持续的英国脱欧进程不确定性更是影响了欧洲经济稳定运行，增加了全球的地缘政治风险。尽管 2020 年 1 月 31 日英国正式退出欧盟，缓释了不确定性风险因素和一定程度上改善了市场风险偏好，但受新冠肺炎疫情的负面冲击，全球供应链中断，导致欧元区经济出现停摆现象，经济陷入衰退的风险显著上升，而新冠疫情防控和持续时间将是影响 2020 年欧元区经济走势的重要变量。值得注意的是，欧元区为应对新冠肺炎疫情的持续蔓延，在宽松的货币政策空间有限情况下，会推出更大规模的财政刺激政策，将推升赤字水平上升，各国可能会在摆脱新冠疫情危机后，面对债务高企带来债务偿还和再融资风险，加剧债务危机。

第一节　2019 年欧元区经济形势回顾分析

　　欧元区经济持续承压。2019 年，受全球经济放缓、贸易局势紧张和英国脱欧不确定性等多因素叠加，欧洲经济下行压力显著上升，经济增速大幅放缓。三季度欧元区 GDP 同比增速约 1%，为 2016 年以来最低水平。从投资、消费和净出口对实际 GDP 增长拉动影响值看，三季度消费成为欧元区经济增长的主要支撑，拉动影响值为 1.3%；投资对经济增长形成拖累，拉动影响值为 –0.44%，主要是受企业盈利恶化、增长前景的不确定性影响，企业投资信心和意愿显著下降的影响；净出口对经济增长拉动边际改善，但仍然为负值 –0.62%（图 4-1）。

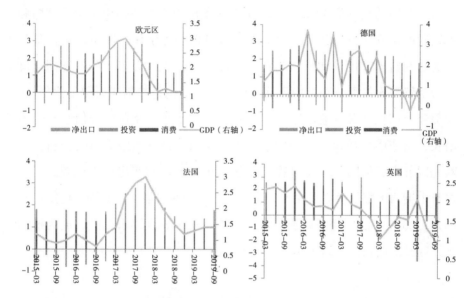

图4-1　欧元区、德国、法国和英国消费、投资、净出口对实际GDP同比增长的拉动值（%）

数据来源：Wind 数据库、英国统计局、法国统计局

外部经济环境变化是导致欧元区经济下行的主要原因，尤其是外部需求大幅下降，对出口依赖较重的制造业行业受冲击较大。第一，全球外需减弱冲击。欧元区是高度外向型经济，对外依存度 24.9%①。2019 年，受贸易争端紧张局势反复、中东和亚洲地缘政治事件扰动、欧美国家政策不确定性上升，以及一些新兴市场金融动荡等因素影响，全球贸易、投资和制造业活动受到极大冲击，欧元区对外出口增速下降（图 4-2）。第二，全球汽车行业景气下行冲击。2018 年四季度以来，受中国全球最大汽车市场销售增长持续下滑以及全球汽车环保标准要求提高的影响，

---

① 原始数据来源于 Wind 数据库，经计算而得。

全球汽车市场景气出现显著下行。根据欧洲汽车制造商协会的数据，6月份汽车销量下降7.8%至144.6万辆，成为自去年12月以来最大月度降幅，其中德国作为欧洲汽车销量最大贡献国，6月乘用车新车注册量同比下降4.7%，英国同比下降4.9%，法国同比下降8.4%。第三，中美贸易摩擦和英国脱欧不确定性。欧元区是一个高度外向型经济体，区域内部及其与中美之间有着高度密切的贸易往来。尤其是作为"火车头"的德国，最大两个贸易伙伴国分别是中国和美国，而英国也是其第四大贸易伙伴国，中美经贸摩擦和英国脱欧不确定性直接影响了德国企业投资信心和经济增长，增速明显放缓，二季度甚至陷入负值。根据欧盟委员会分析，在欧元区五大成员国中，德国的出口占GDP比重和汽车出口占比较高，加之与中英两国贸易关系紧密[1]，这也是德国受冲击最重的原因。值得注意的是，2019年法国经济则逆势增长，连续三个季度逐季提升，成为推动欧元区经济增长的"新火车头"（表4-1）。

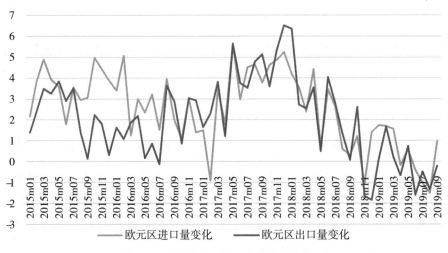

图4-2　欧元区进口量、出口量变化（%）

数据来源：荷兰经济政策分析局

---

[1]　德国产业结构相对单一，过于依赖出口导向的机械、汽车、化工等行业。资料显示，全球最大汽车集团大众2019年10月全球销量同比下降5.3%，降幅较上半年扩大近一倍；由于化工、机械行业与汽车产业关联度高，分别约20%和30%的营业收入来自汽车产业，因此相关企业也受到较大拖累。

表 4-1 欧元区主要成员国 GDP 占比及出口占比（%）

欧元区	GDP 占比	出口占 GDP 比重
德国	28.9	47.4
法国	20.4	31.3
意大利	15.3	31.5
西班牙	10.4	35.1

数据来源：Wind 数据库

欧元区失业率降至低位。2019 年，欧元区失业率整体保持较低水平，11 月欧元区失业率为 7.5%，接近 2008 年金融危机前的水平（图 3）。从成员国看，11 月，德国登记失业率 4.8%，仍为 2019 年年初以来的新低；法国经季调后的失业率自 2019 年年初以来总体持续降低，最新失业率降至 8.5%；11 月，英国失业救济率为 3.5%，较上月回升 0.1 个百分点，均为历史较低水平。欧元区失业率的整体下降趋势与欧洲央行宽松货币政策支持相关，在欧央行宽松的货币政策下，主要经济体就业将保持总体稳定，这有助于居民的消费能力提升，为欧元区经济改善提供源动力。

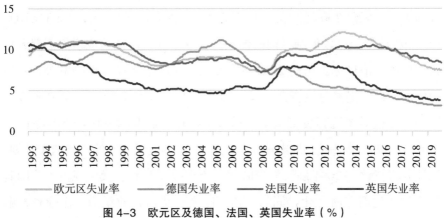

图 4-3 欧元区及德国、法国、英国失业率（%）

数据来源：Wind 数据库

欧元区通胀水平偏弱。11月，欧元区消费者调和价格指数（HCIP）为1%，处于年内低点。从成员国看，主要经济体均低于欧元区经济政策调整的通货膨胀率目标。11月，德国CPI同比升1.1%，核心CPI为1.8%；法国CPI回升至1.0%，核心CPI涨幅仍为0.8%；英国CPI和核心CPI涨幅均与上月持平，分别为1.5%、1.7%。从分项看，能源类产品通胀价格大幅下降，同比涨幅由3月5.37%高位降至–3.14%，是导致整体通胀率和核心通胀率不高的主因。欧元区劳动生产率改善趋弱导致薪资涨幅收窄。欧央行数据显示，近6年来，欧元区劳动生产率年均增速仅为0.7%，远低于1995年至2008年间的1.1%；同期，欧元区实际工资年均增速仅为0.3%，低于1995年至2008年间的0.5%，未来薪资上涨可能延续弱势增长，通胀将可能继续温和上升，甚至有下行压力。

第二节　欧元区货币财政政策分析

货币政策保持宽松。美联储降息为欧元区实施宽松货币政策打开空间。2019年9月，欧元区将存款便利利率下调至创纪录的–0.5%，并实施分层利率以缓冲负利率对银行盈利造成的压力，维持主要再融资利率MRO（0%）及边际贷款利率（0.25%）不变；11月，欧央行重启QE，每月购买资产规模200亿欧元，并开始新的长期定向再融资操作（TLTRO-III）刺激计划，以较低利率向欧洲银行提供贷款，以期达成增加消费者贷款和提振经济目标。预期2020年欧元区货币政策将继续保持宽松，具体操作上降息、提高月度资产购买（QE）规模可能仍会继续。2020年3月以来，为应对新冠肺炎疫情给货币政策传导机制及欧元区经济带来的重大冲击，欧洲中央银行推出一项总规模高达7500亿欧元的资产购买计划，该计划将持续2020年底，操作时间、资产购买对象、操作规模等将随着形势的变化而有所变化。同时，拓宽欧央行货币投放渠道，企业资产购买计划的范围扩大至商业票据，并扩大了额外信贷资助的抵押品的范围。

英格兰银行在下调基准利率的同时，QE 计划规模增加 2000 亿英镑扩大至 6450 亿英镑。

财政支持政策相对积极。欧元区财政债务状况有所改善，但仍处于高位，这将限制财政扩张的空间。2018 年，欧元区债务占 GDP 的比重为 85%，相较 2011–2013 年欧债危机时期有所改善，但主要成员国有所分化。其中，德国、爱尔兰、葡萄牙、荷兰债务占 GDP 比重有所下降，分别下降 19.2%、56.3%、22.2%、15.3%；但西班牙、法国、意大利、希腊分别上升了 11.3%、5.0%、8.3%、3.8%。另一方面，从财政赤字水平看，受欧元区"财政纪律"约束，财政赤字水平大幅下降，赤字率从 2011 年的 4.2% 下降到 2018 年的 0.5%，内部国别差异较大。与欧债危机时期相比，英、法、德三国财政赤字均呈缩减趋势，英国和法国自 2017 年起财政赤字在 3% 以内；德国从 2012 年起出现财政盈余，并坚持严守"财政纪律"，保持财政不出现赤字，目前财政盈余在 2%。欧元区缺乏有效应对经济低迷的政策工具。由于欧元区实施单一货币政策，区域内实行固定汇率制，经济体通过调整汇率无法确保经常账户平衡，进而使账户失衡状态持续积累。"财政纪律"执行严格的德国将持续对包括法国在内的欧元区其他国家形成挤压。同时，欧元区财政政策的失衡态势将难以扭转。预计 2020 年欧元区财政政策将继续保持相对积极态势，缓解对货币政策过度依赖和过度使用。尤其是面对严峻的疫情威胁，在货币政策空间有限情况下，财政政策效果更明显。欧元区成员国相继出台了具有大规模财政救助政策，其中德国财政政策刺激占 GDP 约为 4%，高于金融危机时期，若综合考虑新增担保企业贷款，政府补足工资等措施，德国的全部救助计划占 GDP 的比重则达 22%；法国的财政政策刺激占 GDP 约为 2%，综合救助计划占 GDP 约 14%；英国的财政政策刺激占 GDP 约为 3.9%，综合救助计划占 GDP 约 16%。后续随着新冠病毒在欧洲持续蔓延，疫情防控支出与经济援助计划可能会不断扩大。

第三节　2020 年欧元区经济形势分析

2020 年，欧元区经济陷入衰退的风险显著上升。短期来看，由于新冠肺炎疫情冲击使得全球供应链中断，导致欧元区经济停摆和制造业活动崩溃，这一负面影响已得到充分显现。比如：德国 3 月 Markit 制造业 PMI 终值录得 45.4，创下近 11 年以来最大降幅；法国 3 月 Markit 制造业 PMI 终值录得 43.2，跌至 7 年新低，产出和新订单降幅创 2008 年金融危机以来新低；意大利 3 月 Markit 制造业 PMI 录得 40.3，跌至 2009 年 4 月以来的最低水平；西班牙 3 月 Markit 制造业 PMI 录得 45.7，创 2013 年 4 月以来的最低水平；希腊 3 月 Markit 制造业 PMI 录得 42.5。多家机构认为，新冠肺炎疫情给全球经济造成严重损失，预测 2020 年欧元区以及德国、法国、英国等主要国家经济增速将陷入负增长。IMF 预计全球经济衰退程度至少与 2008 年金融危机时相当，甚至更加严重，2021 年有望复苏。德意志银行认为，2020 年上半年或将出现严重的全球性衰退，一季度欧洲 GDP 环比收缩或达 4%-6%，若疫情持续更久环比收缩规模可能高达 25%。惠誉预计 2020 年全球经济将减少 1.9%，其中欧元区和英国 GDP 将分别萎缩 4.2% 和 3.9%。标普预测，2020 年欧元区经济衰退 2%，如果欧元区的封闭措施持续长达 4 个月，衰退可能为 10%。疫情防控和持续时间是影响欧元区经济走势的重要变量。若新冠肺炎疫情能够在二季度得到控制，欧元区经济活动有望在三、四季度得到修复。这在很大程度上取决于欧元区及其成员国为应对疫情推出的一系列财政刺激政策和纾困措施的有效性，以及全球经济恢复情况。由于宽松货币财政政策只能部分程度对冲外需减弱的负面影响，预计欧元区经济增长可能保持疲软态势。

从欧洲主要经济体来看，受疫情影响德法英等主要成员国的经济遭受冲击较严重，经济增速均可能出现负增长。疫情蔓延加剧了德国制造业的不景气，尤其对作为德国核心产业的汽车产业，产业供需环节均受到严重冲击。德国汽车工业协会（VDA）最新数据显示，一季度新车注册量下降了 20%，其中 3 月份下降 38%；近 37000 家汽车相关的企业中，相当规模的中小企业因缺乏足够的现金储备面临长期流动性危机。法国劳工部统计，已有 40 万家企业为 400 万名员工申请采取"部分失业"措施，其中收入占 GDP 近 8%、提供近 200 万个就业岗位的法国旅游业，因旅游人数将减少 30%-40%，行业季度损失达 400 亿欧元。根据德国慕尼黑 Ifo 研究所预测，如果经济活动能够快速恢复正常，德国的 GDP 萎缩约 5.4% 左右，假设经济全面停滞超过达到 3 个月之久，经济可能严重衰退超过 20%；法国财长预计，2020 年法国经济增速可能降至 1% 以下；英国政府下调 2020 年 GDP 增速预期至 1.1%。

　　为应对疫情所引发的经济风险，欧洲主要国家纷纷推出大规模救助政策和措施，重点通过加大对实体企业和居民提供资金，实现保障就业、稳定经济。德国突破德国《基本法》规定的上限和"债务红线"，出台了一项规模超过 7500 亿欧元的经济刺激计划，其中包括举债及追加了总额为 1560 亿欧元的补充预算；批准总额 120 多亿欧元、期限 4 年的基建投资；拟向企业提供不设上限的贷款等。法国允许企业延期缴纳社会保险金、减税、加快部分领域项目审批、放宽企业员工申领失业补助限制等刺激政策和措施来应对新冠肺炎疫情。英国采取财政与货币协同政策，一方面下调基准利率从 0.25% 至 0.1% 历史低位，为企业提供 3300 亿英镑的纾困贷款；另一方面财政部和英格兰银行联合推出企业融资便利，通过购买企业票据来向其提供融资便利的目的等。由于全球疫情防控不确定性，各国可能推出进一步的救助政策。但值得关注的是，政府空前的财政支持和减税措施将推升赤字水平上升，使疫情过后的欧洲经济面临考验。快速攀升的债务将带来巨大金融风险，一方面债务高企带来债务偿还和再融资风险，加剧债务危机；另一方面在低利率和负利率投资环境下，投资者为追求收益会配置更高风险和更差流动性的资产，进一步推升金融市场的脆弱性。

表 4-2　欧元区 2019 年、2020 年 GDP 增长预测（%）

预测机构	2019 年	2020 年
欧委会	1.1	1.0
世界银行	1.1	1.0
IMF	1.2	1.3
中国社科院	1.0-1.2	1.0-1.3
标普	1.1	—
惠誉	1.0	-4.2
德意志银行	1.6-1.7	-3.4
经合组织（OECD）	1.1	0.8

数据来源：相关机构官网

第五章 日本经济形势分析：
2019—2020 年的主要变化

　　2019 年，日本受全球经济下行和国际贸易摩擦的冲击，外部需求环境持续恶化，对经济增长形成显著拖累，同时受制于投资信心的不足以及消费税上调带来的负面影响，经济增长动能持续走弱。整体来看，日本经济增长的新动力尚未形成，中长期仍难以摆脱外需依赖、内需羸弱的困境。展望 2020 年，全球经济下行、新冠肺炎疫情影响扩散、东京奥运会延期和消费税上调是影响日本经济发展的重要因素。受此影响，日本经济依靠内需主导的复苏将面临挑战，2020 年经济增速可能陷入衰退。为避免疫情冲击造成的经济衰退，日本将维持宽松货币政策，同时会更大规模扩大财政支出和公共投资，以保护就业和稳定经济。

第一节 2019 年日本经济形势回顾分析

　　受外需下降和消费税上调影响，2019 年日本经济持续走弱。前三季度实际 GDP 环比分别为 0.6%、0.5% 和 0.4%，尽管保持正增长，但增幅逐步收窄，经济增长动能减弱，下行压力逐步加大。

　　消费和投资是日本经济增长的核心支撑，出口呈现疲软态势。消费方面，在就业和收入稳定增长背景下，居民消费保持平稳增长。前三季度商业零售额同比增长 1.44%，较去年同期回落 0.16 个百分点。其中，由于消费税上调预期产生的提前消费效应，三季度商业零售额同比增长

2.86%，9 月同比增长 9.18%，特别是汽车、药品和洗浴用品等商品同比上涨显著。但 10 月消费税上调政策落地后，消费出现明显回落，当月商业零售额同比下降 6.99%。总体看，2019 年居民消费对经济增长的拉动率影响逐步上升，前三季度对实际 GDP 的拉动率分别为 0.5%、0.9% 和 1.2%。投资方面，受益于减税政策，企业固定资产投资保持上升趋势，主要体现为企业设备投资，以及与奥运会相关的公共投资增长显著。2019 年三季度，私人企业设备投资和公共投资同比增长 5.4% 和 3.9%，比去年同期分别提高 6 和 2.9 个百分点；对实际 GDP 同比增长的拉动率分别为 0.8% 和 0.2%，比去年同期上涨 0.9 和 0.1 个百分点。外需方面，受国际贸易争端和全球经济放缓影响，出口同比降幅持续扩大。日本作为典型的出口导向型国家，全球经济下行会对其经济产生显著的负向冲击。今年以来，日本出口降幅呈加速扩大趋势。11 月，经季节调整后的出口同比降幅扩大至 7.47%，连续 8 个月负增长。2019 年三季度，净出口拖累实际 GDP 同比增长达 0.6 个百分点。

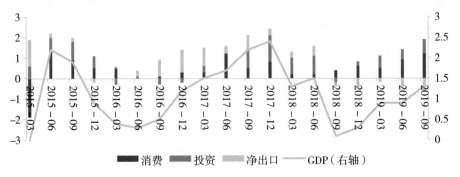

图 5-1　消费、投资、净出口对实际 GDP 同比增长的拉动值（%）

数据来源：Wind 数据库

　　制造业受冲击影响较大，行业景气显著下行，拖累整个经济。日本长期坚持制造业立国的发展战略，以保持本国商品的国际竞争力和稳定就业。尽管日本早在 20 世纪 80 年代初就已经进入后工业化阶段，但制造业增加值占 GDP 的比重仍维持在 20% 左右，明显高于美国的 11%—12%。综合考虑制造业及与其紧密相关的生产性服务业①，广义制造业在整个经济中的地位更加重要，其中，生产性服务业增加值占GDP的比重高达20%左右。可以说，近年来制造业的疲软成为掣肘经济发展的重要因素。数据显示，制造业景气程度仍在显著下行。制造业PMI指数已连续8个月处于枯荣线以下，2019年12月制造业PMI指数降至48.8，创2016年6月以来的新低。机械设备、半导体、电子元件等出口重点行业的订单下滑严重，2019年10月经季节调整的机械订单同比下降14.31个百分点，较9月大幅下降6.23个百分点，创2016年10月以来的新低。供需疲弱导致工业品价格持续低迷，2017年以来PPI保持下行趋势；11月PPI同比上涨仅0.1%，PPI出口价格指数同比下降5.92%。外需疲软、叠加价格的持续走低等因素导致制造业利润的恶化，2019年三季度，制造业企业经常利润同比大幅下降15.13%。

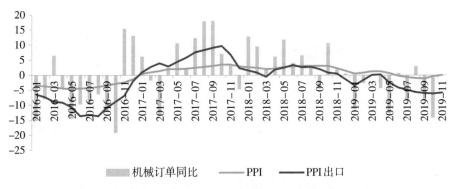

图5-2　PPI、出口价格指数和机械订单（经季调）同比走势（%）
数据来源：Wind数据库。

CPI持续低位运行。受油价和食品价格下跌影响，2019年总体CPI和核心CPI同比均在1%以下。首先，在日本当前经济下行和物价持续下降的背景下，投资和消费信心的削弱，会进一步抑制经济增长和物价

---

① 一般来说，生产性服务业是指产品或服务不是直接用来消费或产生效用的，而是作为一种中间投入而非最终产出。一般包括交通运输业、现代物流业、金融服务业、信息服务业和商务服务业。

上升，强化物价下行的预期。其次，从工资上涨速度看，2019 年收入增速仅为 –0.03%[①]，远低于 2018 年全年的平均值（1.66%）。为此，预计通缩压力较大，物价短期出现明显回升的可能性较小。

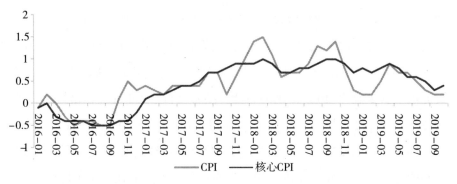

图 5-3　总体 CPI 与核心 CPI 同比走势（%）

数据来源：Wind 数据库。

失业率长期保持较低水平。从长期看，日本失业率处于下行通道，11 月，调查失业率为 2.2%，已创近 35 年来的新低。人口老龄化导致日本劳动力市场长期处于供不应求的状况，这是日本低失业率的主要原因。自 2013 年 11 月以来，日本有效求人倍率[②]突破 1（1.01），总体呈持续攀升态势。为解决劳动力不足问题，日本政府推出一系列结构性改革来改善劳动力市场供需关系，比如通过下调企业法人税，促使企业利润和工资增长，进而增加劳动雇员需求；积极推出多元化劳动力，通过加强育儿支持措施、延长寿命，提高妇女、老人和外国工人的劳动参与率，增加雇员供给量。受此影响，2019 年劳动力市场供需关系出现边际改善，有效求人倍率从年初的 1.63 下降至 11 月的 1.57。

---

① 数据来源于 Wind 数据库，根据月度劳动调查数据总现金收入—所有行业计算当月同比，然后计算全年平均增速。

② 有效求人倍率指劳动力市场有效需求人数与有效求职人数之比，当这一数值超过 1 时，就表明劳动力供不应求。数据来源于日本厚生劳动省。

图 5-4　日本失业率于有效求人倍率趋势（%）

数据来源：日本厚生劳动省。

第二节　日本货币财政政策的分析

货币政策维持宽松。日本银行于 2016 年 9 月推出 QQE 收益率曲线货币政策操作框架，主要通过调节国债长短期利率，实现 10 年期国债利率控制在 0% 左右政策目标。2018 年 7 月，日本央行进一步引入 2% 的通货膨胀目标。从政策效果看，日本通胀远低于 2% 的政策目标，10 年期国债基准利率在 0% 以下，跌破央行目标区间底部；实际利率为负导致多种金融风险累积，这使得日本货币政策进退两难，但日本央行多次重申"达成 2% 通胀目标之前，日本央行将执行超宽松政策不变"。2020 年因受疫情冲击，日本央行紧急决定扩大买进风险资产，并设立新方案，应对企业融资成本上升，金融市场震荡等短期问题。政策核心是将交易型开放式指数基金（ETF）的年购买规模从前期的 6 万亿日元增至 12 万亿日元；房地产投资信托基金（J-REIT）年购买规模增加至 1800 亿日元；增加购买 2 万亿日元的商业票据和企业债，直至 2020 年 9 月底；引入关于新冠肺炎疫情特别融资供给操作等。尽管全球疫情形势尚未好转，但政策应对力度持续加码和日本央行直接入场支持，对修复投资者情绪和提振日本股市起到积极作用。由于控制疫情所需的时间存在不确定性，如果控制疫情持续时间较长可能会对经济造成严重影响，日本银行将会采取进一步的货币宽松措施，以应对长期影响。

财政政策总体偏松。日本财政政策一直坚持以"扩张政府支出和增加税收并行"为核心的原则，实现短期托底经济下行，长期实现财政盈余。在此影响下，日本财政状况显著改善，过去十年财政赤字由 9.8% 缩小至 2.5%，从而为日本应对经济下行、通胀低迷情况提供相对充足的政策空间。2019 年 10 月，日本再次上调消费税税率，从 8% 上调至 10%，该政策旨在缓解当前日本政府财政赤字和债务高企的压力。但从 1997 和 2014 年消费税上调经验看[①]，税率上调对消费产生明显抑制效应，且大概持续 2—3 个季度。据此，预计此次消费税上调将导致内需承压，并对经济增长形成显著拖累。财政支出方面，12 月 5 日日本内阁审议通过 26 万亿日元的经济刺激政策计划，其核心内容是通过扩大财政支出的方式应对经济下行风险，保障奥运会后的经济平稳运行，并推出一揽子结构性刺激计划，主要有向收入减少的家庭以及中小企业补贴、减税或利率优惠；扩大在社会保障费、公共工程等公共领域投资；住房和汽车的减税政策优惠等。2020 年在海外经济下行风险加大、贸易局势趋紧、新冠肺炎疫情影响加剧和 2020 东京奥运会延期的背景下，日本决定推出约 108 万亿日元的经济刺激计划，是日本有史以来规模最大的刺激计划，相当于日本 GDP 的 16%—17%。其中包括向家庭和小型企业支付的现金超过 6 万亿日元，以及为允许递延的社会保障和税款支付的 26 万亿日元。

[①] 日本历史上先后经历 1989 年、1997 年、2014 年三次消费税上调，由最初的 3% 上调至 8%。从政策效果看，这三次消费税的提高短期内均降低了家庭消费能力，导致消费水平下降，更重要的是将挫伤企业信心，降低企业投资意愿，不利于国内需求的长期改善。

第三节　2020 年日本经济形势分析

展望 2020 年，日本经济仍面临较大下行风险，主要压力来自新冠肺炎疫情的不确定性、2020 年东京奥运会延期、全球经济下行以及消费税上调等因素。由于疫情冲击，2 月以来日本经济活动快速收缩，内需主导的复苏面临挑战。从疫情发展阶段看，目前日本处于发布"紧急事态宣言"的边缘。未来日本经济的走势取决于疫情持续时间和对冲政策的实施效果。

受新冠肺炎疫情和奥运会延期影响，企业生产和需求都受到严重打击，短期经济下行压力加大。数据显示，3 月日本制造业和服务业 PMI 分别下降至 44.8% 和 33.8%，指数呈现显著回落，反映疫情对日本经济的影响加速暴露。从表征总需求的先行指标来看，消费者信心综合指数及收入增长、耐用品购买意愿分项指数均出现不同程度的回落；经济观察家现状指数和前景指数出现大幅下滑，均创近十年以来的新低。投资方面，3 月 Sentix 投资信心指数、核心预期指数及机构和个人投资者预期分项指数均出现断崖式下跌。出口方面，随着新冠肺炎在全球范围内的扩散，全球经济下行，与出口相关的先行指标明显恶化，摩根大通全球综合 PMI、新订单指数均创历史新低，必然会对日本的出口产生负面的冲击。总之，自 2 月下旬以来，随着疫情的扩散，日本政府要求停办大型活动、关闭娱乐设施，加上全国中小学临时停课等控制措施，对日本经济的冲击日益加重，特别是奥运会延期对日本当年造成的直接经济损失预计高达 6000 多亿日元。

中长期看，日本经济增长的新动力尚未形成，难以摆脱外需依赖、内需羸弱的困境。2020 年，新冠肺炎疫情的不确定性以及由此引发的经济金融风险加剧，全球经济增长难有回升，世界主要经济组织纷纷下调全球经济增速预期值。日本作为一个出口导向型经济体，在全球经济放缓背景下，出口将继续呈现疲弱态势，边际改善有限。国内需求方面，消费税上调叠加人口老龄化等因素，内需长期疲软的趋势仍未改变。疫情冲击使内外需增长进一步承压，给日本经济复苏蒙上阴影。尽管日本政府先后推出结构性改革、新经济增长战略、经济刺激政策计划等以期培养经济内生增长新动力，鉴于历次执行政策的力度不够，其政策效果仍待观察。

表 5-1　日本 2019 年、2020 年宏观经济预测（%）

预测机构	2019 年		2020 年	
	GDP	CPI	GDP	CPI
日本官方	0.9	—	1.4	—
IMF	0.89	0.98	0.7	1.30
OECD	0.66	1.06	0.55	1.07
世界银行	0.80	—	0.70	—

数据来源：Wind 数据库

第六章　价格形势分析：
2019—2020 年的主要变化

2019 年全年 CPI 上涨 2.9%，主要受食品价格尤其是猪肉价格上涨所致；核心 CPI 为 1.6%，保持在中低位水平稳定运行；PPI 为 −0.3%，创近三年新低，主要受到全球经济增速放缓影响。综合考虑当前国际国内宏观经济基本面、主要经济体宽松货币政策、全球经贸摩擦、供给侧结构性改革、食品和服务价格变动、春节错月、新冠肺炎疫情等因素影响，经模型测算，预计 2020 年全年 CPI 保持在 3.0% 左右，呈现"前高后低"走势，波动幅度主要视猪肉价格的涨幅，高点大概率在 1 月份；随着服务价格恢复性上涨，核心 CPI 会有所反弹，预计全年在 1.3% 左右波动；PPI 保持在负区间波动，低点可能在二季度末，下半年同比降幅会有所收窄。波动幅度视产油大国博弈、海外新冠肺炎疫情形势以及国内复工复产的情况。2020 年价格运行的结构性矛盾相比 2019 年会有所缓解。考虑到 2020 年物价运行总体平稳，建议灵活使用宏观经济政策，推进经济高质量发展，同时完善民生商品保供稳价制度，确保大宗工业品原材料供应安全，并做好物价预期引导工作。

第一节　2019 年物价运行的结构性矛盾逐步显现

2019 年全年 CPI 上涨 2.9%，主要受食品价格上涨所致。CPI 上涨在城乡和区域之间表现出了差异性。剔除食品和能源价格后，核心 CPI 上涨 1.6%，在中低位水平稳定运行。PPI 全年为 –0.3%，创近三年新低。

CPI 上涨主要是食品价格快速上涨所致。2019 年 CPI 同比上涨 2.9%，主要是受蔬菜、水果、猪肉等食品价格大幅波动的影响（见图 6–1）。春季是蔬菜上市的淡季，加上多地持续低温阴雨天气，导致蔬菜价格上涨加快，拉动 CPI 在 3–5 月阶段性上行。水果价格 5–8 月上涨较为突出，主要受前期气候等不利因素的影响。2018 年春季，北方水果主产区遭受倒春寒天气，造成苹果、梨等水果出现不同程的度减产，导致 2019 年存储类水果库存不足。加上 2019 年春季南方阴雨天气较为普遍，菠萝、荔枝等部分热带水果减产，市场青黄不接推动水果价格持续走高。猪肉价格自 2019 年 4 月以来持续上涨，主要是受生猪产能持续收缩的影响。受前期非洲猪瘟疫情等冲击性因素影响，生猪和能繁母猪存栏量大幅减少，导致部分地区屠宰场收购生猪压力有所增大，收购价上行，猪肉零售价创新高，猪肉价格同比涨幅连续多月在 100% 附近波动。由于消费替代效应，同期牛羊肉、禽肉和蛋类价格也均出现不同幅度上涨。2019 年 CPI 食品烟酒项同比上涨 7.0%，影响 CPI 上涨约 2.1 个百分点，对全年 CPI

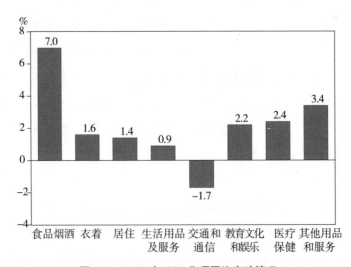

图 6–1　2019 年 CPI 分项同比变动情况

数据来源：国家统计局

上涨的贡献超过三分之二。

CPI 上涨在城乡和区域之间表现出了差异性。农村 CPI 涨幅明显快于城市。2019 年农村 CPI 上涨 3.2%，城市 CPI 上涨 2.8%，农村涨幅高于城市 0.4 个百分点。从 4 月开始，农村 CPI 涨幅已连续 9 个月超过城市，且两者之间的差距有扩大趋势。4-12 月，农村 CPI 高出城市的幅度分别是 0.1、0.1、0.1、0.2、0.4、0.8、1.1、1.3 和 1.1 个百分点（见图 6-2）。值得注意的是，当前农村 CPI 涨幅高于城市要比 2011 年那轮物价涨幅显得更加明显，2019 年 11 月农村 CPI 与城市的差距比 2011 年 7 月的最高点要高出 0.4 个百分点，为近 10 年来的最高水平。CPI 涨幅区域分化较为显著。广东、广西、海南、山东、四川、江苏、湖北七省 CPI 涨幅超过 3%，而新疆、宁夏、北京、贵州、辽宁、甘肃的 CPI 则在 2% 上方附近波动。分析发现，导致这种结构性分化的主要原因是食品价格的上涨，尤其是猪肉价格。

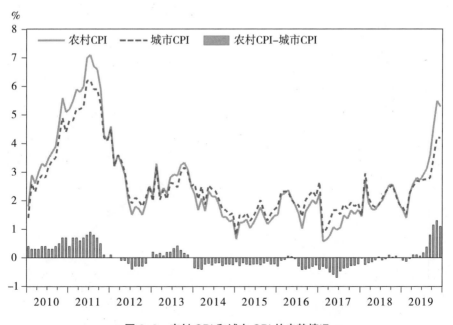

图 6-2　农村 CPI 和城市 CPI 的走势情况

数据来源：国家统计局

　　核心 CPI 和 PPI 同比变动在低位运行。 2019 年扣除食品和能源价格的核心 CPI 为 1.6%，为近三年来的最低点。2019 年初以来，核心 CPI 呈现出缓中向下的态势，从 1 月的 1.9% 一直下降至 12 月的 1.4%，说明物价运行的结构性特征还是较为显著的，即核心 CPI 和 CPI 运行出现了背离情形。2019 年 PPI 为 −0.3%，创近三年新低，波动区间重回零值以下。其中，一季度受国内需求好于预期影响，PPI 在零上方附近小幅波动。4 月受增值税税率下调影响，PPI（出厂价统计的为不含增值税的产品价格）短期快速上升 0.9%。5 月中旬以来，受中美经贸摩擦、全球经济增速放缓等多重因素影响，大宗工业原材料价格震荡下行，6 月 PPI 同比降为零，7 月由零转负，8–10 月降幅持续扩大。11–12 月，受中美经贸磋商顺利进展、全球主要经济体宏观数据改善等因素影响，PPI 同比降幅有所收窄（见图 6–3）。

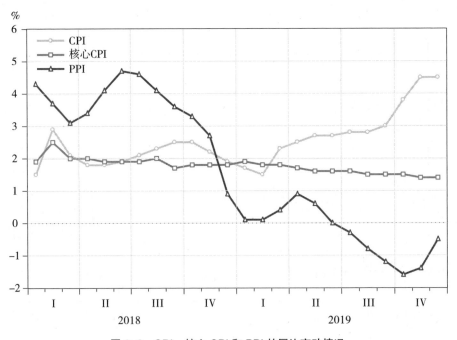

图 6-3　CPI、核心 CPI 和 PPI 的同比变动情况

数据来源：国家统计局

第二节　2020 年物价运行的结构性矛盾会有所缓解

综合考虑当前国际国内宏观经济基本面、食品和服务价格变动、春节错月、新冠肺炎疫情等因素影响，以及经济进入新常态下价格总水平的环比变化新规律，经模型测算，预计 2020 年全年 CPI 维持在 3% 左右，波动幅度主要视猪肉价格的涨幅，高点大概率在 1 月份。2020 年 CPI 呈现出前高后低走势，主要受翘尾因素影响，上半年翘尾为 3.3%，下半年为 1.1%。同期，核心 CPI 预计在 1.3% 左右波动。

情景分析表明，2020 年 PPI 大概率在 –1.5% 到 –2.0% 区间波动。当前海外新冠肺炎疫情持续恶化，原油等国际大宗商品需求疲弱，短期 PPI 将承压，承压时长视海外疫情防控情况。国内疫情防控形势继续向好，

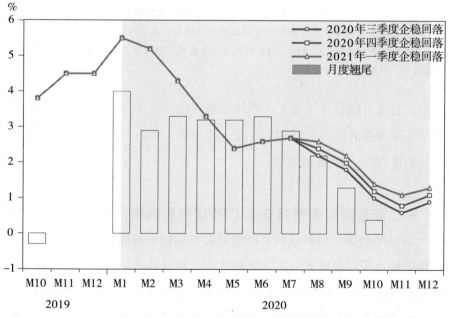

图 6-4　2020 年 CPI 同比变动的预测情况

注：结合生猪生长周期和非洲猪瘟疫情的影响，考虑三种猪肉价格波动情景，即 2020 年三季度回落企稳、2020 年四季度回落企稳以及 2021 年一季度回落企稳，利用"核心 CPI+ 猪肉价格上涨对 CPI 的拉涨力"和"翘尾因素 + 新涨价因素"经验公式测算 2020 年的 CPI 走势。

数据来源：课题组测算

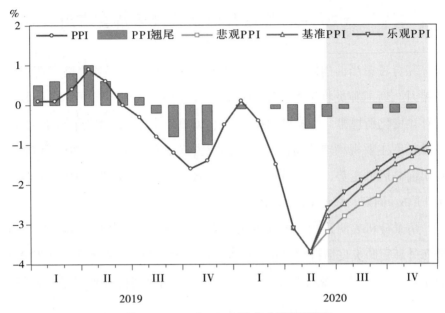

图 6-5　2020 年 PPI 同比变动的预测情况

注：乐观情景指全球需求向好，货币政策持续宽松；基准情景指全球经济下行放缓，新冠肺炎疫情有所缓解；悲观情景指全球经济持续衰退，新冠肺炎疫情持续升级。
数据来源：课题组测算

全国工程项目陆续开工复工，预计投资需求将迎来一波反弹，建材价格有望二季度探底回升，对 PPI 形成一定支撑。2020 年价格运行的结构性矛盾相比 2019 年会有所缓解。

一、新冠肺炎疫情对全年 CPI 运行影响相对有限

2020 年初爆发的新冠肺炎疫情对消费端物价造成不同程度影响。在疫情防控全国一盘棋指导下，文化旅游、餐饮住宿、交通运输等服务主体基本暂停营业，相关服务价格与 2019 年同期相比有不同程度下降。受医用保障物资相对紧缺影响，医疗产品和服务价格出现不同程度上涨。但随着增供应、稳价格、优秩序、保重点等多部门举措的协同的发力，当前我国物价总水平运行保持基本稳定。回溯历史重大卫生突发事件，比如 2003 年的非典事件，该疫情对当年物价影响短暂且有限。我们预计，

本次疫情对全国物价水平的影响集中在一季度，二季度开始影响基本消退，全年难以改变物价"前高后低"的运行态势。

二、食品价格对 CPI 上涨的支撑力将减弱

尽管年内猪肉价格水平可能继续维持高位，但同比增速下半年会有明显回落。假定新型冠状病毒感染的肺炎疫情能够得到有效控制，且今年内不再爆发新的非洲猪瘟疫情，年底生猪产能可以恢复到正常年份的 70%—80%，再假定猪肉年度消费量再下滑 10%，我们预计今年猪肉供给缺口仍将比去年扩大。由于进口量占猪肉总消费比重不高，其他肉类消费替代能力受限，以及储备调节的空间缩小，预计弥补缺口难度将加大，年内猪肉价格可能继续保持高位运行。由于猪肉价格 2019 年 7 月之前还处于相对低位，7 月之后才大幅上涨，对比的低基数意味着 2020 年上半年猪肉价格同比变动将维持高位，会对 CPI 阶段性高位运行形成较强支撑。然而随着对比基数的提高，预计 2020 年下半年猪肉价格同比会大幅回落，对 CPI 的拉涨力也将大幅减弱（见图 6-6）。

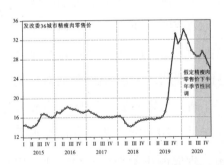 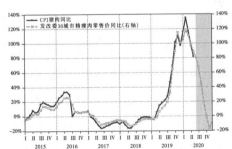

图 6-6　CPI 猪肉同比和猪肉价格变动情况

数据来源：Wind 数据库、课题组绘制

2020 年蔬菜价格多数月份可能在同比负区间波动。2 月以来，蔬菜价格正持续回落，预计二季度能够回归至季节性运行轨道。如果菜价按

照近六年的平均值运行（见图 6-7），那么未来多个月份菜价将是同比负增长，二季度可能跌破 -10%，届时菜价可能对 CPI 运行形成一定下压力。当然也不排除极端天气对菜价的影响。根据历史数据，在洪涝灾害等恶劣自然自然环境影响下，菜价可能会出现大幅波动，但由于属于短暂性冲击，难以改变物价变动的趋势。

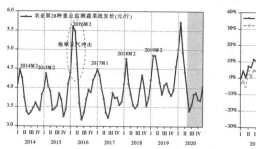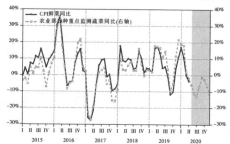

图 6-7　CPI 鲜菜同比和蔬菜价格变动情况

数据来源：Wind 数据库、课题组绘制

季节波动性特征预示着 2020 年水果价格大部分时段处于同比下降状态。水果价格具有非常强的季节性波动特征。一般而言，每年 5-6 月水果价格达到高点，之后持续回落，9-10 月达到阶段性低点，然后持续上升直到来年的高点。2019 年，受存储类水果库存不足等因素影响，水果价格超预期上涨。农业农村部监测的 7 种水果平均价 6 月峰值比往年高出近 40%，且 7 月价格的回落速度普遍低于预期，导致 2020 年的对比基数提高。同时，2019 年秋季苹果、梨等存储类水果产量较 2018 年有较大幅度增长，目前各产区存储类水果库存充足，2020 年上半年存储类水果可能面临一定售卖压力。根据近六年来 7 种监测水果均价的季节性变动情况，预计 2020 年水果价格将同比负增长，6 月和 7 月可能跌破 -20%（见图 6-8）。

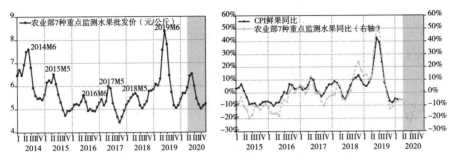

图 6-8　CPI 鲜果同比和水果价格变动情况

数据来源：Wind 数据库、课题组绘制

三、服务和居住价格对 CPI 的支撑相对稳定

服务价格 2020 年预计保持低位运行。 2019 年以来，CPI 服务价格持续下行，2019 年 12 月涨幅为 1.2%，相比年初 2.4% 的涨幅，下降了 1.2 个百分点。服务价格并未因食品价格大幅上涨而上涨，反而表现出下行的趋势特征，有必要从主要分项进行结构剖析。从医疗服务分项看，随着医疗服务价格改革的深入持续推进，医疗服务价格调整已基本到位，2019 年 CPI 医疗服务平均涨幅在 1.6%，相比 2017 年和 2018 年分别大幅下降了 4.9 和 3.2 个百分点。从家政服务分项看，2019 年 CPI 家政服务价格趋势下行，年末涨幅为 4.1%，较年初下降了 3.5 个百分点，剔除春节错月因素，2019 年主要在 4.5% 的水平运行，波动中枢较 2018 年下降近 1.2 个百分点。从教育服务分项看，近些年 CPI 教育服务涨幅基本保持在 3% 左右，波动非常稳定。我们预计 2020 年医疗、家政、教育等主要服务价格基本与 2019 年保持一致，2020 年 CPI 服务价格保持在 1.3% 的水平，价格波动可能会更趋稳定。

居住类价格对 CPI 的拉涨作用有限。 2019 年以来，CPI 居住价格持续下行，2019 年 12 月涨幅为 0.8%，相比年初的 2.1%，下降了 1.3 个百分点。CPI 居住价格涨幅放缓主要受房屋租金涨势回落的影响，而房租波动又会受到房价走势的影响。2019 年，在房地产政策调控影响下，主要

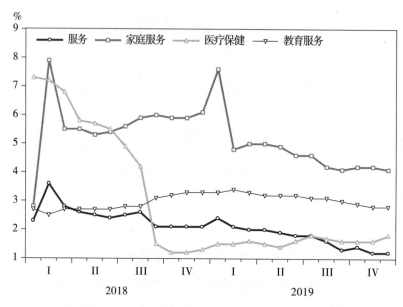

图 6-9　CPI 服务同比及主要服务分项变动情况

数据来源：国家统计局

城市的商品住宅销售价格出现不同程度回落，房价回落使得房屋租金涨势放缓。2019 年中央经济工作会议将住房问题纳入重要的民生保障工作并明确，2020 年房地产市场仍将坚持"房子是用来住的，不是用来炒的"定位，同时将加大对城市困难群众住房保障工作，加强对城市更新和存量住房改造提升，做好城镇老旧小区改造，大力发展租赁住房。再考虑到疫情对生产生活秩序的冲击，预计 2020 年 CPI 居住价格可能继续保持放缓态势，预计保持在 0.3% 左右，居住类价格对 CPI 上涨贡献约 0.1 个百分点。

四、新冠肺炎疫情等因素左右 PPI 走势

海外新冠肺炎疫情扩散蔓延，国际大宗商品需求疲软，短期 PPI 将承压，承压时长视海外疫情防控情况。目前，海外疫情仍处在大爆发阶段，疫情扩散蔓延势头可能会持续一段时间。乐观估计，三季度末海外疫情

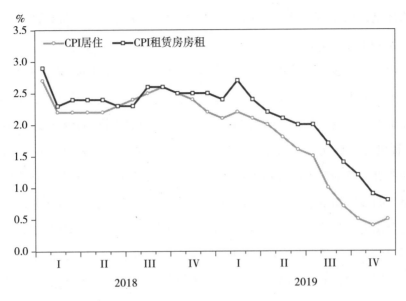

图 6-10　CPI 居住与租赁房房租同比变动情况

数据来源：国家统计局

出现拐点，四季度主要经济体能恢复常态运转。如果海外疫情往乐观方向发展，那么三季度末国际大宗商品价格可能将筑底企稳，四季度震荡回升，PPI 环比增速可能持续为正，PPI 降幅将有所收窄。如果海外疫情防控不及预期，糟糕至影响到全年乃至明年一季度的生产、消费、投资、贸易等活动，那么工业品价格可能持续承压，PPI 面临较大下行压力。

全球宽松货币环境可能加剧国际大宗商品价格波动，进而影响 PPI 走势。为应对疫情冲击，缓解实体经济和金融市场压力，主要经济体相继开启宽松货币模式。国际经验表明，近些年全球宽松货币环境并未形成通胀，很重要的原因是大量过剩资金流入金融市场，加剧资产价格膨胀。货币环境宽松后，以原油为代表的国际大宗商品价格出现大幅反弹。如果全球疫情防控好于预期，在过多的货币追逐下，国际大宗商品价格可能持续反弹，甚者创出新高。但考虑到全球疫情可能出现反复，为获利回吐、回避风险，过多货币可能会流出大宗商品市场，加剧大宗商品价格波动。由于国际大宗商品是 PPI 的重要扰动因素，其价格波动可能会放大 PPI 波动率。

产油大国沙特、俄罗斯、美国三方博弈，可能加剧国际油价波动，影响下半年 PPI 走势。近期欧佩克和俄罗斯决定将减产延长至 7 月，美国消费需求逐渐恢复，原油供需缺口的缩小，导致近期国际油价恢复至 40 美元 / 桶附近。短期看，为保持市场份额，沙特和俄罗斯倾向于小幅减产，短期油价可能持续承压。但中长期看，低油价难以持久。对于经济高度依赖原油的沙特和俄罗斯而言，低油价将严重削弱本国国民收入水平，不利于社会稳定。此外，美国页岩油厂商也不愿意国际油价持续低位运行。如果国际油价持续在 40 美元 / 桶下方徘徊，这将击破美国页岩油生产成本线，引爆页岩油企业债务风险。预计产油大国博弈将会加剧国际油价波动，短期在 30-40 美元 / 桶震荡，中长期回归到 40 美元 / 桶上方。

国内疫情防控向好，逆周期调节力度加大，国内工业品价格有望企稳回升，对下半年 PPI 形成一定支撑。为对冲疫情影响，近期宏观政策力度进一步加大，基建、房地产、制造业投资逐步恢复，汽车、家电等大宗消费持续回暖，钢材、水泥等建材价格开始回升。在"六稳"工作和"六保"任务要求下，预计下半年投资和消费需求会持续向好，工业品价格波动中枢有所回升，对 PPI 筑底企稳形成有力支撑。

五、其他因素对物价总水平影响的说明

春节错月将抬高 2020 年 1 月 CPI。春节是我国最重要的移动假日。在现行阳历中，春节的变动范围是从 1 月 21 日到 2 月 20 日，春节在 1 月和 2 月之间的跳动，即春节错月，往往会对年初物价走势产生较大影响（见图 6-11）。例如，2017 年春节在 1 月 28 日，而 2016 年春节则在 2 月 8 日，由于春节前物价上涨明显，春节后又显著下跌，所以这种时间上的错位会导致 1 月物价大幅上涨，2 月物价显著下降。事实上，2017 年 1 月 CPI 同比上涨了 2.5%，2 月则大幅下降至 0.8%，两者涨幅相差近

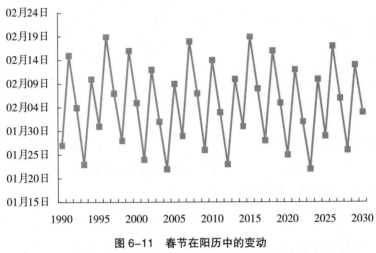

图 6-11 春节在阳历中的变动

资料来源：徐鹏：《价格形势分析的理论与实践》，中国经济出版社 2019 年版。

1.7 个百分点，波动十分明显。又如，2018 年春节在 2 月 16 日，较 2017 年晚了 19 天，由于这种春节错月导致 2018 年 2 月 CPI 同比上涨了 2.9%，涨幅比 1 月高出近 1.4 个百分点。可见，春节错月会对年初物价走势产生较大波动。2020 年春节在 1 月 25 日，较 2019 年早了 11 天，存在春节错月现象。利用虚拟变量法回归，预计春节错月效应将使 CPI 同比在 2020 年 1 月有较大幅度上升，2 月一定程度回落，我们估计 2 月约有 0.6 个百分点的涨价效应提前到了 1 月。

翘尾因素决定 2020 年下半年 CPI 和 PPI 运行可能收敛。翘尾因素是指，在价格指数中，上年价格变动自然转移到本年的部分，它是同比价格指数的独有现象，纯粹由统计方法本身决定。也就是说，即使本年价格没有发生任何变化，由于存在去年价格变动的滞后影响，本年度同比价格指数也会发生变动。注意到，CPI 和 PPI 走势基本与其翘尾因素保持一致，并且翘尾因素可以决定当年 CPI 和 PPI 的水平（见图 6-12）。同时，根据翘尾因素计算原理，上一年价格指数越是后面几个月上涨，那么下一年前面几个月翘尾因素也就越大，后面几个月则会大幅下降。

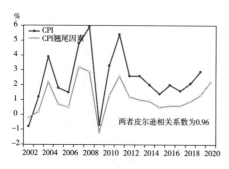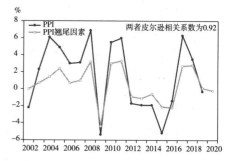

图6-12 CPI、PPI与其翘尾因素变动情况

数据来源：国家统计局、课题组绘制

2020年全年CPI翘尾为2.2%，上半年为3.3%，下半年为1.1%。这意味着，2020年全年CPI仍会保持较高水平，走势大概率将呈现出前高后低特征。2020年全年PPI翘尾为-0.2%，上半年为-0.3%，下半年为-0.1%。这意味着，2020年全年PPI可能保持在0下方附近，走势可能呈现出浅"V"型。预计2020年上半年CPI和PPI之间仍会保持较大缺口，下半年将逐步收窄。

增值税税率下调对价格总水平的影响短暂且有限。 2019年，我国大面积下调了增值税税率。从2019年中央经济工作会议通稿可以判断出，2020年我们更多的是巩固和拓展减税降费成效，而非实施大规模的减税降费。即便进一步降低增值税税率，减税对价格总水平的影响在短期内也相对有限。我们的研究发现，减税的价格效应基本上一个季度就能释放完毕，减税带来生活资料价格的普降，PPI的上升，但对CPI的影响相对有限。观察2019年这一轮减税，绝大部分行业均能快速调低产品含税价，减税带来了上游生活资料价格的下降。由于PPI统计的是不含税价格，而不同行业的市场结构又存在差异，所以上游生产商会留存减税红利，表现为大部分行业PPI环比出现了上涨态势。生产商生活资料的降价（指的是含税价）并没有完全传导到终端消费者，主要是流通环节的中间商截留了部分减税红利，甚者有的继续保持着涨价势头，减税对CPI

影响相对有限。

第三节　政策建议

　　总体上看，全年CPI走势"前高后低"，PPI保持低位运行，物价运行的结构性矛盾将有所缓解。鉴于此，应灵活使用宏观经济政策，做好"六稳"工作、落实"六保"任务，同时完善民生商品保供稳价制度和确保大宗工业品原材料供应安全。

　　保持宏观经济政策灵活适度。2020年物价运行的结构性矛盾将有所缓解，食品价格上涨对宏观经济政策的束缚力会有所减弱，宏观经济政策应着重针对实体经济的运行态势相机抉择。稳健的货币政策保持灵活适度，灵活运用法定存款准备金率、公开市场操作、常备借贷便利等多种货币政策工具，保持流动性合理充裕，疏通货币政策传导渠道，加大金融对实体经济的支持力度，特别是为受新冠肺炎疫情影响严重的地区、行业和企业提供流动性支持。积极的财政政策更加积极有为，合理增加地方政府专项债券规模，加大重点基础设施补短板力度，做好重点领域保障，支持基层保工资、保运转、保基本民生，加快落实湖北等新冠肺炎疫情重灾地区的税收减免政策。稳定制造业投资，围绕推动制造业高质量发展要求，加快推进5G、物联网信息网络等新型基础设施建设，巩固提升我国未来国际竞争力。持续优化营商环境，深化"放管服"改革，降低制度性交易成本，逐步放开市场准入，下硬功夫打造好发展软环境。加快形成强大国内市场，激发消费新热点和新亮点，促进智能网联车、智能家电消费升级。

　　完善民生商品保供稳价制度。猪肉是最重要的民生商品之一。2020年需进一步巩固当前生猪生产恢复的好势头，确保重要节点、新冠肺炎疫情地区猪肉市场供应基本稳定。强化各级政府财政、金融、土地、保险等扶持政策的组合拳作用，加大生猪养殖技术指导与服务，坚决清理不合理的禁养限养，坚持不懈抓好非洲猪瘟疫情防控，严厉打击猪肉市场违法经营、囤积居奇、哄抬物价、串通涨价等破坏市场秩序的行为。保持蔬菜、水果生产规模的基本稳定。扎实推动产销对接，通过开办平价商店、增加流动售卖车、减免相关税费等手段，降低流通成本，优化产销环节。打通稳民生、稳物价的资金使用，确保按照社会救助和保障标准与物价上涨联动机制的标准规定，及时足额发放针对低收入群体的价格临时补贴，有条件地区适当扩大补贴范围和补贴标准。

确保大宗工业品原材料安全供应。全球经济形势、贸易环境、货币政策、地缘政治、供给冲击将加剧大宗商品价格波动，部分工业原材料的供应安全可能会受到牵连。在强化大宗商品价格监测、预测与预警基础上，我们应加强原油、铁矿石、铜等与国计民生相关大宗商品的安全保供机制建设，加快梳理国际海陆重要运输通道的安全风险点，完善"黑天鹅"、"灰犀牛"事件应急处置机制，合理引导企业调整采购与产销计划。同时，充分利用上海、大连、郑州商品期货交易所以及其他重点现货交易所，吸引境外实体企业参与国内期货和现货市场交易，加快完善重点商品基准交割地和实物交割仓库建设。

做好物价预期引导工作。当前重点做好新冠肺炎疫情保供稳价宣传工作，及时公布重点生活物资和医疗资源的生产、储备、运输、供给、销售情况，及时疏导民众恐慌心理。为做好稳预期工作，应及时在主要媒体持续开展关于物价运行的权威解读。一方面，加强对百姓关心的食品价格上涨原因和走势进行通俗解释，及时宣讲社会救助和保障标准与物价上涨联动机制等正在推进的稳民生工作。另一方面，及时打消部分人群对于"通胀"的担忧和不当炒作，为"六稳"工作和"六保"任务营造良好宽松的舆论环境。此外，由于PPI存在进一步走低的可能，为防止市场对工业领域结构性通缩的炒作，也应做好大宗工业品价格运行的预期引导工作。

第七章　就业形势分析：
2019—2020 年的主要变化

　　2019 年我国就业形势总体平稳，稳就业政策效果显著，就业目标保持在预期范围内。同时就业风险呈现积累趋势，一是就业预期持续偏低，用工需求持续下降，存在规模失业显性化的风险；二是工业就业岗位减少显著，存在向服务业传导风险；三是新经济就业岗位稳定性偏低，创业带动就业效应存在大幅波动；四是民营、外资和国有企业用工需求都有所放缓，国有企业面临更为迫切的改革压力，不排除出现就业岗位大幅度减少的可能；五是用工需求重新向中心城市集中，转型发展地区就业承接难度加大；六是全球就业岗位竞争加剧，中美贸易仍存在较大的不确定性，相关行业产能和岗位外迁的可能性增加；七是新型冠状肺炎疫情突发，稳就业压力进一步加大。2020 年，就业形势将更为复杂，疫情的不确定性一方面会减缓就业岗位的复苏，另一方面将推动就业方式的加速转变。为此，应进一步从宏观层面落实就业优先政策，促进就业—增收和产业—消费的良性互动，畅通国民经济循环，奠定就业增长的坚实基础；同时，把"稳预期"作为"稳就业"的重中之重，加强对规模性失业风险的精准防控：一是实施精准稳岗政策和储备就业复苏政策，化解疫情对就业的影响；二是全面落实民营经济和中小微企业支持政策，巩固稳就业根基；三是重点稳定工业企业用工，引导劳动者平稳转岗；四是焕发新经济的就业带动作用，依托技术进步打造新的就业增长点；五是实施差异化政策，预留转型地区就业接续空间；六是提高就业岗位国际竞争力，多方位稳定和拓展外向型就业。

就业是民生之本。2019 年，我国坚持就业优先战略，实施更加积极的就业政策，在经济增速下行的不利情况下，保持了就业形势的持续稳定，实现了比较充分的就业。2020 年经济形势更为复杂，稳就业面临更大的压力，需要进一步从宏观层面落实就业优先政策，重点加强对规模性失业风险的精准防控，推动实现更充分和更高质量的就业。

第一节　稳就业政策成效显著，2019 年就业形势总体平稳

一、就业形势总体稳定，基本达成各项预期目标

2019 年以来，在经济下行压力下，我国就业形势出现阶段性波动，但基本保持总体平稳。截至 2019 年末，全国就业人数为 77471 万人，比上年略减 115 万人。全国就业人数略有下降，主要是受人口老龄化程度不断加深，16 岁至 59 岁主要劳动年龄人口有所下降的影响，但就业总量仍然维持在 7.7 亿人以上，再加上就业人员素质不断提升，我国劳动力资源依然充沛。同时，城乡就业结构不断优化，非农就业持续增长。其中，乡村就业人数为 33224 万人，比上年减少 943 万人；城镇就业人数为 44247 万人，比上年增加 828 万人。城镇就业人数占城乡就业总量的比重达到 57.1%，比上年提高 1.1 个百分点。

全年累计实现城镇新增就业 1352 万人，连续 7 年超过 1300 万人。全年城镇调查失业率保持在 5.0-5.3 之间，25—59 岁主要劳动年龄群体失业率各月均在 5.0% 以下。其中一季度受春节因素影响，摩擦性失业增多，2 月份失业率升至 5.3%。随着春节因素影响减弱，企业生产经营进入旺季，失业率逐步回落，二季度各月稳定在 5.0%—5.1% 的相对较低水平。三季度为高校毕业季，大量高校毕业生在短期内集中求职就业，7 月份失业率再次升至 5.3%，随着大学生陆续找到工作，失业率回落。10 月

份和 11 月份失业率稳定在 5.1% 的水平，12 月份略升至 5.2%。整体来看，受供求关系和季节性等因素影响，失业率在个别月份略有波动，但总体保持在 5.5 以下的预期范围内（见图 7-1）。

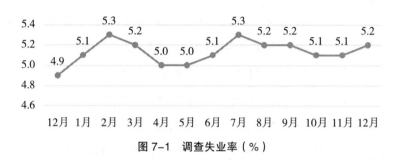

图 7-1 调查失业率（%）

二、稳就业政策效果显著，促进就业增长的动力系统不断完善

在经济下行压力和国际复杂环境下，就业任务目标完成情况良好，是劳动力供求变化、经济平稳增长、就业优先政策等综合因素共同作用的结果。

劳动年龄人口逐年减少，劳动力供给压力显著下降。我国人口总和生育率在 20 世纪 90 年代已经下降到更替水平 2.1 以下，目前约为 1.5-1.6，人口增长逐步放缓，并预计在 2027 年前后达到峰值。与此同时，劳动年龄人口在 2011 年已经达到峰值 9.41 亿人，此后开始逐年下降，到 2018 年约为 8.97 亿人，年均减少 630 万人。今后我国劳动年龄人口下降的幅度会进一步加大，劳动力市场的就业压力也会进一步缓解。

持续的经济增长和结构优化，是不断创造就业岗位的前提。我国经济增长保持了相对较高的就业弹性。根据国家统计局数据，2010-2015 年，我国非农经济每增长 1 个百分点平均约带动城镇新增就业 131 人，2015-2018 年，非农经济每增长 1 个百分点平均约带动城镇新增就业 150 人。

提升发展制造业为主体的实体经济，为就业增长夯实基础平台。近年来，我国制造业就业规模不断扩大，就业人员已超过一亿人。其中城镇制造业就业人员约 8000 万人，约占城镇就业的 20%，是提供城镇就业岗位最多的行业。2019 年前三季度，制造业依然保持了 5.6% 的增长速度，不仅创造了大量就业岗位，也是服务业就业增长的基础支撑。

服务业不断创新发展，为就业增长拓展新空间。服务的就业拉动作用显著高于工业，2018 年我国服务业万元产值约提供 765 个就业岗位，而万元工业产值仅提供 584 个就业岗位。伴随经济结构调整，我国服务业发展一直快于工业，前 11 个月服务业增加值累计同比增长 6.9%，有效支撑了就业增长。随着互联网、数字化技术、人工智能等的快速发展，数字经济、共享经济等新经济、新业态逐步成为就业增长的新源泉，约占当期总就业人数的 20%，灵活就业、分时就业等更加多样的就业方式，也为劳动者增收提供了新选择。

实施更加精准的就业优先政策，为就业增长筑牢托底保障。2019 年以来，国务院把就业优先政策置于宏观政策的层面，充分体现了党中央、国务院对就业的重视。持续优化营商环境，积极推动"双创"发展，促进了新型就业、灵活就业的人数也在大量增加。为就业困难群体自主就业提供创业培训、政策咨询、开业指导、税费减免、小额担保贷款等一系列支持服务，特别是加大对大学生、农民工、退役军人等重点群体的帮扶。为接收就业困难人员就业的企业提供社会保险补贴和岗位补贴，对生产经营当中不裁员、少裁员的企业给予帮扶。强化宏观调控政策、产业政策、公共服务政策与就业优先政策的统筹，为稳定现有就业岗位和创造新的就业岗位提供更大的保障空间。

第二节　就业预期持续走低，
潜在的结构性风险出现积聚趋势

2019 年我国就业形势总体平稳，没有出现规模性的失业问题，但企业就业信心不足，用工需求趋于下降，结构性和行业性就业风险呈现堆积趋势。

一、就业预期持续偏低，用工需求持续下降，存在规模失业显性化风险

从采购经理人指数来看，我国从业人员指数长期处于荣枯线之下。其中制造业从业人员指数 2018 年基本在 48.0 以上，2019 年下降到 47.0 左右；非制造业从业人员指数 2018 年基本在 49.0 左右，2019 年则多数月份在 48 左右。这在一定程度上表明企业增加就业岗位的意愿不强（见表 7-1）。

表 7-1　我国 PMI 指数和从业人员指数（单位：%）

	制造业		非制造业	
	PMI	从业人员	PMI	从业人员
2018 年 5 月	51.9	49.1	54.9	49.2
2018 年 6 月	51.5	49.0	55.0	48.9
2018 年 7 月	51.2	49.2	54.0	50.2
2018 年 8 月	51.3	49.4	54.2	50.4
2018 年 9 月	50.8	48.3	54.9	49.3
2018 年 10 月	50.2	48.1	53.9	48.9
2018 年 11 月	50.0	48.3	53.4	48.7
2018 年 12 月	49.4	48.0	53.8	48.5
2019 年 1 月	49.5	47.8	54.7	48.6
2019 年 2 月	49.2	47.5	54.3	48.6
2019 年 3 月	50.5	47.6	54.8	48.7
2019 年 4 月	50.1	47.2	54.3	48.7
2019 年 5 月	49.4	47.0	54.3	48.3
2019 年 6 月	49.4	46.9	54.2	48.2
2019 年 7 月	49.7	47.1	53.7	48.7
2019 年 8 月	49.5	46.9	53.8	48.9
2019 年 9 月	49.8	47.0	53.7	48.2
2019 年 10	49.3	47.3	52.8	48.2
2019 年 11 月	50.2	47.3	54.4	49.0
2019 年 12 月	50.2	47.3	53.5	48.3

资料来源：国家统计局

经济下行压力传导到就业，最直接的体现便是用工需求下降。网络招聘的大数据分析也显示，用工需求在过去一年大幅下滑，在部分行业，特别是新经济领域已经出现大规模裁员的苗头。2018 年全国招聘信息显示的用工总需求 2.44 亿人，分别比 2017 年、2016 年减少了 3700 万人、2100 万人，增速从上年的 6.0% 降至 –13.1%，10 月 –12 月增速再创新低，分别为 –28.2%、–24.8%、–26.8%。2019 年，用工需求延续了下滑趋势，1 月、2 月分别同比下降 3.9% 和 1.8%，到 7 月份同比下降 22.5%，11 月份同比下降 9.74%，新成长劳动力的求职难度将更大（见表 7-2）。

表 7-2　2019 年分行业用工需求同比变化（%）

	1 月份	2 月份	7 月份	11 月份
信息产业	–35.9	–30.0	–35.3	–2.61
金融业	14.0	5.7	–34.0	–1.60
房地产业	38.4	45.1	–4.6	42.34
商业服务业	47.4	65.2	14.3	–30.78
批发零售业	43.4	26.1	–22.0	–7.55
文化体育教育	66.2	7.4	–14.6	28.35
加工制造业	–23.9	–20.3	–36.0	–16.49
交通仓储物流业	–2.5	2.5	31.8	17.79
居民服务业	24.2	21.7	–15.7	–53.26
合计	–3.9	–1.8	–22.5	–9.74

资料来源：佰职就业大数据

二、工业就业岗位减少显著，存在进一步向服务业传导风险

2018 年 11 月，规上工业企业利润同比增长 –1.8%，三年以来首次出现负增长，12 月份增速进一步下滑到 –1.9%，利润增速连续第 9 个月出现下降。工业企业利润下滑，直接导致用工需求减少，员工收入下降，进而影响相关服务业的经营状况及就业。大数据显示，2018 年生产、加工、制造行业的用工需求为 2300 万人，同比下降了 27.7%；2019 年

前两个月，同比下滑 23.9% 和 20.3%，7 月份步下滑幅度进一步加大到 36.0%（见表 7-2）。

制造业变动将直接影响到服务业。以富士康为例，受苹果新机销售低迷等因素的影响，富士康的产能已经远高于需求，存在大量裁员的可能。在雇佣 35 万名工人的郑州富士康，工人现在没有加班机会，每月只能拿一千多元的基本工资，以加班费为主要收入的员工，可能被迫离职。受富士康用工减少、员工收入下降的影响，厂区周边餐饮、住宿、商超等服务体的经营状况显著恶化，服务业的就业状况紧随工业而变差。

三、新经济就业面临不确定性，应防范创业带动就业示范效应减弱

互联网经济经过井喷式发展后，从业人员规模激增，但就业不稳定问题日益突出。如 2017 年迅速发展的共享单车行业，当年上半年新增就业就达到 7 万人，约占我国城镇新增就业的 1%；但仅仅过了一年，这个行业就出现较大收缩，相关从业人员面临分流就业难题。又如网约车司机已经超过 3100 万人（其中专职从业者超过 1200 万人），但是符合资质的比例仅为 1%，如果出现监管规则变化、重大安全事故等"黑天鹅"事件，行业运行及就业就会出大问题。同样，外卖从业人数已经接近 700 万，面对各地快速扩张的外卖行业，餐饮安全、交通工具、从业资格等关键领域的监管严重滞后，一旦出现重大恶性事件，急剧加码的监管将让就业遭遇重创。绝大部分专车司机、外卖骑手、快递员，没有全职收入和社会保障，抵御失业的能力相对较弱，一旦失业就可能成为社会的不稳定因素。

创业公司融资难度加大，创业带动就业的示范作用变弱。2017 年是创新创业的高速发展期，用工需求也比上年同比快速增长 95.87%。2018 年和 2019 年，我国 VC/PC 市场整体进入回调期，行业投资回报下降，逐步出现"募资难"问题。如明星创业公司 ofo 共享单车，因其经营弊端和

拖欠押金等问题，不仅使公司在 2018 年末陷入困境，而且给所有创业公司都带来了较大的负面社会影响，动摇了投资人乃至全社会对创业公司的信心。2019 年，创业公司的投资增长和用工需求继续放缓，11 月份比上年同期下降 16.17%。2020 年资本市场会更严格地筛选创业公司，创业公司的用工需求有可能进一步下滑，创业带动就业的示范效应可能变弱。

四、民营企业和外资企业用工大幅度减少，国有企业减员风险趋升

民营企业和外资企业用工需求下滑趋势进一步加剧，7 月份同比减少 23.4% 和 25.6%；国有企业在 1 月份依然保持了需求增长，但从 2 月份也开始下降，到 7 月份和 11 月份底分别同比下降 13.5% 和 6.2%（见表 7-3）。2017 年创业公司用工需求大幅增长 95.8%，但 2018 年出现回调，同比下降 16.17%；2019 年创业公司总体表现较好，7 月份用工需求同比增长 45%，11 月份同比增长达到 221.8%。但同时也要看到，资本市场经过了 2018 年的回调后，会更严格地筛选创业公司，应避免市场的大幅震荡影响创业带动就业的示范效应。2020 年，国有企业将面临更为迫切的改革压力，不排除会出现就业岗位大幅度减少的可能性。为此，需要加快完善公平的市场竞争环境，全面促进民营企业发展，创造更多就业岗位，提高就业承接能力。

表 7-3　2019 年不同类型企业用工需求同比增长（%）

	1 月份	2 月份	7 月份	11 月份
国有企业	15.5	−2.1	−13.5	−6.2
外资企业	−1.4	−1.0	−25.6	−12.7
民营企业	−5.2	−2.2	−23.4	−11.4
事业单位	−27.5	−4.2	19.9	63.8

续表

	1 月份	2 月份	7 月份	11 月份
非营利机构	−12.5	32.4	19.4	213.2
创业企业	29.9	101.1	45.0	221.8
合计	−3.9	−1.8	−22.5	−9.7

资料来源：佰职就业大数据

　　我国对民营经济的认识不断深化，特别是习近平总书记在 2018 年 11 月 1 日民营企业座谈会上的讲话，重申了我国的基本经济制度，充分肯定了我国民营经济的重要地位和作用，并进一步提出"民营经济是我国经济制度的内在要素，民营企业和民营企业家是我们自己人。"但是在经济和社会实践中，仍存在一些模糊甚至错误的认识，特别是以所有制类型作为划分经济成分和企业类型的一个重要标准，无形中成为束缚民营经济发展的体制障碍，是当前民营经济发展面临的诸多问题的根源。

　　融资难、融资贵一直是制约民营企业特别是小微企业生存的重要因素。党中央和国务院也高度重视这一问题，并出台了一系列政策措施，但融资难融资贵的问题却没有得到根本缓解。据统计，我国的小微企业平均寿命只有 3 年左右，其中很多企业倒闭，并不是产品和市场出现问题，而是资金链断裂所导致。我们调研中也发现，大量从事加工制造、零部件供应的小微企业，一般处在大型企业供应链的末端，为大兴企业提供服务。但是大型企业公司财务复杂，回款周期长，好多小微企业，往往都会垫付资金生产，但却缺乏可持续的融资渠道，很容易导致资金周转不灵。

　　降成本是我国供给侧结构性改革的重要内容。近年来，通过实施简政放权、减税降费等政策，为企业减负松绑的效应持续显现。李克强总理在 2017 年《政府工作报告》中指出，减税降费"一定要让市场主体有切身感受"。但对于很多民营企业、特别是部分中小企业而言，减税的切身感受并不明显，甚至有的企业还感觉税费有所增加。

当前我国营商环境改善取得了显著效果，但同时也依然存在不少短板和盲区，不利于制度性交易成本的进一步下降和政务效率的有效提升。如我们在调研中也发现，各地在改善营商环境方面都出台了相应的规定，但政策的落地却不尽如人意，在一定程度上影响着企业家投资的信心、创新的热心、做实业的专心以及高质量发展的恒心。

五、区域用工需求重新向中心城市集中，转型地区就业增长难度加大

区域用工需求重新向中心城市集中，绝大部分省份就业机会减少。大数据显示，2017 年除广东、北京、上海、天津、陕西、西藏 6 个省份外，全国其他 25 个省份的用工需求都保持正增长，呈现由东部向中西部转移的苗头。但到了 2018 年，仅有广东、北京、上海、重庆 4 个省份的用工需求正增长，增速分别为 10.4%、13.8%、15.2%、12%，其他 27 个省份都是负增长，劳动力需求的区域差距进一步拉大，绝大部分省份陷入用工需求衰减的境地。尤其值得关注的是，黑龙江和吉林的用工需求分别下降 63.9% 和 40.4%，东北人口外流问题更加严峻，新疆、青海、甘肃的分别下降 48.8%、47.6%、45.3%，用工形势不利于边疆地区的稳定。2019 年以来，多数地区用工需求继续下降，其中 1 月份仅有 8 个地区、2 月份有 12 个地区用工需求出现增长，到 7 月份仅有 4 个地区用工需求出现增长，到 11 月份有 5 个地区用工需求增长，分别是广东、上海、天津、四川和浙江（见表 7-4）。长三角、珠三角是劳动力的集中流入地，人口外来依然是中西部地区的常态。

表 7-4　2019 年分地区用工需求同比变化（%）

地区	1 月份	2 月份	7 月份	11 月份	地区	1 月份	2 月份	7 月份	11 月份
广东	18.9	25.4	-31.9	47.16	云南	-37.7	-36.3	-22	-37.23
上海	30.3	14.9	-34.7	33.94	湖南	-23.8	3.2	-25.2	-37.27

续表

地区	1 月份	2 月份	7 月份	11 月份	地区	1 月份	2 月份	7 月份	11 月份
天津	-32.7	-53.9	-37.3	8.68	河南	-1.4	7.1	0.5	-38.27
四川	13.5	20.4	-7.1	4.55	山东	-3.7	1.5	-17.3	-39.49
浙江	-1.2	-2.8	-29.3	1.65	黑龙江	-27.8	-2	22.3	-39.87
陕西	9.3	14.5	-9.8	-4.1	海南	-44.8	-64.2	-90.6	-39.98
湖北	-7.7	-7.8	-23.8	-8.58	贵州	-33.5	-28.3	-15.8	-40.72
辽宁	-32.3	-33.5	-25	-9.4	新疆	-47.7	-47.3	-18.3	-43
江苏	-1	-5.6	-28.8	-10.77	吉林	-47.8	-57.4	-22.2	-43.92
重庆	39.8	22.3	-0.6	-15.38	河北	-23.9	-5.6	-5	-44.14
安徽	1.3	15.4	-8.7	-23.27	广西	-38.9	-35.9	-19.6	-44.26
福建	-15.6	-9.4	-25.3	-24.02	宁夏	-27.1	-17.6	-17.6	-45.69
北京	31.6	-11.1	-29.5	-26.1	西藏	65.9	159	69.4	-51.09
江西	-23.6	-10	-16.3	-28.68	内蒙古	-15.6	3.8	13.3	-52.62
甘肃	-53.1	-31	-19.7	-32.07	青海	-57.9	-66.5	-36.2	-61.96
山西	-26.7	2.4	-3.8	-34.2	**全国**	-3.9	-1.8	-24.5	-9.74

资料来源：佰职就业大数据

部分转型城市接续产业无人支撑困境，进而导致岗位流失。一是年轻人大量外出，返乡就业意愿低，接续产业发展缺乏人力资源支撑。从就业地域看，非一线城市的青年就业人群普遍不愿返乡就业，他们宁愿在城市从事收入并不高的工作，也不愿回家乡就业创业；从就业行业看，青年就业人群要么进入体制内，要么进入收入较高的互联网、金融等领域，生产性服务性行业不受青睐，青年就业人群就业择业思想有待进一步端正；从就业观念看，在调研中发现，多数年轻人毕业后均选择留在北上广深等一线城市，有的甚至远走海外，普遍不愿回乡就业，甚至返乡就业行为本身在一定程度上会被解读为该劳动者"没太大本事"。

二是企业难以引进推动企业发展的高技术人才。高技术人才就业期望值高，对地域、薪酬、福利要求高，一般地方企业尤其是西部地区东北地区企业难以引进高技术人才，如，西部某市的现代煤化工、装备制造、羊绒等部分行业出现用人短缺问题，特别是化工产业属于技术密集型、人才密集型产业，专业人才数量跟不上煤化工产业发展；东北某市的机械制造企业严重缺乏高技能工人尤其是铆工，不得不临时召回已退休老铆工，高技能工人缺乏已影响企业正常运转。

三是政府人才政策落地难。为引进人才，地方政府通常会制定当地人才引进政策，以优厚薪酬及住房政策支持吸引人才，但企业普遍反映相关人才政策落地难，主要原因是人才资金配套不足。以东北某市为例，该市就业专项资金（含人才资金）呈连年下降趋势，2015–2018 分别为8.31 亿元、7.17 亿元、6.66 亿元、6.38 亿元，人才资金配套不足导致许多人才政策难落地，进而导致引进人才难、留住人才更难。另外，还有的公司在 2011 年引进博士人才，到现在依然没有兑现当地政府层承诺的落户问题。

六、全球就业岗位竞争加剧，产能和岗位外迁的可能性增加

国际就业岗位竞争日益加剧，需防范就业岗位流失风险。当前就业岗位的国际竞争，不仅体现在制造业等传统领域，而且新业态和新就业形态的快速增长，也已经成为全球就业的普遍特征。一是发达国家就业需求随着经济复苏而逐步增长，特别是美国和欧洲国家提出制造业回归本土，对我国就业的影响将日益突出。如美国在金融危机之后，就业岗位持续增长，到2019 年，就业总量已经超过危机之前的水平；失业率更是持续下降到近 19 年来的最低水平，全年保持在 4% 以下，11 月份仅为3.5%。日本就业人数也实现了 59 个月的持续增长，失业率降低到 3% 以下，是 22 年来的最低水平。欧盟国家就业形势分化明显，但28 国平均失业率 7.7%，低于去年同期的 8.6%。二是发展中国家劳动力成本相对中国的优势逐步显现，如越南、菲律宾、印尼、马来西亚等国家人工成本已经显著低于中国，随着劳动力素质的进一步提升，中国在劳动密集型

产业的就业竞争压力越来越大；印度在劳动力低成本、市场容量以及信息产业等方面的优势也正在逐步积累；非洲、南美等国家劳动力市场的竞争力也在不断提升。三是无论发达国家还是发展中国家，劳动力市场弹性不断提高，就业形式更加多样，灵活就业比重不断提高。

中美贸易的不确定性将长期存在，企业不断累积的风险预期降低用工需求。根据商务部的测算，外贸带动相关的就业人数超过 1.8 亿人（占总就业人数的 1/4），中国对美国出口占总出口的 20% 左右，绝不能低估中美贸易摩擦对出口部门就业的影响。就业大数据显示，在中美贸易摩擦升级的 3 月份和 6 月份，我国用工总需求同比锐减 25% 和 20.9%。除了出口行业外，涉及中美知识产权和技术转让纠纷的高技术行业，在中美贸易谈判达成最终协议之前，将面临极大的不确定性，这些行业的用工需求将进一步下滑。2018 年，电子、半导体、电路行业的用工需求下降了 76.1%；2019 年 1 月、2 月，分别同比下降 35.9% 和 30.0%。出于预防贸易摩擦和缩减生产成本的考虑，部分厂商会继续与考虑将产能前往海外。

七、新型冠状肺炎疫情突发，稳就业面临更大压力

2020 年初，新型冠状肺炎疫情的爆发对我国经济增长和就业形势都产生了较大冲击。其中交通运输、文化旅游、酒店餐饮、影视娱乐、体育赛事等行业受到的影响最为直接，很多企业在疫情期间被迫停止营业，造成的损失不仅已经发生，而且后续无法弥补。随着时间推移，疫情对工业企业的影响也日益显现，工业生产在用工、订单、库存、生产、运输等方面都面临不同程度的制约。部分企业在推迟复工、外地员工被隔离的同时，企业依然要支付人工成本、租金、贷款利息等固定费用，而且还面临额外增加的复产防护成本、订单支付延误、订单取消等问题，对于一些资金链本来就紧张的企业，进一步加大了破产、失业风险。

疫情对就业的最终影响，在很大程度上取决于疫情持续的时间。不

同类型企业的抗压能力存在较大差异，相对而言，中小企业将首先面临生存问题。从企业账上现金余额能维持的时间看，约三分之一的中小企业仅能维持 1 个月的时间，超过半数的中小企业仅能维持 2 个月的时间。服务业在疫情中受到的影响更为明显，但我们更应重视工业领域的中小企业，由于其产业链条相对较长，一旦停工、破产将波及上下游企业，并最终影响到服务业就业；同时工业企业的破产成本较高，复工或重建的难度也更大。

第三节　着重改善就业预期，加强就业风险精准防控

展望 2020 年，我国的就业形势将更为复杂。受疫情影响，2020 年上半年将迎来就业压力的集中释放。部分企业生产经营困难导致招聘用工需求下降，一些个体工商户和小微企业疫后恢复较慢，吸纳就业受到一定影响。1—5 月份，全国城镇新增就业 460 万人，同比少增 137 万人；5 月份城镇调查失业率约为 5.9%，比去年同期高出 0.9 个百分点。2020 年下半年，随着经济活动逐步复苏，就业形势会进一步好转，但稳就业面临的挑战将更为严峻。就业总量压力不减，每年仍有 1000 万以上的新增劳动力需要就业，其中高校毕业生达到 874 万，创历史新高；就业预期持续偏低，用工需求持续下降，就业结构性矛盾进一步累积。同时，疫情的不确定性一方面会减缓就业岗位的复苏，另一方面会推动就业方式的加速转变。为此，应把握一切有利因素，从宏观层面落实就业优先政策，充分依托强大国内市场，进一步增强我国经济增长的韧性和活力，通过促进就业—增收和产业—消费的良性互动，不断畅通国民经济循环，为就业增长奠定基础；同时，把稳预期作为稳就业的重中之重，完善就业形势监测分析机制，紧盯重点地区、重点行业、重点群体和关键性指标，做好规模性失业风险预判预警，加强对关键风险点的精准防控。

一、实施精准稳岗政策和储备就业复苏政策，化解疫情对就业的影响

一是探索政府、企业和职工合理分担疫情造成的损失，尽力稳定现有就业岗位，防止大规模裁员；因势利导，有效利用为应对疫情而新增的就业机会，做好行业之间、地区之间的用工信息沟通、定向招聘和人员对接服务；支持企业转变经营方式、开发新的就业形态；引导因疫情无法外出的农民工参加农村基础设施建设和人居环境改善。二是强化对中小微企业的精准救助，加大减税降费政策力度，扩大稳岗返还政策的受益面；特别把工业领域的小微企业，作为疫情防控期间"稳就业"的重中之重，免除直接受损的小微企业 6 个月到一年的企业所得税和社会保险缴费。三是对所在企业因疫情冲击难以生存、导致失业的群体实施定向救助，减小失业对劳动者的福利损失。四是积极储备疫情后就业复苏政策，对于受到停产、停工影响的工业企业，在疫情过后允许使用更加灵活的用工制度，如通过在一定时期内适当延长工时，补救疫情发生时期的生产损失；提前布局和加强政策引导，支持社会资本投入受疫情影响较大、功能供给不足、岗位损失较多的行业；积极推动新就业形态发展，完善相关社会保障和用工政策。

二、全面落实民营经济和中小微企业发展支持政策，巩固稳就业的根基

一是完善法律和制度保障，形成竞争中性的公平市场环境。全面放开市场准入，全面落实公平竞争审查制度，实行统一的底线监管，在同一负面清单下全面参与市场竞争。二是切实推动减税降费政策落地，加快降低社保费率，加大失业保险费返还力度，积极探索进一步降成本的空间，降低民营企业负担，增强企业发展活力。二是切实破解融资难融资贵问题，扩大金融市场准入，完善金融服务体系，大力发展中小型金融机构，提高财政资金的风险补充能力，拓宽民营企业融资途径。三是

支持民营企业研发创新，加快向民营企业开放国家重大科研基础设施和大型科研仪器；鼓励民营企业独立或与有关方面联合承担国家各类科研项目，参与国家重大科学技术项目攻关，通过实施技术改造转化创新成果；在标准制定、复审过程中保障民营企业平等参与；通过发放奖励和补贴、加快折旧、R&D 费用加计抵扣等政策，鼓励和促进民营企业建立各级技术研发机构和进行产业升级和技术产品创新。

三、进一步稳定工业企业用工，促进劳动者平稳转岗

一是重视新就业空间的拓展，加快发展先进制造业，通过科技创新提高制造业的全球竞争力，通过新旧动能转换拓展新的就业领域。二是重视延续劳动密集型产业的就业优势，充分利用国内市场和梯度发展优势，有选择地推动传统制造业向中西部地区转移。三是加大职业教育和职业培训投入力度，提高职工转岗就业能力。

四、重新焕发新经济就业带动作用，依托技术进步打造新的就业增长点

一是坚持审慎包容原则推动新经济发展，在互联网经济从业人数众多的行业，对涉及生命、资产、餐饮等的重大安全事项，尽早建立行业规范、监管原则和应急方案；完善最低工资保障制度，增强社会保障制度对灵活就业人员的包容性，解除灵活就业人员的后顾之忧。二是聚焦科技创新方向和支持力度，以核心技术和关键技术为重点，进一步加大对高新技术的投入，打造新的就业增长点。三是完善创业金融服务，提高企业用工需求，支持私募股权投资基金和创业投资基金发展，促进长期资本支持创新创业；扩大创新创业债试点规模，支持符合条件的创业公司发行"双创"专项债务融资工具。

五、实施差异化就业配套政策，促进区域就业均衡

一是充分认识到转型发展的难度，包括被动转型的资源枯竭型地区和主动转型的新旧动能转化地区，为就业安置预留充分的承接时间和空间。二是对用工需求旺盛的省份，加大财政转移支付力度，增强对流动劳动力住房、子女教育的保障力度；对用工需求萎缩的省份，增加公益性岗位，加大必要的基础设施投资，发挥乡村振兴项目的就业带动作用。

六、提高就业岗位国际竞争力，多方位稳定和拓展外向型就业

一是提高对外出口市场的多元化，寻找新的贸易伙伴；顺应产能和岗位外迁，逐步建立跨国产业链条，保持劳动密集型产品出口和岗位规模。二是增加服务产品对外出口，创造更多外向型服务业就业岗位。三是加大对机械、航空航天、信息及通信技术、机器人、医药产品等摩擦重点行业和领域的就业监测，实施重点企业援助政策；同时，加大基础研究投入，增强高科技的国际竞争力，改善高科技企业的预期及用工。

Part 2
结构篇

第八章　产业结构分析：
2019—2020 年的主要变化

2019 年我国产业结构调整总体呈现持续优化的特征，表现为三次产业结构继续呈现服务化、工业结构高加工度化、服务业内部结构不断优化，但仍然一些深层次的隐患和问题尚未得到解决，如产能过剩问题、"产业空心化"问题、金融业、房地产业占比过高问题、创新要素对产业结构优化支撑不足问题等。2020 年，在需求变化、技术进步、国家政策和体制改革等共同作用下，我国产业结构调整将继续维持优化态势。为了解决深层次的隐患和问题，更好地推动产业结构优化，需要从继续完善产能过剩治理机制、定向定点突破产业核心技术和关键薄弱环节、提升创新要素对产业结构升级的支撑力、优化服务业结构等四个方面采取针对性政策措施。

2020 年是我国"十三五"规划实施的最后一年。全面把握 2019 年我国产业结构调整特征，理性预判 2020 年我国产业结构调整趋势，对于全面评估"十三五"规划，科学研究"十四五"规划有关目标和任务，乃至推动我国经济和产业高质量发展具有重要意义。

第一节　2019 年我国产业结构调整特征

我国已经进入工业化后期，需求结构发生重大变化，在新一轮技术革命和产业变革的大背景下，在国家深入推进供给侧结构性改革推动下，

2019年我国产业结构调整总体呈现持续优化的特征，表现为三次产业结构继续呈现服务化、工业结构高加工度化、服务业内部结构不断优化。

一、服务业引领国民经济增长，三次产业结构继续优化升级

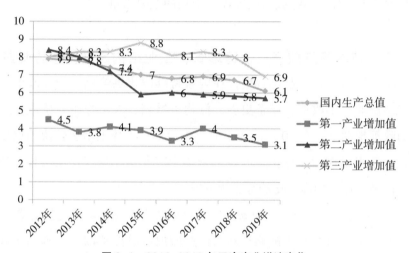

图8-1　2012-2019年三次产业增速变化

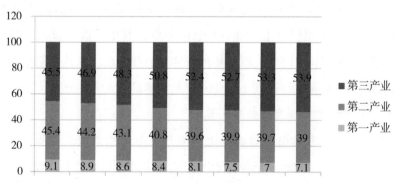

图8-2　2012-2019年我国三次产业所占GDP比重变化

数据来源：国家统计局网站数据。

近年来，受需求结构变化、技术进步、政策引导等多重因素影响，我国基本遵循经济先行国家工业化后期产业结构演变规律，第一产业、

第二产业所占 GDP 比重持续下降，第三产业占 GDP 比重持续上升，三次产业结构不断优化升级。2019 年，产业结构继续呈现"服务化"态势。2019 年，第三产业增加值占国内生产总值比重为 53.9%，比上年提高 0.6 个百分点，高于第二产业 14.9 个百分点；第三产业对国内生产总值增长贡献率为 59.4%，继续成为国民经济增长的主要力量。

二、技术密集型产业快速增长，工业结构高度化态势明显

随着我国进入工业化后期，在国家持续深化供给侧结构性改革，支持传统产业技术改造和设备更新，深化大数据、人工智能等技术开发应用的政策推动下，在 10 年前（工业化中后期）整体上增速较快的重化工业，近年来出现增速分化，但技术密集型产业整体呈现快速增长，2019 年，这种工业结构高度化趋势更为明显。

（一）战略性新兴产业和高技术产业以高于工业平均增速较快增长

2019 年，规模以上战略性新兴产业增加值增长 8.4%，增速高于规模以上工业（增速 5.7%）2.7 个百分点，其中，新能源产业增速为 14.9%，新一代信息技术产业增速为 9.5%；高技术制造业增加值比上年增长 8.8%，增速高于规模以上工业 3.1 个百分点，其中，医疗仪器设备及仪器仪表制造业增长 13.5%，较上年加快 4.1 个百分点。高技术制造业增加值占规模以上工业比重达到 14.4%，较上年提高 0.5 个百分点。

（二）工业结构高度化趋势明显

体现为技术密集型产业所占比重提升，劳动密集型产业所占比重下降。比较 2019 年和 2018 年各行业所占工业增加值比重变化情况[①]，可以发现上述趋势：（1）技术密集型产业所占比重不断提升。除了汽车行业外，大多数技术密集型行业如医药制造业、专用设备制造业、铁路、船

---

① 现有统计数据中没有公布工业增加值数据，无法计算准确的工业行业的增加值结构，我们根据行业增加值增速和价格指数进行平减计算相关年份比重变化。

舶、航空航天和其他运输设备制造、电气机械和器材制造业、计算机、通信和其他电子设备制造业、仪器仪表制造业等所占比重都有较大提升。（2）劳动密集型行业所占比重快速下降，如纺织服装、皮革、木材加工、家具等所占比重相比于2018年的所占工业比重，出现大幅度下降。（3）资本密集型产业所占比重存在分化。石油、煤炭及其他燃料加工业、化学原料及化学制品制造业所占比重下降，而非金属矿物制品业、黑色金属冶炼及压延加工业、有色金属冶炼和压延加工业所占比重则有较大提升。后者比重提升，可能和近年来我国深化供给侧结构性改革，加大产能过剩治理力度有密切关系。

表 8-1 2019 年相比 2018 年各行业所占规模以上工业增加值比重变化

行业	2019 年所占工业比重 /2018 年所占工业比重
煤炭开采和洗选业	0.98
石油和天然气开采业	0.63
黑色金属矿采选业	1.40
有色金属矿采选业	0.53
非金属矿采选业	0.04
开采专业及辅助性活动	3.87
其他采矿业	0.68
农副食品加工业	0.34
食品制造业	0.94
酒、饮料和精制茶制造业	1.10
烟草制品业	0.94
纺织业	0.23
纺织服装、服饰业	0.16
皮革、毛皮、羽毛及其制品和制鞋业	0.37
木材加工和木、竹、藤、棕、草制品业	0.39
家具制造业	0.45
造纸和纸制品业	0.70

续表

行业	2019 年所占工业比重 /2018 年所占工业比重
印刷和记录媒介复制业	0.44
文教、工美、体育和娱乐用品制造业	0.20
石油、煤炭及其他燃料加工业	0.85
化学原料和化学制品制造业	0.79
医药制造业	1.18
化学纤维制造业	1.97
橡胶和塑料制品业	0.84
非金属矿物制品业	1.60
黑色金属冶炼和压延加工业	1.71
有色金属冶炼和压延加工业	1.61
金属制品业	1.03
通用设备制造业	0.76
专用设备制造业	1.22
汽车制造业	0.31
铁路、船舶、航空航天和其他运输设备制造	1.31
电气机械和器材制造业	1.84
计算机、通信和其他电子设备制造业	1.62
仪器仪表制造业	1.86
其他制造业	0.48
废弃资源综合利用业	2.40
金属制品、机械和设备修理业	2.52
电力、热力生产和供应业	1.13
燃气生产和供应业	2.09
水的生产和供应业	1.42

数据来源：根据国家统计局网站数据计算。

三、现代服务业增势良好，服务业内部结构有所优化

服务业结构变动既有技术进步决定的因素，也有社会发展需要决定

的因素，例如，文化、体育、医疗卫生、社会福利等部门比重上升，客观上不能支持社会生产率提高，是经济社会发展水平提高的结果。因此，服务业内部结构优化不完全由市场调节，政府政策考虑社会需求和社会效益也是重要的推动力。在技术革命和需求升级共同作用下，在国家政策引导调控下，现代服务业快速发展，服务业结构不断优化升级。

（一）现代服务业在服务业中的地位不断提升

伴随工业结构持续优化升级，生产性服务业与之相配套得到快速发展；围绕人民美好生活需求日益旺盛，幸福产业业继续快速增长；另外，新一轮科技革命和产业变革正在兴起，以大数据、云计算、物联网、人工智能为代表的现代信息科技成果不断涌现，消费需求结构不断升级，助推移动互联网与传统商业加速渗透，不断催生新的商业业态和新的服务模式，表现为：

——生产性服务业以远高于第三产业增速快速增长。2019 年，信息传输、软件和信息技术服务业，租赁和商务服务业两大门类增加值比上年增长 14.2%，增速高于第三产业增加值 7.3 个百分点，拉动第三产业增长 1.8 个百分点；2019 年 1–11 月份，战略性新兴服务业、科技服务业和高技术服务业营业收入同比分别增长 12.4%、12.0% 和 12.0%，增速分别快于规模以上服务业 3.0、2.6 和 2.6 个百分点。其中，能源矿产地质勘查增长 24.2%，互联网搜索服务增长 23.7%，生物技术推广服务增长 22.0%，医学研究和试验发展增长 20.8%。

——幸福产业在服务业的地位不断提升。据中国旅游研究院估计，2019 年全国旅游总收入将达 6.6 万亿元，比上年增长 10%。2019 年 1–11 月份，规模以上休闲观光活动营业收入同比增长 16.0%。文体产业通过"数字化"赋能得到快速发展，2019 年 1–11 月份，规模以上娱乐业和文化艺术业营业收入同比分别增长 8.7% 和 8.0%。养老产业快速发展，2019 年 1–11 月份，规模以上居民服务、修理和其他服务业，卫生和社会工作营业收入较快增长，同比分别增长 9.8% 和 9.7%，其中，家庭服务、医院营业收入同比分别增长 17.5% 和 10.5%；特别是通过互联网、云计算、大数据、可穿戴设备等信息技术手段，智慧养老得到提升快速发展，据工业和信息化部测算，智慧健康养老产业近三年复合增长率超过 18%，2019 年产业总规模超过 3 万亿元。

——新业态新模式成为服务业快速增长的重要引擎。2019 年 1-11 月份，规模以上互联网和相关服务、软件和信息技术服务业营业收入同比分别增长 25.7% 和 16.6%，增速分别快于规模以上服务业 16.3 和 7.2 个百分点。

（二）传统服务业在服务业所占比重有所下降

批发零售、住宿和餐饮等传统服务业所占比重相比上年有所下降；需要特别指出的是，近年来我国持续对房地产业发展进行宏观调控，政策取得成效，房地产业对服务业的贡献在相比上几年有所下降。①

表 8-2　2016 年以来部分行业所占服务业比重变化情况（%）

	2016 年	2017 年	2018 年	2019 年前三季度
批发和零售业	18.9	18.6	18.2	17.3
交通运输、仓储和邮政	8.4	8.5	8.3	8.5
住宿和餐饮业	3.4	3.4	3.4	3.3
金融业	15.3	14.8	14.4	15.1
房地产业	12.8	13.1	13.1	12.5

数据来源：根据国家统计局网站数据计算。

四、产业投资结构与产业结构优化升级方向基本一致，产业结构优化后劲有所增强

2019 年，第三产业投资增速为 6.5%，在三次产业投资增速中最快，

---

① 根据央行公报的数据，2019 年，房地产贷款增幅持续平稳回落。2019 年末，人民币房地产贷款余额同比增长 14.8%，增速比上年末低 5.2 个百分点，连续 17 个月回落；房地产开发贷款余额同比增长 10.1%，增速比上年末低 12.5 个百分点。据此判断，预计房地产在全年所占服务业比重还要下降。

和三次产业结构变化趋势基本保持一致。制造业投资增速虽然只有 3.1%，但高技术制造业投资增速为 17.7%，其中，医药制造、专用设备制造、计算机和其他电子设备制造等高技术产业投资增速较高，为工业结构持续推进高加工度化提供后劲。另外，高技术服务业投资以 16.5% 高速增长，为现代服务业快速增长提供支撑。

表 8-3 2019 年部分行业的固定资产投资（不含农户）增速

指　标	投资增速（%）
全部投资	5.4
第一产业	0.6
第二产业	3.2
第三产业	6.5
制造业	3.1
化学原料和化学制品制造业	4.2
医药制造业	8.4
通用设备制造业	2.2
专用设备制造业	9.7
计算机、通信和其他电子设备制造业	16.8

数据来源：根据国家统计局网站数据计算。

第二节　产业结构调整中需要重视的几个问题

2019 年我国产业结构在调整优化的同时，仍然存在一些深层次问题，其中有些还是老问题，这将影响到我国产业结构能否实现可持续优化升级和产业高质量发展，值得重视。

一、产能过剩问题

产能过剩问题是一个老问题，市场经济条件下，我国大多数行业都存在不同程度的产能过剩问题。随着国家不断深入推进供给侧结构性改革，该问题在 2019 年有所缓解，主要表现为产能利用率指标得到改善：2019年，全国工业产能利用率为 76.6%，较上年提高 0.1 个百分点；采矿业、原材料行业全年产能利用率分别为 74.4%、76.9%，均升至近七年的最高点。其中，钢铁行业产能利用率为 80.0%，高于 2006 年有调查以来的均值。

表 8-4　2019 年部分工业产能利用率情况

行业	全年产能利用率（%）
工业	76.6
煤炭开采和洗选业	70.6
化学原料和化学制品制造业	75.2
非金属矿物制品业	70.3
黑色金属冶炼和压延加工业	80.0
有色金属冶炼和压延加工业	79.8
通用设备制造业	78.6
专用设备制造业	78.8
汽车制造业	77.3
电气机械和器材制造业	79.4
计算机、通信和其他电子设备制造业	80.6

数据来源：国家统计局网站。

　　值得注意的是，产能过剩问题只是缓解，并没有真正解决。根据国际上通行标准，重化工业行业产能利用率的正常范围在 79%—90% 之间。从表 8-4 可以发现，煤炭开采、化学原料、非金属矿（建材）物制品、汽车等行业的产能利用率还低于正常范围；而黑色金属冶炼及压延（钢铁）、有色金属冶炼和压延等行业的产能利用率也只是处于产能利用率正常范围底线边沿，一旦我国去产能政策有所放松，加上市场需求一旦出现波动，这些行业产能利用率就可能重新跌出正常范围。目前，全国各地发展战略性新兴产业特别是集成电路等行业热情很高，部分领域产能投资快速扩张，存在产能过剩隐忧。以面板行业为例，据市调机构 IHS 预计，到 2020 年，国内 TFT-LCD 面板产能将达到 18300 万平方米，到 2023 年，国内 TFT-LCD 面板产能将达到 23000 万平方米，各地投资的多条高世代产线带来的产能过剩隐忧不断显现。①

普遍认为，导致我国产能过剩的根本原因是体制机制，特别是地方政府主导的投资机制。我国已经进入高质量发展阶段，但促进产业高质量发展的体制机制没有完全建立，如果只是依靠中央政府的产能过剩治理政策，不完善地方政府主导的投资机制，产能过剩隐患体制性原因并没有消除，产能过剩问题容易出现反弹。

二、"产业空心化"问题

当前我国"产业空心化"问题最根本的内容就是，产业核心技术缺失和产业链关键环节薄弱。

——制造业核心技术缺失。囿于我国科研创新体制不健全，创新发展生态尚不完善，加上我国一直长期处于"追赶"型发展阶段，和发达国家相比，部分核心领域仍然存在很大差距。主要体现为：制造业核心技术仍然主要依赖国外，诸如集成电路产业的光刻机、通信装备产业的高端芯片、轨道交通装备产业的轴承和运行控制系统、电力装备产业的燃气轮机热部件，以及飞机、汽车等行业的设计和仿真软件等，这些环节仍需进口，产业基础能力弱，部分领域核心关键技术受制于人，存在"被卡脖子"的隐患（周济，2019）。

——产业链关键环节薄弱。长期以来，我国作为跨国公司的加工制造环节融入全球产业价值链，发达国家和跨国公司控制着市场订单、核心技术、产业标准和关键零部件和核心装备，我国从发达国家进口机器设备和关键零部件；我国许多加工环节依靠跨国公司提供中间产品，如

---

① 《面板行业产能过剩隐忧显现 价格短期内难回升》，《经济日报》2019 年 2 月 14 日。

电子信息产业链加工组装环节依靠富士康、伟创力等生产，中国加工企业在全球价值链中处于"被俘获"和"打工仔"地位，在国际经贸环境恶化的极端情况下，发达国家将对我国产业链薄弱环节进行定向定点打压，引发我国产业断链风险。

三、金融业、房地产业占比过高问题

从 2008 年到 2019 年十二年，我国金融业、房地产业快速扩张，成为拉动我国服务业快速发展的支柱产业。金融业占 GDP 的比重从 2008 年的 5.7% 上升到 2018 年的 7.7%，2019 年前三季度的 8.1%；房地产业占 GDP 的比重从 4.6% 上升到 7.0%，2019 年前三季度的 6.8%；2018 年，金融业和房地产业占第三产业比重高达 27.5%，2019 年前三季度，占第三产业比重达 27.6%。这个比重已达到或高于大多数发达国家水平，但这并不表明中国的金融业和房地产业已经成熟或发达，而是资金脱实向虚、投机过度，大量涌入金融业和房地产业的结果，其中既有制造业产能过剩、实体经济市场前景不明朗的原因，也有居民储蓄资金缺乏投资渠道，金融业和房地产业投资收益过高吸引过多资金流入的原因，还有一个重要原因，即地方政府为了获取快速提高本地财政收入通过加快政策推动房地产和金融业发展，如前些年许多地方政府大力鼓励发展住宅地产、鼓励兴建"城市综合体"、打造"金融中心"等。这种服务业结构状况和发展趋势，正在预示着经济泡沫积聚和风险增长。

表 8-5　金融业、房地产业所占比重变化情况

		2008 年	2017 年	2018 年	2019 年（前三季度）
金融业	占第三产业比重	13.4	14.8	14.4	15.1
	占 GDP 比重	5.7	7.8	7.7	8.1
房地产业	占第三产业比重	10.7	13.0	13.2	12.5
	占 GDP 比重	4.6	6.9	7.0	6.8

数据来源：根据国家统计局网站数据计算。

四、创新要素对产业结构优化支撑不足问题

近年来，我国劳动力等生产要素供给成本不断上升，资源和环境约束不断强化，资本产出比持续走低，迫切需要培育创新要素，为产业结构优化升级提供支撑。近年来国家大力实施创新驱动战略，但创新要素培育是一个渐进式系统工程，是一个慢变量，我国创新要素对产业结构优化升级的支撑力仍然不足，重点体现以下方面：

一是自主知识产权成果质量不高，原创力不足。各个产业领域龙头企业在前沿创新和颠覆性创新方面仍然不足，引领产业国际化发展的能力有限，产业链关键环节的技术成果对发达国家依赖程度高。二是创新要素转化为产业要素困难。表现为科技成果产业化效率低。当前我国有效专利的产业化率不到 40%，有一半的科研院所科技成果转化率不到 10%。三是专业技术人才短缺。目前我国产业升级面临的困境是，升级生产线容易，技术工人难寻[1]。我国人力资源素质普遍提高，但"工匠"仍然短缺，短时期内难以形成产业高质量发展的"人力资本"红利。按照目前我国产业结构升级趋势，到 2020 年，我国高级技工缺口高达 2200万，其中，机器人产业缺口仅深圳市就达几万人，而且，作为培育专业技术人才的技校却面临招生难问题[2][3]。

---

① 我们对长三角和珠三角一些企业调研发现，升级生产线容易，让工人们随之升级不容易。如江浙地区某家企业投建了智能车间，专门用来生产厨房灶具。以前一条流水线必须要20—30 个人工，现在只需要一个人。普通工人招聘难问题得到解决，但新问题又出现了，即懂这套智能化设备的技术工人严重短缺，而且有些高科技人才也不愿意进工厂车间，唯一的解决办法是自行培训。

② 《我国高级技工缺口高达 2200 万，技校却面临招生难》，央视财经见 http://www.gkong. com2019/1/1610:38:58。

③ 根据预测，到 2020 年全国工业机器人装机量达 100 万台，相应工业机器人操作维护、安装调试、集成等应用人才需求量将达 20 万人，2017 年仅在深圳工业机器人产业人才缺口就有几万人，2018 年行业人才需求缺口更是逐步扩大。参见李昌鸿：《全国工业机器人才缺口数万工匠高手受青睐》，《大公报》2018 年 11 月 10 日

第三节　2020 年我国产业结构变动趋势

影响产业结构变动的主要因素包括需求变化、技术进步和政策、体制机制改革。要立足全面分析影响因素基础上，分析判断 2020 年我国产业结构变动趋势。

一、产业结构变动影响因素

（一）需求变化

近年来，投资、出口对经济增长和产业结构变动的作用减弱，居民消费结构升级逐步加快，对产业结构变动的作用增强。需要指出的是，发生在 2019 年年末和 2020 年年初的新冠肺炎疫情，对 2020 年上半年的服务消费产生重大抑制，对于相关产业特别是旅游、住宿餐饮、批发零售、电影、物流快递等行业增长产生重大负面影响，但对医药和医疗器械制造、电子游戏等相关行业有一定刺激作用，从而影响产业结构变化。

（二）技术进步

技术进步是影响产业结构变动的一个长期性因素。近年来，以新一代人工智能、互联网—物联网、大数据等为代表的新一轮技术革命和产业变革正影响产业结构变动，2020 年这种影响将继续推进。主要从以下几个方面产生作用：催生新产业、新业态、新产品、新模式、延伸链条；新技术应用降低制造成本和价格，促进了产业部门劳动力流动转移；新技术应用通过产业间的关联和传导机制，带动产业结构调整升级；新技术应用促进传统产业的技术改造和更新，使新兴产业与传统产业融合发展；新技术应用刺激新的消费和投资，通过影响需求结构引领产业结构变动（郭克莎，2019）。需要指出的是，互联网、大数据、人工智能等新技术发展，在促进新产业、新业态、新模式兴起的同时，还全方位地改变传统消费模式，影响消费结构升级，从而推动产业结构升级，最突出的表现就是为生活服务和生产服务提供各种新平台，推动服务业大发展。

（三）政策、体制改革因素

近年来，影响产业结构变动的政策因素主要是推动高经济质量发展的一系列政策导向；新一轮深化改革开放举措对产业结构变动也会产生重要作用，如：深化供给侧结构性改革有助于解决产能过剩矛盾；深化国资国企改革推动国有企业加快调整优化产业结构；深化金融体制改革，有利于推进金融产业与实体经济协调发展，增强金融企业支持、服务产业升级作用；实施推进"一带一路"倡议，有助于更好利用国内国际两个市场、两种资源，更好地引进外商直接投资，支持国内产业结构调整优化，等等。这些政策和体制改革因素将在 2020 年继续对产业结构变动发挥作用。

二、2020 年产业结构变动趋势

（一）总体趋势判断

改革开放 40 多年来，我国产业结构变动基本遵循工业化后期发展阶段的规律，表现为：三次产业结构方面，第一产业所占比重持续下降、第二产业所占比重持续下降，第三产业所占比重将持续上升；工业结构方面，高加工度趋势将继续推进。这种产业结构变化趋势在 2020 年可能继续保持下去。

与此同时，在当前新一轮技术革命大背景下，还有一个产业结构变动趋势，即随着互联网、大数据、人工智能、绿色低碳、共享经济等新技术、新模式与实体产业融合日益加深，新的产业业态不断涌现，新经济从内容到形式快速发展，制造业与服务业界限相互渗透、融合发展、界限模糊，新经济类型和比重持续增加。

（二）三次产业所占 GDP 比重变动的简单预测

——第三产业所占 GDP 比重为 56% 左右。"十三五"规划提出 2020年第三产业所占 GDP 比重目标值是 56%，这个目标通过努力能够实现。第三产业部分行业 2020 年一季度受新冠肺炎疫情冲击很大，增速

为 −5.2%。随着国家积极政策深入实施，第三产业将实现恢复性增长。2019 年第三产业所占比重为 53.9%，2020 年下半年，信息、金融等行业保持较快增长，交通运输业、批零住餐等行业出现恢复性增长，第三产业增速将恢复较快增长，而且考虑产业结构变化不仅取决于各个产业增速变动，还取决于产业相对价格水平变动[①]，2020 年第三产业所占 GDP 比重将上升到 56% 左右。

——第二产业所占比重为 38% 左右。我国处于工业化后期阶段，工业增速已进入持续低于服务业增速的时期，新冠肺炎疫情使得 2020 年一季度第二产业增速为 −9.6%，比第三产业的 −5.2% 的还低 4.4 个百分点。在 2020 年后三个季度，国家通过扩大投资需求刺激经济增长，以工业为主的第二产业增速将恢复增长，考虑到价格变动因素，加上受一季度下降速度远高于第三产业影响，工业增加值比重将比 2019 年还是有所下降，建筑业所占比重基本持平。总体来看，第二产业所占比重下降到 38% 左右水平。

——第一产业所占比重为 6% 左右。在国家扶贫脱贫攻坚、乡村振兴战略深入实施下，农村加快推进一、二、三产融合发展，广大农村地区产业发展日益多样，第一产业比重下降幅度将继续减小（2019 年由于猪肉等农产品价格上涨，第一产业比重没有下降），如果农产品价格稳定，第一产业所占比重将会下降到 6% 左右。

第四节　政策建议

为了更好地推动产业结构优化，需要针对当前我国产业结构调整中存在的问题和隐患，采取针对性政策建议。

[①] 2020 年，实施多年的去产能等政策对工业及第二产业价格水平的影响将有所弱化，工业价格上涨趋势将可能放慢，与此同时，第三产业价格水平上涨趋势将有所抬头，从而使服务业价格结构变动幅度增加，使得 2020 年第三产业增加值比重上升趋势加快。

一、继续完善产能过剩治理机制

一是建立产能过剩行业发展的监控机制，适时公布相关行业经济指标数据，引导资本投资方向。二是坚持用市场化、法制化办法，依靠加强环保指标监控等技术、经济和法律手段，从制度和机制上加快淘汰落后产能。三是建立落后产能退出补偿机制及其实施细则。设立产业调整援助基金，援助企业的退出和产业转型；实施再就业培训支持和再就业补助等特别政策；鼓励企业并购重组，尤其是跨区域的重组，等等。四是加强对地方投资机制转型的治理，清理不合理的地方产业补贴政策，禁止地方政府恶性竞争发展产能过剩产业。

二、定向定点突破产业核心技术和关键薄弱环节

一是集中力量攻克"短板"基础技术。加强基础研究储备和积累，攻克制约产业发展的共性、基础瓶颈，提升产业基础能力，如基础元器件和零部件、基础材料、基础工艺、基础软件和开发平台等；集中力量攻克"短板"关键装备，如工作母机、电子制造装备、智能检测装备等。二是拟定重点产业链关键环节实体正面清单。支持发展一批拥有国际话语权的龙头企业群和研发机构群，组建产业技术联盟，深度参与全球产品研发设计、采购、生产、销售和服务和参与国际标准、规范和国际规则制定；支持产业链大型下游企业，通过分散采购方式为实体清单企业新产品提供一定的发展空间；继续完善政府采购机制，进行用好首台套政策，支持薄弱环节的产品和装备发展。

三、提升创新要素对产业结构升级的支撑力

一是增强人力资源新动能。引进和培育一批具有国际视野和战略眼光、能快速攻克产业技术瓶颈的顶尖科技专家，推动大学、科研机构与企业联合培育高级技术人才，鼓励企业联合职业学院打造批量"工匠"，鼓励各地联合各职业学院培育普通技工。二是建设一批高水平技术创新

平台。包括：鼓励在重点行业建设技术创新联盟，推动人工智能、生物医药、医疗器械等相关领域国家实验室建设，等等。三是完善市场主导的技术创新体系。聚焦重点科学问题和与产业技术难题相关的基础研究，鼓励突破性创新。四是鼓励全球合作开放式创新。鼓励优势企业建设海外研发中心，加强与友好国家和地区合作开展联合攻关创新，吸引海外高科技企业来华设立研发中心。

四、优化服务业结构

一是促进房地产健康稳定发展。加快完善房地产长效发展机制，重点是加快建立房地产金融长效管理机制，持续遏制房地产金融化泡沫化；强化多层次住房保障体系，完善"因城施策"机制，择机调整部分城市商品房的限购、限售、限价、限贷政策。二是促进金融业健康持续发展。深化金融供给侧结构性改革，强化金融服务功能，助力实体经济发展提供更高质量、更有效率的金融服务；防范化解金融风险，规范金融运行。三是探索建立现代服务业发展负面清单。打破邮政、电信、金融、保险、铁路运输等现代服务业的国有垄断，放松并逐步取消信息网络服务、养老健康、文化创意等领域不必要的审批、核准与准入。四是鼓励互联网、大数据、物联网、人工智能等新技术带动传统服务业改造升级。提升传统服务业的新动能、新需求，促进服务业与制造业的深度融合。五是加快出台税收减免、专项资金补贴等政策，紧急援助新冠肺炎疫情影响大的旅游、餐饮、电影等重点服务行业，鼓励各地政府对本地受疫情影响大的产业进行援助。

第九章　需求结构分析：
2019—2020年的主要变化

2019年我国需求结构持续优化，内需支撑经济增长的作用增强。消费对经济增长的基础性作用不断加强，投资对优化供给结构的关键作用更趋明显，出口对稳增长的支撑作用有效发挥。但需求增长仍然面临一些困难，如消费增长受汽车等大宗消费拖累、多重因素叠加导致投资增速小幅回落、外需增速受国际环境影响压力加大等。展望2020年，新冠肺炎疫情带来的影响将持续冲击经济运行，但居民就业基本稳定和收入持续增长，供给创新对需求的响应能力提高、投融资条件趋于改善等，预计全年社会消费品零售总额和固定资产投资增长将总体呈现"V"型走势，出口将弱于2019年，特别是随着前期稳投资、促消费政策不断落地实施，将对2020年下半年一系列前期稳投资、促消费政策可能支撑需求端持续改善形成支撑，投资与消费的回升态势将更趋明显，在三季度前后有望迎来正增长，并延续至全年。为更好促进经济稳定增长和确保全面建成小康社会目标顺利实现，应采取有力有效措施积极应对疫情冲击，着力增加居民收入、持续优化消费供给、不断改善消费环境、加快补齐基础设施建设短板、鼓励和支持制造业加大投资，推动外贸稳定增长和质量提升。

从经济增长的需求端分析，近年来我国需求结构渐趋优化且内需支撑增长作用显著增强，2019年需求变化也延续了这一态势，消费、投资和净出口三大需求的内部结构也都呈现出一系列优化调整的新变化新特征。2020 年要确保全面建成小康社会目标如期实现和"十三五"规划圆满收官，需要加大力度推动经济实现量的合理增长和质的稳步提升，这就要求，充分发挥消费对经济增长的基础性作用和有效投资的关键作用，发挥好出口的重要作用。

第一节　2019 年需求结构变化特点

2019 年，我国需求结构持续优化，内需对经济增长的拉动作用更加显著，消费增长呈现稳中趋缓态势，投资结构不断优化，外需呈现回稳势头。

一、内需对经济增长拉动作用更加显著

需求结构更趋优化。2019 年，消费率、投资率和净出口率约为 54.5%、44.1% 和 1.4%[①]。消费率较 2018 年提高 0.2 个百分点，连续 8 年保持在 50% 以上。投资率较 2018 年下降 0.75 个百分点，连续 5 年保持在 44% 左右。净出口率较 2018 年提高了 0.55 个百分点，连续 4 年稳定在 1–2% 的区间内。三大需求结构总体呈现稳步优化的局面，三大需求拉动经济增长的协同性增强。

内需对经济增长的贡献保持基本稳定。2019 年最终消费支出、资本形成总额和净出口对经济增长的贡献率分别为 57.8%、31.2% 和 11%，内需拉动经济增长 5.43 个百分点。内需对经济增长的贡献率已经连续 13 年超过 85%。2011 年以来，最终消费支出和资本形成总额的贡献率分别处于"U 型"和"倒 U 型"曲线的上升和下降通道上；同时，三大需求对

---

① 2016 年以来，生产法 GDP 名义增速较支出法 GDP 名义增速快约 1.9 个百分点，假设 2019 年两者增速差距为 1.9 个百分点，则 2019 年支出法 GDP 为 9.36 万亿元。根据 2019 年最终消费支出和资本形成总额对经济增长的贡献可推算出 2019 年的消费率和投资率。

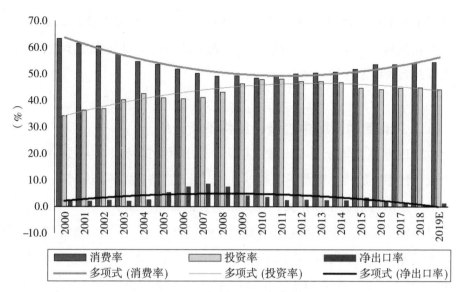

图9-1　我国需求结构的变化

数据来源：根据国家统计局有关数据计算。

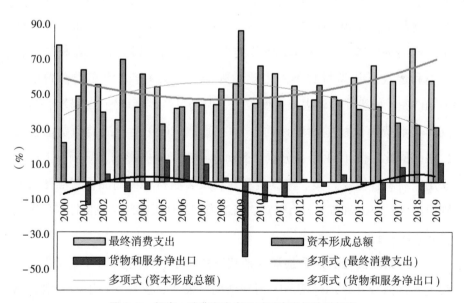

图9-2　投资、消费和净出口对经济增长的贡献率

数据来源：根据国家统计局相关数据计算得到。

经济增长的贡献率波动明显收窄。2015 年以后，最终消费支出的贡献率持续超过资本形成总额的贡献率，这表明消费的基础性作用不断增强，投资起到的稳定作用更加凸显。

二、消费增长缓中趋稳、结构不断升级

2019 年消费增长呈现出缓中趋稳，稳中有新的特点。居民消费结构升级步伐不断加快，消费下沉趋势明显，城乡消费差距不断缩小。

一是消费规模不断扩大，但大宗消费拖累增速加快。2019 年社会消费品零售总额已达 411649 亿元（约合 5.96 万亿美元[①]），与美国的差距进一步缩小。增速自 2018 年以来保持在 10% 以下，2019 年社零额增速为 8%，同比下降 1 个百分点；实际增速为 6%，同比下降 0.9 个百分点。居民消费支出不断增加，2019 年居民人均消费支出 21599 元，比上年提高 1705 元，较上年名义增长 8.6%，实际增长 5.5%。居民消费支出增长平稳，与 GDP 增长较为匹配。增速回落主要受汽车类和居住类等大宗商品消费下降的影响。在社零额中，限额以上汽车类和石油类商品占比约为 15%，限额以上居住类消费（家用电器和音像器材类、家具类和建筑及装潢材料类）占比约为 4%。2019 年，汽车类消费增速为 -0.8%，虽然降幅较去年有所收窄，但仍对社零额增速产生较大拖累，汽车类消费拉低社零额增速约 1 个百分点。2019 年石油类消费增速为 1.2%，同比回落 12.1 个百分点。受房地产市场疲弱影响，限额以上单位家用电器和音像器材类、家具类和建筑及装潢材料类商品零售额增速分别回落 3.3、5.0 和 5.3 个百分点，石油类和居住类商品共拉低社零额增速约 0.8 个百分点。

二是新消费增长点凸显居民消费升级加快。随着人均可支配收入持续上升，消费升级趋势明显，消费结构、模式、场景均在不断升级。消

---

① 按照人民币兑美元平均汇率 6.8988 计算。

费者更加注重服务消费带来的体验。教育文化娱乐等服务类消费占总支出的比重保持上升势头，2019 年，在人均居民消费支出中，文化、旅游、信息等服务性消费占比已达 44.2%，比上年提高 1.6 个百分点。2018 年，中国视频付费规模超过 1.85 亿人，2019 年市场规模为 514 亿元。这凸显了消费者更愿意为满足精神文化需求买单，更加注重服务消费带来的体验。居民消费模式和场景更加多元化。互联网大大拓宽了居民购物的方式和内容，线上线下消费的融合发展使得消费者有越来越多的购物选择。网络购物用户规模从 2016 年的 4.66 亿人增加到 2019 年上半年的 6.39 亿人，增长了 1.73 亿人。同时线上购物可供消费者选择的产品品类和档次不断多元化，消费者既可以从网上买到物美价廉的小商品，也可以通过海淘 APP 购买到海外中高端商品。基础设施的完善使得"夜经济"发展迅速，有关数据显示，2019 年国民 60% 的消费发生在夜间，大型商场的销售额超过 50% 发生在 18 时至 22 时。智能化、品质化和绿色消费成为升级的新方向。新技术快速应用带动新品消费蓬勃发展，消费者更注重产品和服务的品牌品质，也更关注消费产品和服务是否节能环保。新能源汽车销量占全部汽车销量的比重从 2018 年的 4.47% 增加到 2019 年的 4.68%。国内两大二手商品交易平台移动 APP 活跃用户数由 2016 年 7 月的 1413.37 万人增加至 2019 年 12 月的 1.2 亿人，增长了近 10 倍。

　　三是城乡消费市场差距不断缩小，消费下沉成为新趋势。 随着低线级城市和农村居民收入水平不断提高，城乡消费市场差距明显缩小。一方面，市场规模差距在逐渐缩小。自 2012 年 6 月起，农村居民社零额增速一直快于城镇居民，2019 年，农村居民社消零增速较城镇居民快 1.1 个百分点。同期农村人口占比由 2018 年的 40.42% 下降到 39.4%，但是农村消费品市场占全国消费品市场的比重却同比提高 0.13 个百分点。另一方面，城乡居民消费结构差异也在不断缩小。2019 年，农村居民与城镇居民的恩格尔系数分别为 29.99% 和 27.55%，相差 2.44 个百分点，较 2013 年下降了 1.55 个百分点。低线级城市消费能力显著增强。2010 年，三四五线及以下城市 [①] 人口占全国人口的比重为 70.38%，社零额占全国的比重仅为 47.52%，到 2018 年，占比分别为 69.03% 和 48.86%。低线级城市消费品供给能力也在不断提高。一些国际知名快餐品牌从 10 年前的只面向大型城市，到目前已经基本实现了大多数省份的地级市全覆盖。在服务消费方面，以电影消费为例，2011 年大部分低线级城市的剧院、影院数量还相对较少，到 2019 年三四线城市票房增长迅速达 222 亿元，成为新增长点。

三、投资结构持续优化，重点领域热点地区投资增长稳步推进

2019 年，随着供给侧结构性改革的推进，投资积极流向新兴行业，促进了我国经济发展的新旧动能转换，面对市场的不确定性，民间投资有所放缓，国有投资则逆市上扬。

一是多重因素叠加导致投资增速小幅回落。2019 年，全国投资同比增长 5.4%，较 2018 年全年下降 0.5 个百分点，增速进一步放缓。自 2018 年二季度以来投资增速连续低于 GDP 增速，投资放缓进一步增大了经济下行的压力。投资持续低增长，除受外部经济环境变化的冲击外，国内传统产业转型、新旧功能更迭等因素叠加，同样增加了短期投资增长的不确定性。

二是投资的行业结构不断优化，新兴行业投资持续增长。从三次产业吸引投资的情况来看，2019 年第三产业依旧是投资增长最快的领域，同比增长 6.5%，高于投资整体水平 1.1 个百分点。从细分领域来看，高技术产业投资连续走高。2019 年全年我国高技术制造业投资同比增长

---

① 这里的三四五线及以下线级城市是指除北京、上海、广州、深圳、成都、杭州、重庆、武汉、西安、苏州、天津、南京、长沙、郑州、东莞、青岛、沈阳、宁波、昆明、无锡、佛山、合肥、大连、福州、厦门、哈尔滨、济南、温州、南宁、长春、泉州、石家庄、贵阳、常州、南通、嘉兴、太原、徐州、南昌、金华、惠州、珠海、中山、台州、烟台、兰州、绍兴、海口、扬州等 49 个一线、新一线和新二线城市以外的城市。

17.7%，比上半年加快 7.3 个百分点。另外，文化娱乐经济、互联网经济等新兴领域渐成投资热点，分别实现 13.9% 和 8.6% 的增长。相比之下，2019 年制造业全年投资仅增长 3.1%，较 2018 年降低 6.4 个百分点，制造业投资占比已连续多年下降，降至 30% 以下。同时，房地产开发投资增速也已下降到个位数，增长 9.9%。2019 年基础设施建设投资增速下降至 3.3%。

三是民间投资略显谨慎，国有投资逆市上扬。在去杠杆、防风险的政策背景下，地方政府债务融资渠道受到一定限制。2019 年国有投资增长 6.8%，快于全部投资和民间投资增速。受经济下行压力加大和外部环境不确定性增强等影响，民间投资出现观望倾向，投资意愿不高，导致投资增速显著下滑，由 2019 年一季度的 6.4% 降至年末的 4.7%，民间投资占全国投资比重也由 2015 年高点的 64.2% 降至 56.4%。

四、外贸运行基本回稳，结构持续优化

一是外贸增长稳定，贸易方式加快转型有成效。2019 年，我国进出口贸易增长稳定，进出口总额达到 31.6 万亿元，同比增长 3.4%。其中，出口为 16.7 万亿元，同比增长 5.0%，进口为 14.3 万亿元，同比增长 17.8%，实现贸易顺差达 2.9 万亿元，创近三年新高。贸易方式进一步调整优化，自 2006 年起我国加工贸易占比持续下滑，2019 年降至 25.2%，而一般贸易占比则持续上升，近五年来每年提升超过 1 个百分点，2019 年占比达到 59.0%，可见我国外贸结构转型升级成效显著。

二是贸易伙伴更加多元化，"一带一路"沿线国家成为我国外贸增长新动力。受国际贸易环境不确定性增强和中美贸易摩擦影响，2019 年我对美进出口规模出现大幅下降，全年进出口金额同比下降 14.5%。同时，我国与欧盟、日本等传统贸易伙伴的贸易额也出现不同程度的下滑，其中我国对欧盟进出口总额同比增速降至 3.4%，较 2018 年减少 7.2 个百分点，对日出口更是同比下降 2.6%。"一带一路"重点沿线国家正在成为

拉动我国外贸增长的新动力，2019 年我国对沿线国家进出口增长 10.8%，高出整体增速 7.4 个百分点，有效支撑了外贸增长的稳定性。

三是出口新旧动能转换，高技术贸易品助力外贸高质量发展。 从出口的商品类别来看，技术含量更高的商品出口增速更快，占比提高。2019 年我国出口机电产品 10.06 万亿元，增长 4.4%，占出口总值的 58.4%；高技术产品出口逆势增长，如电子技术产品出口增长超过 16%，集成电路、处理器及控制器、二极管及类似半导体器件等商品增速更是超过了 20%。

第二节　2020 年需求影响因素分析

一、就业稳收入增是消费平稳增长的根本保证

2019 年，面对持续加大的经济下行压力，我国就业保持总体稳定，目标任务全面完成。全年实现城镇新增就业 1352 万人，连续 7 年保持在 1300 万人以上；月度全国城镇调查失业率保持在 5.0%-5.3% 左右的较低水平。劳动力市场运行基本平稳，高校毕业生、农民工等重点群体就业基本稳定，由此保证了居民收入的平稳增长。同时，产业结构逐步优化，经济发展吸纳就业的能力也在进一步增强。随着服务业增加值占比提高，以及创新创业成为拉动就业的重要渠道，单位 GDP 带动的就业将继续增加。

中央经济工作会议强调，要多措并举保持就业形势稳定，稳定就业总量，改善就业结构，提升就业质量，突出抓好重点群体就业工作。可以预见，2020 年我国将采取创造更多就业岗位和稳定现有就业岗位并重的导向，继续坚持托底安置就业与补齐民生短板联动发力，就业优先政策将落实落细，援企稳岗实施力度将继续加大。但同时，需关注就业结构性矛盾将更加凸显，一些新的影响就业稳定增长的因素仍可能增多。此外，我国具有 4 亿人的中等收入群体，构成了中高端商品和服务的主

要消费主体，如何保证中等收入群体的收入增长，挖掘这部分人群的消费潜力，是未来消费能否实现平稳增长的关键。

二、信心和意愿总体较强是需求增长的重要基础

2020 年 1 月份以来，受新冠疫情冲击影响，我国制造业 PMI 中新订单指数在 2 月份曾一度下滑至 29.3% 的历史低位；而后，随着疫情防控形势逐渐好转和复工复产的加快推进，该指数连续 2 个月位于扩张区间，4 月份达到 50.2%，反映市场需求逐步向正常水平恢复。同样，非制造业商务活动指数在经历了 2 月份的回落之后开始稳步回升，4 月份达到 53.2%，比上月上升 0.9 个百分点，已接近于 2019 年平均水平。另一方面，总体较稳定的消费者信心指数也预示着未来一段时期的消费需求潜力仍然比较高。2019 年全年，我国消费者信心指数、消费者满意指数和消费者预期指数均保持了稳中有升，其中消费者信心指数持续处于 122 以上的水平。2020 年 1 月消费者信心指数为 126.4，2 月份受疫情影响降至 118.9，而 3 月份已回升至 122.2，表明消费者信心总体仍然较强。2020 年，随着我国全面建成小康社会，脱贫攻坚进入收官之年，收入分配制度不断完善，人们对于经济前景、收入水平的主观感受将会更倾向于积极，消费者信心和消费意愿将持续增强，服务业发展也会保持扩张态势。2019 年，我国城镇化水平进一步提高，年末常住人口城镇化率首次突破 60%，但同时依然低于发达国家 80% 左右的水平，这将为消费扩容和投资扩张创造巨大空间。未来一段时期，随着以人为核心的新型城镇化的深入推进和城乡融合发展，越来越多的农村转移人口将实现生活方式和消费需求的城镇化，带来消费意愿的进一步上升，同时也会带动投资规模的相应扩大。

三、供给创新对需求的响应能力不断提高

近年来，在供给侧结构性改革持续深化、消费需求日趋多元化个性

化的背景下，商品和服务供给在城乡之间、不同年龄群体间的差异化需求上实现了更高水平的匹配。2019 年符合消费升级方向的限额以上化妆品类、通信器材类商品的消费分别增长 12.6%、8.5%，分别比上年加快 3 个和 1.4 个百分点；全年全国实物商品网上零售额增长 19.5%，增速高于社会消费品零售总额 11.5 个百分点，占社零总额比重的 20.7%，对社会消费品零售总额增长的贡献率超过 45%。服务消费较为活跃，2019 年全国居民人均服务性消费支出占全国居民人均消费支出比重为 45.9%，同比提高 1.7 个百分点。

信息消费作为新兴消费的重要领域，随着 5G 商用化进程的加快，有望在拉动消费需求增长、促进产业转型升级、加快新动能培育等方面发挥重要作用。2020 年，随着 5G 商用加快部署和终端产品的快速研发生产，相关信息消费有望呈现较快增速。据相关机构预测，5G 手机市场规模有望达到 2 亿部左右。5G 可以有效促进企业加快提升创新能力，而企业创新能力的提升又将带动消费市场的进一步升级，并带来商品附加值的提升。另一方面，5G 为引领的信息消费也有利于巩固扩大传统消费，积极培育旅游、文化、健身、培训、养老、家庭服务等消费热点，有效拉动新的消费方式，促进消费结构优化升级。

四、投融资条件趋于改善有利于需求增长

2020 年是"十三五"规划的收官之年，一些尚未开工或进度慢的重大项目可能会大幅提速；地方债务化解已经取得了初步成效，金融领域风险得到比较有效管控，融资环境可能趋于松紧适度。同时，在积极的财政政策和稳健的货币政策协同配合下，近年来持续推进的减税降费、降低社保缴费费率等政策也会营造出相对宽松的财税金融环境，政策重点更加突出扶持小微企业发展，差异化信贷政策将更加有利于产业转型升级和结构调整，也有助于进一步激发民间投资意愿，有利于提升投资的质量和效益。

2019 年以来，与制造业升级方向一致的通用设备制造业、专用设备制造业、计算机、通信和其他电子设备制造业的利润保持较快增长。2020 年，国务院印发的《交通强国建设纲要》将深入实施，重大基建项目将加快建设，城乡公路网络、国际港口枢纽等投入有望持续加大。地方专项债的作用将进一步显现，从年初的趋势看，专项债发行进度已经大大提前，基建投资有望延续之前的回升态势。

五、我国外贸环境面临的不稳定不确定因素仍然较多

从有利的方面看，2020 年 1 月中美两国已经达成第一阶段经贸协议，中美经贸关系紧张局势将有所缓解，这有助于提高进出口企业的信心，叠加 2019 年的低基数，推动对美贸易增长。同时，共建"一带一路"的稳步推进将推动我与沿线国家的贸易往来，带动进出口与对外投资增长。但 2020 年 3 月以来，新冠疫情的全球大流行深刻影响了我国外贸发展环境。疫情对全球经济和贸易造成了巨大冲击，国际市场需求萎缩幅度已经超过了 2009 年国际金融危机。据 4 月份 IMF 更新的预测，2020 年全球 GDP 增速为 –3%，较之前的预测下调了 6.3 个百分点。今年 1–4 月，我国出口和进口金额分别累计下降 9% 和 5.9%。由于全球疫情增长态势仍在持续，外贸发展面临的不确定性、不稳定性前所未有，形势将非常严峻、下行压力较大。

六、疫情冲击对需求增长的短期影响明显

2020 年春节前后突发的新冠肺炎疫情对生产生活均产生了明显影响。目前来看，疫情对我国一季度需求增长产生明显的冲击影响，但随着转入常态化疫情防控阶段，生产生活秩序加快恢复，疫情对全年经济增长的影响将日益弱化。今年一季度，投资、消费和净出口等三大需求均出现不同程度的下降，带动经济负增长。其中，最终消费支出拉动 GDP 下降 4.4 个百分点。疫情对居民消费冲击较大，部分居民消费特别是服务性

消费、社交性和聚集性消费，如交通运输、旅游住宿、餐饮、影视娱乐等，受到了较大抑制，全国居民人均消费支出实际下降12.5%。全国固定资产投资（不含农户）同比名义下降16.1%，较上年同期降低22.4个百分点，受此影响，资本形成拉动GDP下降1.4个百分点。一季度，我国货物贸易顺差983.3亿元，比上年同期减少80.6%，货物和服务净出口拉动GDP下降1个百分点。但另一方面，从边际变化看，随着疫情防控形势好转，3月份投资、消费和出口等增长情况开始出现回升迹象，出口变化波动明显。截至5月份，社会消费品零售总额虽然同比下降13.5%，但降幅比1—4月继续收窄了42.7个百分点，恢复态势进一步确立。一些重点领域消费，如汽车消费已经明显复苏，5月份汽车销量达219.4万辆，环比增长5.93%，同比增长14.48%，已经出现V型反转。随着各地加快推进投资并形成实物工作量，固定资产投资增速呈现逐月回升态势。1—5月份固定资产投资同比下降6.3%，但降幅比1-2月份收窄了18.2个百分点，基础设施（不含电力、热力、燃气及水生产和供应业）、制造业和房地产开发等三大领域投资的同比增速分别比一季度收窄13.4、10.4和7.4个百分点。从货物进出口看，5月份进出口总额同比下降4.9%，其中出口增长1.4%，进口下降12.7%，进出口和出口均较4月份有所恶化，但较3月份情况有所好转。综合分析，疫情对我国经济的冲击影响是阶段性的、暂时性的，不会改变我国经济长期向好的大势，超大规模国内市场的增长韧性和潜力仍很突出，但由于国外疫情蔓延形势还未出现拐点，对全球经济的巨大冲击还在发展演变，二次冲击的影响在拓展，可能会对我国经济增长带来新的挑战，这需要我们高度关注。

七、2020年需求增长趋势和结构预测

长期看，中国经济拥有超大规模的市场优势和内需潜力，有巨大的韧性、潜力和回旋余地，经济发展的前景依然广阔。消费方面，我国仍处于汽车普及化发展的重要阶段，乘用车仍有较大增长空间，随着汽车

企业加快产品转型、城市交通管理水平的提高，汽车销售有望逐步回暖。2020 年下半年，在中央和地方出台的一系列促进汽车消费的政策带动下，消费者前期被抑制的需求将加快持续释放，特别是政府工作报告分工逐步落实，新能源汽车及新基建等领域将迎来较快发展，汽车销量有望继续回稳向好态势。另一方面，收入的持续增长，以及消费者信心和预期的稳定趋稳，将带动居民消费支出意愿的提升。疫情后部分领域的消费回补或反弹可能推动短期某些领域消费出现较快增长。综合考虑各种影响因素和疫情的突发冲击影响等，2020 年三、四季度将延续二季度以来的回升趋势，全年有望实现正增长全年消费增长将呈现 V 型态势，二季度开始回升速度加快，总体将比 2019 年明显下降。投资方面，下半年基础设施领域投资将延续二季度开始将呈现较快的恢复性增长态势，降幅进一步收窄，并大概率实现正增长；制造业投资在复工复产复商复市等各类政策作用下，积极因素逐步增多，市场信心逐步恢复，制造业投资可能保持出现积极回稳势头相对平稳发展；传统产业由于市场出清的难度较大，收缩的速度将快于新兴产业，一些投资活跃的新经济领域，如数字经济、高技术服务业等将出现呈现较快增长；与房地产相关的投资将趋于平稳，并在二季度末、下半年逐步回升至正增长，进而推动全年投资整体继续好转。整体而言，全年固定资产投资增长呈前低后高的 V 型态势，增速将比 2019 年明显略有下降。净出口方面，考虑到 2020 年世界经济出现大幅下滑，且在疫情影响下，2020 年世界经济将出现大幅下滑的可能性较大，下半年也难有明显改观，外部需求萎缩短期难有明显改观，国际贸易和投资也将显著收缩，且考虑到 IMF 等世界组织多次对全球经济预期进行下调，短时间内世界贸易也难有起色，全年美对我竞争态势可能加剧，除防疫物资外其他主要商品出口面临的收缩压力将会较大，出口增速将会明显低于 2019 年，进口也会受到一定抑制。

第三节 不断优化需求结构和
促进需求平稳增长的对策建议

2020 年要有效对冲新冠疫情的冲击影响，应坚定实施扩大内需战略，积极采取相关措施，着力推动消费稳定增长、增加有效投资，释放国内市场需求潜力，保持对外贸易稳定增长，确保完成决战决胜脱贫攻坚目标任务，全面建成小康社会。

一是针对性采取对冲疫情对需求增长冲击的有关措施。面向参与疫情防控和救治的医护人员、特殊岗位人员等群体，对其疫情期间取得的特殊临时性工作补助等所得免征个人所得税。对参与捐赠的企业和个人给予企业所得税、个人所得税抵扣。支持疫情较严重的地区，临时调降社保缴费费率，以切实降低企业负担、稳定相关就业岗位。对受疫情影响比较严重的行业，可采取临时性减免税等支持措施，鼓励和支持企业安全快速恢复正常运营，有效保障居民相关服务消费需求。消费券作为应对短期经济快速下滑的政策工具，能够起到刺激消费增长的作用。研究出台中央补基本和地方促提升的消费券政策。为有力提振消费者信心和促进低收入群体消费回补，中央财政支持发放的消费券应定位于"补基本"，保障基本消费和发挥消费救助作用；在此基础上，鼓励地方结合实际发行具有地方特色的消费券来促进居民消费回补和提升。

二是加快推进以提高中等收入群体收入能力和增强基本保障为重点的收入分配体制改革。进一步健全和完善个人所得税专项扣除政策，建立专项扣除标准定期调整机制。加快健全面向知识型、技能型和创新型劳动者的收入激励机制。改革事业单位工资总额限额管理制度。鼓励企业采取协议薪酬、持股分红等方式，加大对技能要素参与分配的激励力度。尽快制定差异化的国有资本收益分享制度，提升国有金融资本持有主体的收益上缴比例。

三是着力鼓励增加高品质产品和服务供给。一方面要加强产品标准建设和知识产权保护，补齐产品和服务质量标准的短板。实施企业标准领跑者制度，培育形成一批展示中国产品和服务优质形象的品牌和企业。及时研究制定完善有关服务行业的核心技术、知名品牌、商业模式等知识产权保护的相关法律制度。另一方面要进一步健全公平竞争市场环境，促进产品和服务多样化供给。落实全国统一的市场准入负面清单制度及其年度动态调整机制，确保所有市场主体"非禁即入"。加快清理和废除妨碍统一市场和公平竞争的各种规定和做法。

四是积极研究出台合理发挥财政资金引导消费作用的相关政策。在当前汽车等大宗消费面临较多约束和增长疲弱、5G 相关热点消费尚未完全释放、养老、体育健身等新兴消费仍然面临意愿和消费之间存在差距等情况下，合理发挥财政资金撬动作用，可以在总结以往全国和地方层面财政促消费措施经验的基础上，加快研究合理发挥财政资金作用的合适方式、具体措施等。

五是多措并举改善消费软硬环境。一方面，要加强消费基础设施建设。积极发挥财政资金引导作用，进一步吸引社会投资，加快推进中西部地区、农村地区现代流通、信息网络、服务消费等短板领域基础社会建设，提高投资质量和效益。另一方面，应加快消费领域信用体系建设。加快建立覆盖线上企业及相关主体的信用信息采集、共享与使用机制，健全守信联合激励和失信惩戒机制。建立政府、消费者、企业和中介机构等多方参与的消费共治体系。

六是促进农村消费提质扩容。促进农村居民稳定增收，统筹提高农民的工资性、经营性、财产性和转移性收入，缩小城乡居民收入差距。以推动农村居民消费梯次升级和更好满足城乡居民发展型、享受型消费升级需求为目标，依托农村特色资源与发展条件，积极推动农村一二三产业融合发展，促进多样化消费业态和模式发展，着力增加农村商品、服务供给品种，提升商品、服务供给质量，培育和壮大农村消费市场。

七是促进以补短板为重点的基础设施投资稳定增长。结合国家重大发展战略、民生保障薄弱领域和环节，统筹存量和增量、传统基建和新基建，加大基础设施补短板投资。有效发挥政府投资的引导和带动作用，重点支持跨区域性重大基础设施建设。通过发行特别国债重点用于支持基础设施补短板和促进产业转型升级投资，更好发挥地方政府专项债券对补短板投资的融资支持作用。继续规范有序推进 PPP 模式，吸引更多社会资金进入基础设施建设领域。加大力度推进城镇老旧小区改造、增加加装电梯等适老化改造补贴，鼓励新建和改建停车场，促进扩大城市更新建设投资。

八是以促进产业和消费双升级为重点鼓励加大制造业投资力度。引导金融机构提高新增贷款中制造业中长期贷款比重，更好支持企业进行技术改造升级和设备更新，加大税前抵扣力度。着力缓解融资难、融资贵问题。进一步下放授信审批权限，引导金融机构增加对民营企业信贷投放。探索建立综合性金融服务平台和企业征集系统，重点解决金融机构和企业之间信息不对称问题。落实民营企业授信尽职免责办法。进一步完善融资担保服务功能，建立政府和社会主体合作的融资担保公司，运用专项资金出资建立风险补偿基金，为融资担保机构提供保障机制。加大国家融资担保基金对省级再担保公司股权投资力度，壮大担保机构的风险抵御能力。

九是着力推动外贸稳定增长和质量提升。积极促进改善外部经贸环境继续加大出口退税、出口信用保险、贸易信贷等外贸工具的实施力度，持续扩大相关工具的覆盖面，解决出口企业面临的具体困难。鼓励和引导企业开拓多元化出口市场。针对西部陆海新通道、新亚欧大陆桥等重大陆上贸易通道维持并适度提升现有运输补贴标准，促进欧亚大陆市场平稳发展。积极推进多式联运"一单制"改革并向全国范围推广，有效降低跨境多式联运相关成本。稳步推进关税总水平降低，加大对我国产业转型升级急需进口产品和设备关税优惠幅度。

第十章　区域结构分析：
2019—2020 年的主要变化

2019 年我国地区经济结构总体优化，南北分化以南北方经济增长同步放缓的形态延续，东中西东北四大板块发展各有特色，京津冀协同发展、长江经济带发展、粤港澳大湾区建设、长三角一体化发展、黄河流域生态保护和高质量发展五大国家战略引领的区域发展格局初步构建。2020 年是我国全面建成小康社会和"十三五"规划的收官之年，我国将通过加快培育经济新动能、开展更大范围区域一体化探索、支持成渝地区双城经济圈发展等政策举措推动形成优势互补高质量发展的区域经济布局。

2019 年我国各地区经济的增长速度虽有所放缓，但地区经济结构调整步伐加快。随着黄河流域生态保护和高质量发展上升为国家战略，京津冀协同发展、长江经济带发展、粤港澳大湾区建设、长三角一体化发展、黄河流域生态保护和高质量发展五大国家战略，引领着各地区比较优势加快形成、各类要素合理流动和高效集聚，成为优化人口和经济活动空间布局的强大推力。2020 年是我国全面建成小康社会和"十三五"规划的收官之年，不同类型区域在助力全国经济高质量发展方面承担着不同的任务，东部地区"压舱石"的地位将进一步凸显，中部地区和西南地区"潜力股"的优势还有进一步释放的空间，东北和西北在经济转型方面步伐将进一步加大，我国区域空间回旋余地大的优势更加彰显。同时，2020 年初突发的新冠肺炎疫情对 2020 年上半年甚至全年地区经济发展产生一定冲击，下半年尽管部分地区疫情形势仍在变化中，但随着生产需求持续改善和积极因素累积增多，地区经济总体态势应比上半年有较大改善。

第一节　2019 年地区经济发展态势

一、大多数省（区、市）经济增速放缓

2019 年，受外部经贸环境冲击和国内宏观周期影响，我国各地区经济面临的下行压力有所加大，与 2018 年相比，共有 27 个省（区、市）经济增速不同程度放缓。经济规模较大的东部沿海省（市）出口、工业、投资不同程度放缓，对全国经济增长的拉动力也出现减弱。2019 年，广东、江苏、山东、浙江、福建、上海等东部经济大省 GDP 放缓幅度均在 0.5 个百分点以上，整个东部地区对全国经济增长的贡献率为 50.1%，同比减少 0.7 个百分点。同时，部分 2018 年经济低速增长的省（区、市）增长依然偏慢，例如吉林、黑龙江、天津、内蒙古 2019 年经济增速多在 4－5% 左右，吉林仅有 3%，增速明显低于全国平均水平，仍未摆脱增长乏力状态（见图 1）。

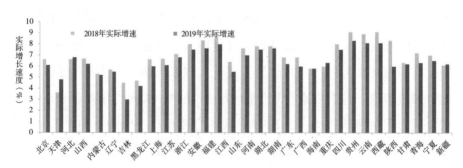

图 10-1　2019 年省（区、市）经济增速与 2018 年的对比

数据来源：根据各省政府工作报告整理。

二、多个省（区、市）未完成年度经济增长目标

与各省（区、市）2019 年初政府工作报告提出的经济增长预期目标

相比，15个省份GDP增长未完成预定目标。未完成经济增长目标的省（区、市）既包括近年来我国经济增长的领跑者贵州，也包括近年来经济增长一直乏力山西、辽宁、吉林、黑龙江；既包括江苏、山东等沿海经济大省，也包括西藏、青海等内陆欠发达省（区）（参见表10-1）。这从另一个角度反映出地区经济下行压力较大。

表10-1　2019年省（区、市）经济实际增速与年初目标对比

省（区、市）	完成目标的省（区、市）		省（区、市）	未完成目标的省（区、市）	
	2019年实际增速	2019年目标增速		2019年实际增速	2019年目标增速
北京	6.1	6-6.5	山西	6.2	6.3左右
天津	4.8	4.5左右	内蒙古	5.2	6左右
河北	6.8	6.5左右	辽宁	5.5	6-6.5
上海	6	6-6.5	吉林	3	5-6
浙江	6.8	6.5左右	黑龙江	4.2	5以上
安徽	7.5	7.5-8	江苏	6.1	6.5以上
江西	8	8-8.5	福建	7.6	8-8.5
河南	7	7-7.5	山东	5.5	6.5左右
湖北	7.5	7.5-8	广西	6	7左右
湖南	7.6	7.5-8	海南	5.8	7-7.5
广东	6.2	6-6.5	贵州	8.3	9左右
重庆	6.3	6	云南	8.1	8.5左右
四川	7.5	7.5左右	西藏	8.1	10左右
甘肃	6.2	6左右	陕西	6	7.5-8
宁夏	6.5	6.5-7	青海	6.3	6.5-7
新疆	6	5.5左右			

数据来源：根据各省（区、市）政府工作报告整理。

第二节　2019 年地区经济结构变化

一、南北分化以南北方同步放缓的形态延续

分南北来看，南北方经济增长虽同步放缓但南北差距持续拉大。2019 年，南方和北方经济分别增长 6.9% 和 5.9%，同比分别放缓 0.4 和 0.5 个百分点，南北处于同步放缓状态。但这未改变我国南北分化的格局，经济增速"南快北慢"、经济份额"南升北降"仍在持续，南北增速差距连续 5 年维持在 1 个百分点以上。第四次经济普查后中央对各省（区、市）2018 年地区生产总值进行了统一修正，依据修正后的数据，南北经济差距进一步拉大。与初步核算数据相比，北方 15 省中有 12 个省（区、市）GDP 下调，天津（29.0%）、吉林（25.3%）、黑龙江（21.5%）、山东（12.8%）、河北（9.8%）下调降幅接近或超过两位数，而南方 16 省份中有 14 个省份上调，云南（16.8%）、安徽（13.3%）、上海（10.2%）、福建（8.1%）、湖北（6.7%）上调幅度较大。整体来看，北方下调了 2.5 万

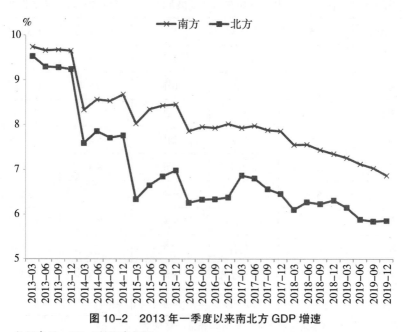

图 10-2　2013 年一季度以来南北方 GDP 增速

数据来源：Wind 数据库数据。

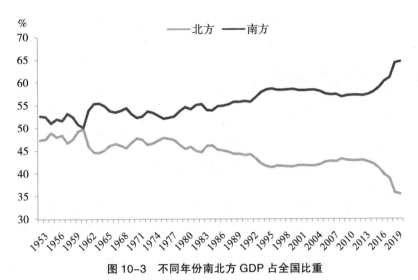

图 10-3　不同年份南北方 GDP 占全国比重

数据来源：Wind 数据库。

亿元，南方上调了 2.5 万亿元，修正数据的北减南增，使南北差距拉大了近 5 万亿元。2019 年，北方地区生产总值占全国的比重为 35.4%，为 1952 年以来最低值。

二、四大板块发展各有特色

2019 年，四大板块经济发展各具特色，中部地区经济增速最高、运行最稳定，高质量崛起的态势明显，在很大程度上拓展了我国区域经济发展新空间，成为区域发展中名副其实的"崛起者"。西部地区围绕大保护、大开发、大开放，积极承接产业转移，不断探索高质量发展的新途径，充分发挥区域空间回旋余地大的优势，特别是西南地区成为区域增长新高地，成为区域高质量发展的"跟进者"。东部地区下行压力有所加大，但结构持续优化，新技术、新产业、新业态和新模式不断涌现，在高质量发展方面发挥着"领跑者"的作用。东北地区企稳势头巩固，维护国家粮食和生态安全的地位进一步增强，全力推进转型发展，促进提质增效，成为区域高质量发展的"转型者"。

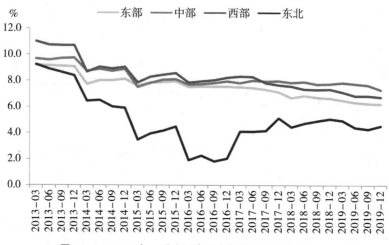

图 10-4　2013 年一季度以来四大板块 GDP 增速（%）

数据来源：Wind 数据库

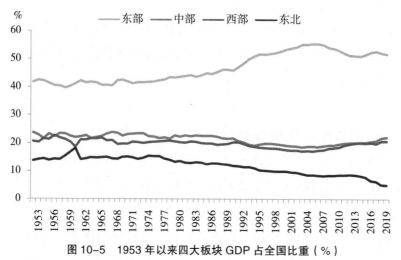

图 10-5　1953 年以来四大板块 GDP 占全国比重（%）

数据来源：Wind 数据库

（一）中部地区崛起势头较好

中部地区资源环境承载力较高、发展潜力空间较大，是支撑我国经济发展的脊梁。中部地区与东部地区的产业链、创新链、供应链、资金链联系紧密，承接产业转移的势头较好，主要省会城市的产业升级和科技创新加快追赶东部地区的先进城市，成为继东部之后引领我国高质量发展的重要战略接续区，也是近五年来经济增速最高、运行最稳定的区域板块。2019 年 5 月，习近平总书记主持召开推动中部地区崛起工作座谈会，强调中部地区发展大有可为。2019 年，中部地区生产总值 21.9 万亿元，增长 7.3%，占全国地区生产总值的比重达到 22.2%，为 1988 年以来最高值。中部工业、投资继续领跑，固定资产投资（不含农户）增长 9.5%，高于全国 4.1 个百分点，湖南、湖北超过 10%；规模以上工业增加值平均增速 7.5%，同比加快 0.2 个百分点，江西、湖南超过 8%；地区生产总值连续 20 个季度保持在 7% 到 8% 的增长区间。特别是近年来中部科研投入保持了两位数增长，2018 年 R&D 经费投入强度已经达到 1.86%，明显高于巴西（1.2%）、阿根廷（0.6%）等"中等收入陷阱"国家，安徽（2.16%）、湖北（2.09%）、湖南（1.81%）已经超英国（1.68%），武汉、长沙、合肥跻身 2019 年世界区域创新集群百强，为中部从投资驱动向创新驱动转型提供了重要支点。

（二）西南地区仍为增长高地

西南地区是我国经济增长高地，西南地区人口超过 2 亿，城镇化率刚过 50%，一产就业比重仍超 40%，城镇化、工业化潜力巨大，大数据、电子信息等新兴产业加快发展，随着《西部陆海新通道总体规划》的实施，西南地区基础设施尤其是交通基础设施的大幅度改善，在承接东部地区产业转移和引领西部地区发展方面发挥重要的"二传手"功能。受基础设施等投资放缓影响，西南经济出现下行压力，这个苗头在 2019 年一季度就已显现，但相比全国而言，西南地区仍是目前增长较快的区域。2019 年，西南地区生产总值仍然保持 7.5% 的增长，渝川黔滇四省规模以上工业增加值平均增速 8.0%，同比加快 0.6 个百分点。四川 41 个大类行业中有 37 个行业增加值保持增长。重庆工业增速明显回升，规模以上工业增加值比增长 6.2%，同比加快 5.7 个百分点。

（三）东部地区结构持续优化

东部地区是我国经济发展的"压舱石"，也是引领全国经济高质量发展的"动力源"。2019年，东部地区生产总值51.1万亿元，增长6.2%，同比放缓0.5个百分点。作为落实国家创新驱动发展战略、培育壮大新动能、打造先进制造业集群的主阵地，东部勇于攀爬价值链高端和创新链前端，通过加强自主创新和深化改革开放，经济结构优化取得积极进展，创新动力和活力进一步增强，我国重要创新策源地的地位将进一步提升，全国高质量发展的动力系统将全面系统构建。上海工业投资同比增长11.3%，实际利用外资增长10.1%，特斯拉新能源汽车投产，中芯国际14nm工艺制程芯片实现量产；浙江数字经济核心产业增加值增长15%，江苏民营工业增加值增长9.5%，高新技术产业投资23.3%，华虹集成电路一期建成投产。北京高技术制造业增长9.3%，天津装备制造业增加值同比增长6.7%。广东新经济增加值增长8.0%，占地区生产总值比重达25.3%，计算机、通信和其他电子设备制造增长7.4%。

（四）东北地区企稳势头有所巩固

受宏观周期波动和内生动力不足的影响，东北地区经济处于转型关键期。东北地区企稳势头不断巩固，地区生产总值自2016年触底后总体保持在4%到5%区间，基本不再下滑。2019年东北地区生产总值5.0万亿元，增长4.6%。辽宁经济回升势头明显，规模以上工业增加值增长6.7%，社会消费品零售总额增长6.1%，城镇新增就业47.5万人，超额完成全年目标任务。黑龙江、吉林加快"冰天雪地"向"金山银山"转化步伐，寒地冰雪经济、避暑休闲产业成为新增长点，2019年黑龙江接待国内外游客增长19%，旅游收入增长19.6%；吉林旅游业接待人次和总收入分别增长12.5%、17.1%。东北维护国家粮食安全、生态安全地位持续提升，2019年东北三省粮食产量达到2762亿斤，约占全国粮食总产量的20.8%，其中黑龙江粮食产量喜获"十六连丰"，吉林粮食产量连续第七年保持在700亿斤以上，辽宁粮食产量创历史最高水平。在生态方面，黑龙江启动实施小兴安岭——三江平原山水林田湖草保护修复工程，吉林完成人工造林更新50万亩，超额完成大规模国土绿化行动年度指标。

　　四大板块积极探索各具特色的高质量发展路子，其中在中西部和东北地区密集分布的革命老区、少数民族地区、边境地区、贫困地区、老工业地区、资源枯竭地区和生态退化地区等特殊类型地区 2020 年将与全国同步全面实现小康，现有贫困标准下的贫困人口实现全部脱贫，实现"两不愁三保障"，这在世界经济发展进程中都是历史性创举。2020 年，特殊类型地区一方面要啃下脱贫攻坚的硬骨头，实现脱贫攻坚的完美收官，另一方面，要巩固好脱贫攻坚成果，在延续"输血"机制的基础上，完善"造血"机制，有效防止返贫返困。

三、五大国家战略引领的区域发展格局初步构建

　　京津冀协同发展、长江经济带发展、粤港澳大湾区建设、长三角一体化发展按下快进键，黄河流域生态保护和高质量发展成为国家战略。

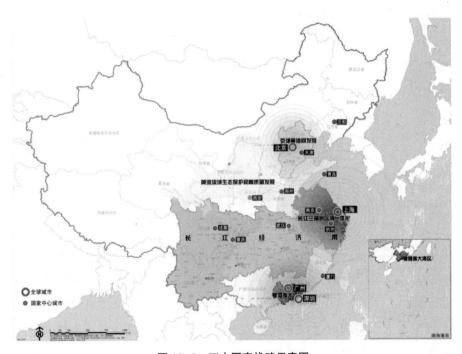

图 10-6　五大国家战略示意图

这五大国家战略涵盖了我国 24 个省份和中国香港、澳门特别行政区，国土面积 477 万平方公里，占全国的 49.6%，2019 年底常住人口 110689 万人，占全国的 79.0%。

（一）黄河流域生态保护和高质量发展上升为国家战略

黄河流域从西到东横跨青藏高原、内蒙古高原、黄土高原和黄淮海平原四个地貌单元，流经青海、四川、甘肃、宁夏、内蒙古、陕西、山西、河南、山东 9 个省区。2019 年地区生产总值 20.1 万亿元，增长 6.1%，占全国地区生产总值的 20.2%。2019 年 9 月，习近平总书记指出，黄河流域是我国重要的生态屏障和重要的经济地带，是打赢脱贫攻坚战的重要区域，在我国经济社会发展和生态安全方面具有十分重要的地位。保护黄河是事关中华民族伟大复兴和永续发展的千秋大计。治理黄河，重在保护，要在治理。要坚持山水林田湖草综合治理、系统治理、源头治理，共抓生态大保护，协同推进大治理，统筹推进各项工作，加强协同配合，推动黄河流域高质量发展。黄河流域生态保护和高质量发展，同京津冀协同发展、长江经济带发展、粤港澳大湾区建设、长三角一体化发展一样，是重大国家战略。加强黄河治理保护，推动黄河流域高质量发展，积极支持流域省区打赢脱贫攻坚战，解决好流域人民群众特别是少数民族群众关心的防洪安全、饮水安全、生态安全等问题，对维护社会稳定、促进民族团结具有重要意义。

（二）京津冀协同发展进入爬坡过坎、攻坚克难关键阶段

京津冀协同发展战略涵盖北京、天津、河北三省市，面积 21.6 万平方公里，常住人口 1.1 亿人，2019 年地区生产总值 8.5 万亿元，增长 6.2%，占全国地区生产总值的 8.6%。2019 年，习近平总书记深入河北雄安新区、天津、北京调研并主持召开座谈会，强调京津冀协同发展进入到滚石上山、爬坡过坎、攻坚克难的关键阶段，需要下更大气力推进工作。目前，京津冀协同发展规划体系的"四梁八柱"已经建立，雄安

新区规划体系基本形成，已转入大规模实质性开工建设阶段，全年固定资产投资增长 384.2%，北京城市副中心控制性详规对外发布并启动第二批市级机关搬迁，首都功能核心区控制性详细规划公示，北京大兴国际机场、京雄城际（北京段）、京张高铁等一批重大交通基础设施建成运营。京津冀区域大气污染协同治理成效显著，北京空气质量明显好转，2019 年 PM2.5 累计浓度为 42 微克 / 立方米，创下 2013 年监测以来最低值。

（三）长江经济带深入推进大保护

长江经济带涵盖我国 11 省市，横跨东中西三大板块，面积 205 万平方公里，常住人口 6.0 亿人，2019 年地区生产总值 45.8 万亿元，增长 7.0%，占全国地区生产总值的 46.5%，是我国经济重心所在、活力所在。2019 年，长江经济带以生态优先、绿色发展为引领，以共抓大保护、不搞大开发为导向，从生态系统整体性和长江流域系统性着眼，把修复长江生态环境摆在压倒性位置，长江保护法草案提请十三届全国人大常委会审议，沿江 11 省市累计"关改搬转"化工企业 963 家，长江水环境恶化的势头已经得到初步遏制，长江水质正在逐渐改善。2019 年长江流域水质优良比例为 91.7%，长江保护修复攻坚战行动计划明确的 12 个消劣断面已有 9 个断面暂时消除劣 V 类。同时，长江经济带对全国经济的带动作用不断增强，对我国经济增长的贡献率达到 49.7%。

（四）粤港澳大湾区建设的一小时生活圈正在形成

粤港澳大湾区建设包括香港、澳门特别行政区和珠三角 9 市，面积 5.6 万平方公里，常住人口 0.71 亿人。2019 年，珠三角 9 市地区生产总值 8.7 万亿元，增长 6.4%。建设粤港澳大湾区，既是新时代推动形成全面开放新格局的新尝试，也是深入推动"一国两制"事业发展的新实践，充分发挥粤港澳综合优势，建设富有活力和国际竞争力的一流湾区和世界级城市群，打造高质量发展的典范。目前，粤港澳大湾区资源要素高效流动更加便捷，一小时生活圈正逐渐形成，"一地两检"通关政策落地，南沙大桥建成通车，港珠澳大桥日均客流量达 7 万人次，并已成为澳门第二大出入境口岸，广深港高铁香港段开通一周年，已接载超过 1782 万人次旅客往来香港和内地城市。2019 年 8 月，中共中央国务院印发了《关于支持深圳建设中国特色社会主义先行示范区的意见》。深圳经济继续表现出强劲韧性，2019 年深圳实现外贸出口 1.67 万亿元，增长 2.7%，连续 27 年居全国大中城市首位，战略性新兴产业增加值增长 8.8%，占地区生产总值比重达到 37.7%。

（五）长三角一体化发展进入全面实施的新阶段

长江三角洲区域一体化发展包括上海、江苏、浙江、安徽三省一市，面积 35.8 万平方公里，常住人口 2.3 亿人，2019 年地区生产总值 23.7 万亿元，增长 6.5%，占全国地区生产总值的 24.1%，是我国经济发展最活跃、开放程度最高、创新能力最强的区域之一。2019 年 12

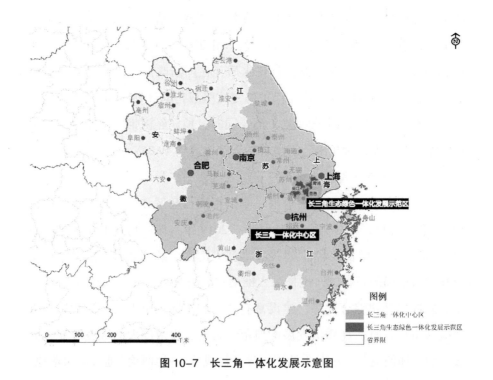

图 10-7　长三角一体化发展示意图

月，中共中央正式印发《长江三角洲区域一体化发展规划纲要》，标志着长三角一体化发展已进入全面实施的新阶段。长三角正紧扣"一体化"和"高质量"两个关键精准发力，长三角生态绿色一体化发展示范区正紧紧围绕保护生态环境和实现绿色发展这个主题率先探索高质量发展体制机制。中国（上海）自由贸易试验区临港新片区依靠"50 条"等特殊支持政策，积极打造与国际通行规则相衔接，更具国际市场影响力和竞争力的特殊经济功能区。随着三省一市区域合作不断深化，长三角合作机制逐步完善，在创新、医疗、教育、交通等领域一体化取得积极进展，异地就医门诊费用直接结算实现地级以上城市全覆盖，多条跨省公交开通运营，长三角研究与试验发展（R&D）经费占全国比重超过 30%。2019 年，长三角经济增速高于全国 0.4 个百分点，对长江经济带的贡献率达到 48.4%，正带动整个长江经济带和华东地区发展，形成高质量发展的区域集群，加快建设最具影响力和带动力的强劲活跃增长极。

第三节　2020 年地区经济形势分析

一、地区经济增长总体呈下行态势

截至 2020 年 1 月底，29 个省（区、市）公布了 2020 年经济增长目标（见表 10-2）。除天津、内蒙古、辽宁、吉林、黑龙江等几个近年来经济增速较低的省（区、市）2020 年目标增速高于 2019 年实际增速外，绝大多数省（区、市）在 2020 年下调了预期目标，预示着 2020 年我国地区经济增速总体继续放慢。此外，这些目标还显示出我国南北分化的趋势还将更加显著，南方平均预期经济增速高于北方近 1 个百分点。全国预期经济增速前 8 的省份中有 7 个是南方省份，河南是北方唯一的省份；预期经济增速排名后 10 位的省份中 7 个是北方省份。

表 10-2　2020 年省（区、市）目标增速与 2019 年实际增速对比

省（区、市）	2019 年实际增速（%）	2020 年目标增速（%）		2019 年实际增速（%）	2020 年目标增速（%）
北京	6.1	6 左右	湖北	7.5	7.5 左右
天津	4.8	6 左右	湖南	7.6	7.5 左右
河北	6.8	6.5 左右	广东	6.2	6 左右
山西	6.2	6.1 左右	广西	6	6-6.5
内蒙古	5.2	6 左右	海南	5.8	6.5 左右
辽宁	5.5	6 左右	重庆	6.3	6
吉林	3	5 到 6	四川	7.5	--
黑龙江	4.2	5 左右	贵州	8.3	8 左右
上海	6	6 左右	云南	8.1	--
江苏	6.1	6 左右	西藏	8.1	9
浙江	6.8	6-6.5	陕西	6	6.5 左右
安徽	7.5	7.5	甘肃	6.2	6
福建	7.6	7-7.5	青海	6.3	6-6.5
江西	8	8	宁夏	6.5	6.5 左右
山东	5.5	6 以上	新疆	6.2	5.5
河南	7	7			

数据来源：根据各省政府工作报告整理。

二、新冠肺炎疫情对地区经济产生不同程度冲击

2020 年突如其来的新冠肺炎疫情在全球蔓延，影响人数多、持续时间长，对我国区域经济造成不同程度的冲击。湖北是国内疫情最严重的省份，生产生活秩序受到长时间影响，复工复产延迟了两个月以上，但在中央支持湖北经济社会发展一揽子政策作用下，全年社会发展大局仍将保持稳定。邻近湖北的河南、湖南、江西、安徽遭受了巨大疫情输入压力，采取了更为严格的防控措施，全年经济增速将有所回落，但中部地区总体发展向好的态势没有改变。北京、上海、天津、重庆等直辖市和东部沿海的浙江、广东等劳务输入大省人口流动性强、经济外向度高、

疫情防控压力大，随着疫情的全球蔓延，沿海的出口订单、海外零部件供应、国际人员往来都会受到较大影响，生产和出口面临双重挑战。黑龙江、吉林、辽宁等产业结构相对单一地区，在疫情的冲击下经济韧性的不足充分暴露，加大了政府稳增长保民生的调控难度。四川、贵州、云南等西南省份经济发展继续保持韧劲，新冠肺炎疫情并未改变其相对活跃的经济基本面。下半年，由于部分地区疫情形势仍在变化，地区经济的走势尚有不确定性，但随着积极因素累积增多，地区经济总体态势应明显改善。

三、加快培育新动能成为各地政策发力的重点

随着我国人均国内生产总值站上1万美元，接近高收入国家和地区门槛，经济增长的动力正在发生深刻变化，土地、能耗、环境容量接近上限，传统产业的"天花板效应"越来越明显，实现经济增长必须依靠新动能。这次新冠肺炎疫情也凸显了以信息技术、生物医药等代表的新动能的强大动力，培育壮大新动能必将成为2020年各地政策关注的焦点。长三角地区的上海将促进创新链与产业链深度融合，全面实施集成电路、人工智能、生物医药"上海方案"；江苏聚焦智能制造和制造业数字化转型，促进"江苏制造"向"江苏智造"转变；浙江大力建设国家数字经济创新发展试验区，超前布局量子信息等一批未来产业。广东力争实现地级以上市5G网络覆盖、基本实现珠三角中心城区连续覆盖。中部地区的安徽加快培育壮大以"芯屏器合"为重点的战略性新兴产业集群，西部地区的重庆壮大"芯屏器核网"全产业链。

四、成渝双城经济圈引领西南地区高质量发展

2020年1月，中央财经委员会第六次会议强调大力推动成渝地区双城经济圈建设，努力在西部形成高质量发展的重要增长极。成渝

地区双城经济圈是西部地区人口总量最多、发展潜力最大、开放程度最高、创新能力最强的区域，在全国"两横三纵"城市化战略格局中位于包昆轴带和沿江轴带的交汇点上，是西部陆海新通道的核心枢纽。支持成渝地区双城经济圈建设有利于促进西部地区，特别是西南地区的人口、产业高效集聚，进一步优化提升中心城市功能和综合承载力，培育形成我国区域高质量发展新动力源，引领西部地区实现高质量发展。2020年，要深化成渝合作，唱好"双城记"、建好"经济圈"，推动成渝地区双城经济圈建设开好局、起好步，在一体化发展方面迈出坚实步伐，成为引领西南地区发展的"领头羊"。要紧扣目标定位，尊重客观规律，发挥比较优势，推进成渝地区统筹发展，促进产业、人口及各类生产要素合理流动和高效集聚，使成渝地区成为具有全国影响力的重要经济中心、科技创新中心、改革开放新高地、高品质生活宜居地。以成渝地区双城经济圈为代表的西部地区的中心城市和城市群以及重要的产业发展平台将为全国发展大局做出新贡献。

五、区域经济一体化探索将迈出更快更大步伐

一体化发展是区域协调发展的高级形态，其产生的规模经济、范围经济、集聚经济效应，能够明显提升区域整体竞争力。随着2019年长三角一体化进入全面实施的新阶段，我国的区域一体化开始明显加速。在这次疫情防控和复工复产中，长三角三省一市充分发挥一体化优势，联合部署、方案共定、信息互通、物资共享、管理联动，取得积极成效。2020年，应把握经济活动正在向城市群集中的趋势，抓住中心城市引领的都市圈、城市群是区域经济一体化的空间主体形态这一规律，重点促进发展水平较高的长三角、珠三角、京津冀三大城市群加快一体化进程，同时在成渝双城经济圈、厦漳泉、济青烟等相对成熟地区开展一体化体制机制探索，促进人力资源、资本、土地等要素市

场一体化，建立规则统一的制度体系，创新区域利益协调机制，完善多领域多层次合作机制，深化区域合作，打破行政藩篱，实现优势互补，增强中心城市的辐射带动作用，打造引领我国高质量发展的重要动力源。

第十一章 收入分配结构分析：
2019—2020 年的主要变化

2019 年，我国居民收入稳定增长，全国居民人均可支配收入首次超过 3 万元，城乡间居民收入差距继续收窄，地区间居民收入差距逐渐缩小，低收入群体收入增长速度明显加快，居民收入来源格局更加趋于合理。2020 年初，突如其来的新冠肺炎疫情给我国经济社会发展带来前所未有的冲击，一季度居民实际收入出现多年未有的负增长。随着经济社会运行在常态化疫情防控中逐步趋于正常，生产生活秩序将加快恢复，预计 2020 年，居民收入会保持低位增长，居民收入分配结构将继续优化。建议通过保持经济平稳增长，实现更充分更高质量就业，完善初次分配、再分配和三次分配政策体系等多措并举，实现居民收入持续增长，收入分配结构持续优化。

2019 年，我国居民收入稳定增长，城乡居民收入差距进一步缩小，收入分配结构持续改善。

第一节 2019 年居民收入稳定增长

近年来，党中央坚持以人民为中心，出台实施了一系列惠民政策措施，特别是精准扶贫战略带动居民收入继续快速增长，消费水平和生活

图 11-1　2014-2019 年全国居民人均可支配收入及其增长率　单位：元；%

资料来源：2014-2018 年数据来自《中国统计年鉴 2019》。2019 年数据来自《2019 年国民经济运行总体平稳 发展主要预期目标较好实现》，http://www.stats.gov.cn/tjsj/zxfb/202001/t20200117_1723383.html。

质量不断提升，为全面建成小康社会奠定了坚实的基础。

2019 年，全国居民人均可支配收入 30733 元，比上年增加 2505 元，首次超过 3 万元；分城乡看，城镇居民人均可支配收入 42359 元，农村居民人均可支配收入 16021 元。从增长速度看，2019 年，全国居民人均可支配收入较上年增长 8.9%，扣除价格因素，实际增长 5.8%，快于人均国内生产总值增速 0.1 个百分点，收入增长与经济增长基本同步。① 分城乡看，2019 年，城镇居民人均可支配收入增长 7.9%，扣除价格因素，实际增长 5.0%；农村居民人均可支配收入增长 9.6%，扣除价格因素，实际增长 6.2%。农

---

① 全国居民人均收支数据是根据全国十几万户抽样调查基础数据，依据每个样本户所代表的户数加权汇总而成。由于受城镇化和人口迁移等因素影响，各时期的分城乡、分地区人口构成发生变化，有时会导致全国居民的部分收支项目增速超出分城乡居民相应收支项目增速区间的现象发生。主要是在城镇化过程中，一部分在农村收入较高的人口进入城镇地区，但在城镇属于较低收入人群，他们的迁移对城乡居民部分收支均有拉低作用；但无论在城镇还是农村，其增长效应都会体现在全体居民的收支增长中。从历史数据看，2008 年以前，居民可支配收入增长速度一直慢于 GDP 增长速度；2008 年后，国民收入逐渐向居民倾斜，居民可支配收入增长速度快于 GDP 增长速度已成为宏观经济运行的常态。

村居民人均可支配收入增长持续快于城镇居民人均可支配收入增长速度。

第二节　2019年收入分配结构持续优化

近年来，在城乡居民收入快速增长的同时，居民收入在城乡、地区之间的差距也明显缩小，收入分配的来源结构和分布结构持续优化。

一、从城乡结构看，城乡间居民收入差距继续收窄

2019年，农村居民人均可支配收入16021元，名义增长9.6%，比上年加快0.8个百分点；城镇居民人均可支配收入42359元，名义增长7.9%，加快0.1个百分点。农村居民人均收入增速快于城镇居民1.7个百分点，城乡居民收入比值由上年的2.69缩小至2.64，比上年缩小0.05，城乡居民收入相对差距进一步缩小。

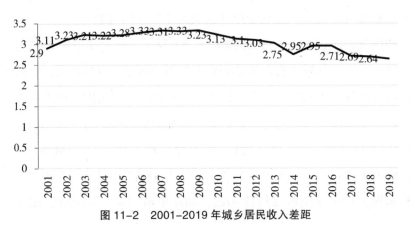

图11-2　2001-2019年城乡居民收入差距

资料来源：2001-2018年数据来自历年《中国统计年鉴》。2019年数据来自《2019年国民经济运行总体平稳 发展主要预期目标较好实现》，http://www.stats.gov.cn/tjsj/zxfb/202001/t20200117_1723383.html。

党的十八大以来，我国实施精准扶贫精准脱贫，全面打响了脱贫攻坚战，扶贫工作取得了决定性进展。按现行农村贫困标准，2013-2019年我国农村减贫人数分别为1650万人、1232万人、1442万人、1240万人、

1289 万人、1386 万人、1109 万人，每年减贫人数均保持在 1000 万以上。农村贫困发生率也从 2012 年末的 10.2% 下降到 2019 年末的 0.6%。农村居民收入消费持续保持较快增长，尤其是贫困地区农村居民收入消费实现快速增长，与全国居民平均水平差距不断缩小。从趋势数据看，城镇居民人均可支配收入从 2013 年的 26467 元增加到 2019 年的 42359 元，年均实际增长 6.1%；人均消费支出从 2013 年的 18488 元增加到 2019 年的 28063元，年均实际增长 5.1%。农村居民人均可支配收入从 2013 年的 9430 元增加到 2019 年的 16021 元，年均实际增长 7.5%；人均消费支出从 2013 年的 7485 元增加到 2019 年的 13328 元，年均实际增长 8.2%。农村居民人均可支配收入增长和人均消费支出持续快于城镇居民人均可支配收入和人均消费支出的增长速度，城乡居民收入相对差距得以进一步缩小。

二、从区域结构看，地区间居民收入差距逐渐缩小

近年来，随着中西部地区经济增长速度的相对提升，地区间居民收入相对差距在逐渐缩小。2019 年，中部地区和西部地区居民人均可支配收入较上年分别增长 9.4% 和 9.3%，增速分别快于东部地区 0.7 和 0.6 个百分点；东部地区与西部地区居民人均收入之比为 1.65，中部地区与西部地区居民人均收入之比为 1.09，东北地区与西部地区居民人均收入之比为 1.15。[①] 东部与西部、中部与西部、东北地区与西部收入相对差距，2019 年分别比 2013 年缩小 0.05、0.01、0.14。

从贫困地区看，农村居民收入实现快速增长。2019 年，贫困地区农村居民人均可支配收入 11567 元，比 2018 年名义增长 11.5%，扣除价格因素，实际增长 8.0%；名义增速和实际增速分别比全国农村高 1.9 和1.8 个百分点。从历史数据看，2013–2019 年，贫困地区农村居民人均可

---

① 2019 年东北地区居民人均收入数据为作者预测，东中西部居民人均收入数据为根据公布的收入增长率计算得到。

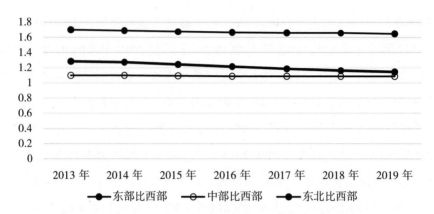

图 11-3　2013-2019 年以中部地区为参照的各区域居民收入对比

资料来源：2013-2018 年数据来自《中国统计年鉴 2019》。2019 年数据来自《居民收入和消费稳定增长 居民生活水平再上新台阶》，http://www.stats.gov.cn/tjsj/zxfb/202001/t20200119_1723769.html。

支配收入增速分别为 16.6%、12.7%、11.7%、10.4%、10.5%、10.6%、11.5%，期间年均名义增长 12.0%，扣除价格因素，年均实际增长 9.7%，实际增速比同期全国农村平均增速高 2.2 个百分点。2019 年贫困地区农村居民人均可支配收入是全国农村平均水平的 72.2%，比 2012 年提高 10.1 个百分点，与全国农村平均水平的差距进一步缩小。贫困地区农民收入的快速增长也在一定程度上促进了中西部地区与东部发达地区居民收入差距的缩小。

三、从分组结构看，低收入群体收入增长速度明显加快

当前是我国全面建成小康社会的决胜时期，而低收入群体是实现到 2020 年全面建成小康社会目标的"短板"。促进低收入群体增收，切实改善这一群体的收入状况，这不仅是实现党的十八大提出的"2020 年实现国内生产总值和城乡居民人均收入比 2010 年翻一番"目标的重要保障，也是 2020 年低收入群体同步建成小康社会的根本保障。从近几年数据看，我国低收入群体在全国总人口中的占比仍然在 40% 至 50% 之间，与形成

"橄榄型"社会结构的目标之间尚存在较大差距。

2019 年，按全国居民五等份收入分组，低收入组人均可支配收入 7380 元，中间偏下收入组人均可支配收入 15777 元，中间收入组人均可支配收入 25035 元，中间偏上收入组人均可支配收入 39230 元，高收入组人均可支配收入 76401 元。与上年相比，2019 年低收入组的收入增长速度为 14.6%，明显高于其他组别，显示出可喜的变化特点。这有利于促进低收入群体增收，缩小居民间的收入分配差距，扩大我国中等收入群体的规模，从而使我国不断建成"橄榄型"社会结构。

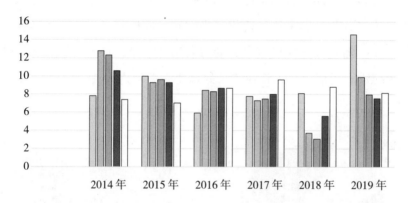

图 11-4　2014-2019 年五等份分组的群体收入增长速度　单位：%

资料来源：2014-2018 年数据来自《中国统计年鉴 2019》。2019 年数据来自《2019 年国民经济运行总体平稳 发展主要预期目标较好实现》，http://www.stats.gov.cn/tjsj/zxfb/202001/t20200117_1723383.html。

四、从来源结构看，居民收入来源格局更加趋于合理

随着经济社会发展，居民收入来源多元化趋势愈趋明显。2019 年，全国居民工资性收入继续平稳增长，人均工资性收入达到 17186 元，增长 8.6%，比上年加快 0.3 个百分点，占可支配收入的比重为 55.9%；居民经营性收入增速回升，居民人均经营净收入 5247 元，增长 8.1%，比上年加快 0.3 个百分点，占可支配收入的比重为 17.1%；财产性收入增

长较快，居民人均财产净收入 2619 元，增长 10.1%，占可支配收入的比重为 8.5%；转移性收入快速增长，人均转移净收入 5680 元，增长 9.9%，比上年加快 1.0 个百分点，占可支配收入的比重为 18.5%。①

从历史数据看，多年来，在城镇居民可支配收入中，工资性收入是主体，多数年份占比在 80% 以上。但近年来居民收入来源格局逐步趋于合理，城镇居民工资性收入不再占据绝对主体，经营、财产和转移收入比重增加。2019 年，城镇居民人均工资性收入占人均可支配收入的比重为 60.3%，人均经营净收入的占比为 11.4%，人均财产净收入的占比为 10.4%，人均转移净收入的占比为 17.9%。与此同时，农村居民收入来源也由集体工分收入和家庭经营收入为主转为家庭经营、工资和转移收入并驾齐驱。随着大量农村富余劳动力向第二、第三产业转移，工资性收入成为拉动农村居民收入快速增长的重要来源。进入 21 世纪后，随着各

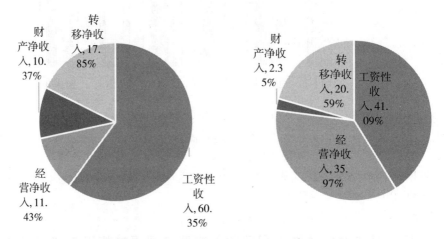

图 11-5　2019 年城镇居民收入来源结构　　图 11-6　2019 年农村居民收入来源结构

资料来源：《居民收入和消费稳定增长 居民生活水平再上新台阶》，http://www.stats.gov.cn/tjsj/zxfb/202001/t20200119_1723769.html。

———————————

①　政策惠民促进了居民转移净收入增长，2019 年多数省份提高基础养老金水平，城市和农村低保平均标准继续上调，医疗保障体系持续完善，报销药品目录进一步扩大，报销比例继续提高等一系列政策惠民措施相继出台。2019 年初出台的个人所得税专项附加扣除政策对六大项目进行了抵扣，也有效降低了居民税收负担。

种惠农补贴的发放、农村社会保障体制的完善和脱贫攻坚政策的深入推进，转移性收入也得到快速增长。2019 年，农村居民人均工资性收入占人均可支配收入的比重为 41.1%，经营净收入占比为 36%，财产净收入占比为 2.3%，转移净收入占比为 20.6%。

五、从分布结构看，居民收入中位数增长快于平均数

从居民收入平均数和中位数的各自增长速度看，2019 年，全国居民人均可支配收入中位数 26523 元，增长 9.0%，比上年加快 0.4 个百分点，快于平均数增速 0.1 个百分点，表明半数居民的收入增长"跑赢"了平均数的增长。居民收入中位数相当于平均数的 86.3%，比上年提高 0.1 个百分点。其中：城镇居民人均可支配收入中位数 39244 元，增长 7.8%，是平均数的 92.6%；农村居民人均可支配收入中位数 14389 元，增长 10.1%，是平均数的 89.8%。[①] 在这样的增长态势下，低收入群体进入中等收入群体，中等

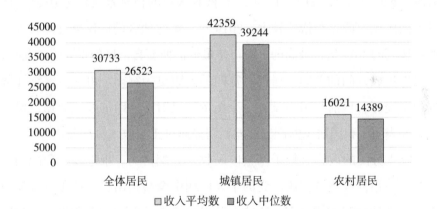

图 11-7　2019 年居民人均可支配收入平均数与中位数

资料来源：《居民收入和消费稳定增长 居民生活水平再上新台阶》，http://www.stats.gov.cn/tjsj/zxfb/202001/t20200119_1723769.html。

---

① 收入平均数和中位数都是反映居民收入集中趋势的统计量。平均数既能直观反映总体情况，又能反映总体结构，便于不同群体收入水平的比较，但容易受极端数据影响；中位数反映中间位置对象情况，较为稳健，能够避免极端数据影响，但不能反映结构情况。

收入群体进入高收入群体的可能性会增加，时间也会进一步缩短，对我国扩大中等收入群体非常有利，对社会稳定和国民福利的提高也更有利。

第三节　2020 年收入分配形势分析

党和政府高度重视收入分配问题，实行了一系列缩小收入差距的举措，收入分配的关系得到了一定改善，但收入分配领域仍然存在一些亟待解决的问题。一是收入差距仍然处于高位。从基尼系数来看，虽然从 2008 年以后我国收入差距的基尼系数出现持续下降势头，但 2016 年以后全国收入差距的基尼系数又开始小幅回升，当前仍然处于高位徘徊状态；从国际比较看也仍处在收入差距最大的 15% 国家之列。二是城乡差距仍然较大。尽管城乡间居民收入差距逐步缩小，但 2019 年我国城乡收入倍差仍达 2.64。三是不同收入层次之间的差距较大。2019 年全国居民家庭人均支配收入 20% 高收入户与 20% 低收入户的相对差距高达 10.35。四是不同区域间的差距依然较大。2019 年，东部地区的居民可支配收入是西部地区的 1.65 倍，最高的上海市是最低的西藏自治区的近 4 倍。此外，较之居民收入间的差距，居民财富间的差距更为突出。由于财富统计数据的不完善，目前我国尚没有一个衡量居民财富差距的权威数据，但多项研究表明，我国居民财产分配差距明显超过工资收入分配差距。

收入分配的改善有赖于调整国民收入分配格局、推进收入分配制度改革等一系列政策的实施。党的十九届四中全会指出，坚持按劳分配为主体、多种分配方式并存。坚持多劳多得，着重保护劳动所得，增加劳动者特别是一线劳动者劳动报酬，提高劳动报酬在初次分配中的比重。健全劳动、资本、土地、知识、技术、管理、数据等生产要素由市场评价贡献、按贡献决定报酬的机制。健全以税收、社会保障、转移支付等为主要手段的再分配调节机制，强化税收调节，完善直接税制度并逐步提高其比重。完善相关制度和政策，合理调节城乡、区域、不同群体间分配关系。重视发挥第三次分配作用，发展慈善等社会公益事业。鼓励勤劳致富，保护合法收入，增加低收入者收入，扩大中等收入群体，调节过高收入，清理规范隐性收入，取缔非法收入。

2020 年，是我国全面建成小康社会和"十三五"规划收官之年。2020 年初，突如其来的新冠肺炎疫情给我国经济社会发展带来前所未有的冲击，一季度居民实际收入出现多年未有的负增长。一季度，全国居民人均可支配收入同比实际下降 3.9%，其中城镇和农村居民分别下降 3.9% 和 4.7%。为降低疫情影响，针对居民收入减少，中央出台一系列救助扶持政策，为保障退休职工、低收入和困难群体基本生活提供了有力支撑。从 1–5 月份统计数据来看，生产需求继续改善，积极变化累积增长，国民经济逐步恢复。我们认为，随着经济社会运行在常态化疫情防控中逐步趋于正常，生产生活秩序将加快恢复，预计 2020 年我国居民收入稳定增长和结构优化升级的趋势仍将继续保持。主要体现在两方面：一是居民收入会保持低位增长。面对错综复杂局面，我们有超大规模的市场优势和内需潜力，在经济下行压力加大的情况下，政府会更加重视发挥消费对经济高质量发展的拉动作用，巩固消费升级势头，进一步释放消费潜力。在各项政策"组合拳"的支持下，预计 2020 年我国居民收入会保持低位增长。二是居民收入分配结构将继续优化。受这次新冠肺炎疫情的影响，政府会加快完善统筹城乡的民生保障制度，促进城乡基本公共服务普惠共享，增加低收入群体收入、扩大中等收入群体比重，居民收入分配结构也将继续优化。

第四节　对策建议

实现收入分配结构持续优化需要建设适应高质量发展的收入分配体系，需要坚持初次分配和再分配调节并重，更好地把按劳分配和按要素分配结合起来，逐步缩小收入分配差距，实现收入分配合理、社会公平正义、全体人民共同富裕。

一是保持经济稳定增长。居民收入与经济发展形势息息相关，没有经济发展，分配就是无源之水、无本之木。要以供给侧结构性改革为主线，推动高质量发展；要始终把创新放在核心位置，积极培育产业新增长点，促进经济增长动力转换。扎实做好"六稳"工作（稳就业、稳金融、稳外贸、稳外资、稳投资、稳预期），全面落实"六保"任务（保居民就业、保基本民生、保市场主体、保粮食能源安全、保产业链供应链稳定、保基层运转），保持经济运行在合理区间，为保障社会公平正义、形成合理有序的收入分配格局奠定更加坚实的基础。

二是实现更充分更高质量就业。就业民生之本。就业优先战略的实施，要做到科学把握宏观调控的方向和力度，以稳增长促就业的同时，通过鼓励就业创业带动经济增长，实现经济增长和扩大就业的良性互动。要积极建立促进就业的长效机制，进一步促进以创业带动就业，促进部分创业者成为中等收入者。要把稳定和扩大就业作为经济运行合理区间的下限。劳动收入是劳动者的主要收入来源，要稳定就业总量，改善就业结构，提升就业质量，培育壮大新动能，继续加大对实体经济的支持力度，着力推进降成本，优化营商环境，促进企业效益提升，发挥实体经济在稳定和促进就业中的作用。保持工资性收入的主体地位，合理提高最低工资标准，建立工资增长与消费价格指数挂钩、与企业效益挂钩等工资稳定增长的长效机制。要密切关注物价温和上涨对居民实际收入的影响，加大农村居民人均社会救济和补助收入、政策性生活补贴收入的保障力度。要着力通过就业带动增收，实现居民收入增长与经济增长同步。

三是完善初次分配政策体系。完善初次分配制度，关键是要坚持多劳多得，着重保护劳动所得，增加劳动者特别是一线劳动者劳动报酬，提高劳动报酬在初次分配中的比重。当前阶段，对工薪劳动者，包括集中于制造业、工程建筑、道路运输等传统行业的工薪劳动者，掌握一定技能的技术工人、服务业人员以及基层公务员，新经济下共享经济平台相关从业者等，要实施合理有效的分配政策，保证其收入稳步提高。要进一步健全劳动、资本、土地、知识、技术、管理、数据等生产要素由市场评价贡献、按贡献决定报酬的机制。要进一步规范政府收入，继续实施对企业主要是中小企业和民营企业结构性减税政策，以此为突破口带动政府、企业、居民三者分配格局的调整优化。要全面建立覆盖全部国有企业、分级管理的国有资本经营预算和收益分享制度，合理分配和使用国有资本收益，扩大国有资本收益上交范围，新增部分主要用于社会保障等民生支出。要建立健全公共资源出让收益全民共享机制，出让收益主要用于公共服务支出。消除包括户籍等体制性障碍，形成合理、公正、顺畅的社会纵向流动，将重点群体增收激励计划落到实处，激发全社会创业、创新、创富的动力和活力，引导更多人群通过诚实劳动、合法经营增加收入。要进一步提升居民财产性收入比重。通过增加投资市场数量、丰富投资产品种类、改善投资产品结构。要不断营造公开透明的投资环境，特别要考虑普通居民资产规模、专业知识、风险承受能力，开发更多适合其需求的投资产品，多渠道增加居民的财产性收入。

四是完善再分配政策体系。健全再分配政策，需要更好地发挥政府对收入分配的调节作用，完善以税收、社会保障、转移支付为主要手段的再分配机制，逐步缩小收入分配差距，使"调高、扩中、保低"的政策措施有效落地。继续优化财政支出结构，增强居民的抗风险能力与安全感。加大民生领域的财政资金投入，增加对居民的转移支付，推进基本公共服务均等化、标准化，减轻居民生活负担。稳步提高社会救助、抚恤优待标准，建立低保标准与当地居民人均消费支出挂钩机制，继续提高退休人员基本养老金和城乡居民基础养老金，逐步提高失业保险金标准，努力实现幼有所育、学有所教、劳有所得、病有所医、老有所养、住有所居、弱有所扶。要进一步落实差别化住房信贷政策，让住宅从投资品、投机品回归正常的生活消费品。加快优化税收结构，更好发挥税收对收入分配的调节作用。适当降低增值税、消费税的税率，顺应民众呼声，抓紧引入累进的财产税和遗产税。加快建立综合和分类相结合的个人所得税制度，提高个人所得税基本减除费用标准，增加子女教育、大病医疗等专项费用扣除。建立全国统一的个人信用体系，鼓励勤劳守法致富，完善对高收入者个人所得税的征收、管理和处罚措施。

五是完善三次分配政策体系。重视发挥第三次分配作用，发展慈善等社会公益事业。简化公益慈善组织的审批程序，鼓励有条件的企业、个人和社会组织举办医院、学校、养老服务等公益事业。发展壮大持证社会工作者队伍和注册志愿者队伍，推动面向困难群众的公益服务加快发展。提高企业捐款的税前扣除标准，对企业公益性捐赠支出超过年度利润总额的部分，允许一定比例结转以后年度进行扣除。对个人和社会团体的捐款不设置扣除比例，推广全额扣除方式。加强社会慈善氛围的营造和公益性基金会的建设，建立慈善捐款使用跟踪机制，全程监督捐款的使用，定期向社会公开捐款资金的使用情况，做到对公众全透明，接受社会全面全程监督。

六是夯实收入分配支撑体系。整合公安、民政、社保、住房、银行、税务、工商等相关部门信息资源，建立健全社会信用体系和收入信息监测系统。完善收入分配统计与核算，形成适应高质量发展的收入分配指标体系。确立收入分配的和谐目标，构建收入差距合理程度的测量尺度，建立城乡、地区、群体和行业间收入分配预警模型。建立收入分配政策评估体系，采用科学方法准确评估相关政策的预期和实际效果，及时反馈、及时矫正偏差。

Part 3

产业篇

第十二章 汽车行业形势分析：
2019—2020 年的主要变化

当前我国汽车产业震荡调整是长短期变化叠加导致的，既关乎总量和速度变化，也关乎产品和技术结构调整。从长期来看，我国汽车产业已经进入从规模扩张的增量市场向品质提升的"增加＋存量"市场转变的新阶段。从短期来看，汽车产业面临宏观经济下行压力大、产业政策大幅调整、经贸摩擦冲突加剧、新冠肺炎疫情冲击等新变化。长短结合来看，2019 年和 2020 年汽车产业发展同处一个阶段变化，在趋势上具有很强连贯性和接续性，一些趋势性变化仍将延续，一些苗头性变化可能更加清晰，一些隐忧问题将会进一步暴露，运行的不确定性和风险进一步加大。

2019 年，我国汽车产业发展引起高度关注和讨论。汽车产业总体延续高位下行态势，在产销量蝉联全球第一的同时，规模降幅之大超乎预期。由于市场形势低迷、企业竞争加剧，汽车产品结构、市场组织结构、技术研发布局调整步伐加快，但是存在的问题和风险也更加突出，如供需结构失衡、资本风险加大等。分析和判断 2020 年汽车产业发展形势，需要紧密结合汽车产业发展的阶段性变化以及当前面临的严峻形势，透过错综复杂的现象看清汽车产业的规律性和苗头性变化、更好地应对发展中的不确定性和风险。

第一节 2019 年汽车产业发展的主要特点

一、规模继续高位下行

2019 年，我国汽车产销量分别完成 2572.1 万辆和 2576.9 万辆，蝉联全球第一。其中，汽车销量为美国（1704.8 万辆）的 1.51 倍、日本（519.5万辆）的 4.96 倍。但是，汽车产业主要规模指标均呈现负增长，产业下行压力进一步加大。2019 年，汽车产销同比分别下降 7.5% 和 8.2%，降幅比上年分别扩大 3.3 和 5.4 个百分点，出口 102.4 万辆，同比下降 1.6%。年内变化看，上半年下降明显，下半年有所好转。类别变化看，乘用车是拉动汽车产销下行的主要力量，产销分别下降 9.2% 和 9.6%，均高于汽车总体降幅；商用车产销形势好于乘用车，产量同比增长 1.9%，销量同比下降 1.1%；受补贴退坡影响，新能源汽车产销分别完成 124.2 万辆和 120.6 万辆，同比分别下降 2.3% 和 4.0%，为 2013 年以来首次下降。汽车产销下降趋势延续至 2020 年并进一步加剧，1–5 月，汽车产销分别完成 778.7 万辆和 795.7 万辆，同比分别下降 24.1% 和 22.6%；新能源汽车下降更剧烈，产销分别完成 29.5 万辆和 28.9 万辆，同比分别下降39.7% 和 38.7%；汽车企业出口 32.3 万辆，同比下降 17.5%。

表 12-1 近年来汽车销量变化（万辆）

	汽车	乘用车	商用车	新能源汽车
2013 年	2198.4	1792.9	405.5	1.8
2014 年	2349.2	1970.1	379.1	7.5
2015 年	2459.8	2114.6	345.1	33.1
2016 年	2802.8	2437.7	365.1	50.7
2017 年	2887.9	2471.8	416.6	77.7
2018 年	2808.6	2371.0	437.1	125.6
2019 年	2576.9	2144.4	432.4	120.6
2020 年 1–5 月	795.7	610.9	184.8	28.9

资料来源：中国汽车工业协会。

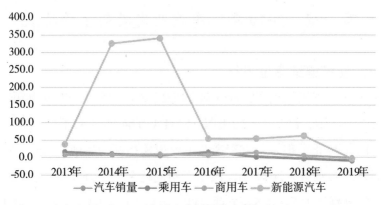

图 12-1　近年来汽车销量增速变化（%）

资料来源：中国汽车工业协会。

二、产品结构持续优化

从乘用车来看，SUV 市场份额持续增长，轿车、MPV 占比有所下降。根据乘联会广义乘用车销售数据，2019 年轿车销量下降 9.1%，占比 48.22%，同比下降 0.41 个百分点；SUV 销量下降 3.6%，占比 43.65%，提高 1.28 个百分点；MPV 销量下降 18.2%，占比 6.52%，下降 0.68 个百分点。从品牌类别来看，豪华车销量占比延续增长势头，2019 年销售 218 万辆，市场占比从 2018 年的 8.8% 提高至 2019 年的 10.7%，首次迈

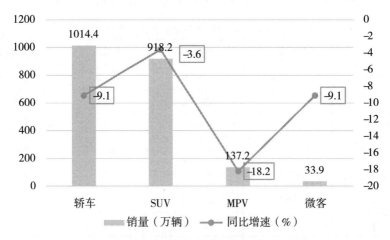

图 12-2　2019 年乘用车不同类型销售情况

资料来源：中国汽车流通协会汽车市场研究分会（乘用车市场信息联席会）。

过 200 万辆销量规模、首次突破 10% 的市场份额。2020 年 1–5 月，豪华车占比进一步提高至 13.3%，相比 2019 年增加 2.6 个百分点。2019 年，宝马中国市场销量达到 72.4 万辆（含 MINI），首次拿下中国豪华车市场销量冠军；奔驰中国市场销售 70.2 万辆（含 Smart），首次突破 70 万辆销量大关；奥迪中国市场销售 69 万辆。国内高端品牌同样销势良好，一汽红旗、吉利领克、长城 WEY 等销量均突破 10 万辆大关，其中，WEY 成为首个累计销量超过 30 万辆的中国高端品牌。

三、组织结构持续调整

随着市场整合步伐加快，汽车产业集中度有所提高。2019 年，销量排名前 10 位的上汽、东风、一汽等企业集团销量合计 2329.4 万辆，占汽车销售总量的 90.4%，比 2018 年提高 1.5 个百分点。其中，一汽大众、上汽大众等 10 家企业占乘用车销售总量的 59.8%，比 2018 年提高 1.3 个百分点；东风公司、北汽福田等 10 家企业占商用车销售总量的 74.3%，比 2018 年提高 1.5 个百分点。从自主品牌来看，中国品牌汽车市场占有率继续下降，2019 年共销售乘用车 840.7 万辆，占乘用车销售总量的 39.2%，比上年下降 2.9 个百分点，其中，中国品牌轿车销售 204.6 万辆，占轿车销售总量的 19.9%，比上年下降 1.1 个百分点；SUV 销售 492 万辆，占 SUV 销售总量的 52.6%，比上年下降 5.4 个百分点。值得注意的是，吉利汽车和长城汽车快速成长，2019 年销量分别达到 136.16 万辆和 106.03 万辆，分列车企销量排行榜第 4 位和第 7 位。同时，造车新势力快速崛起，已经达到百余家，但成功完成车型量产交付的仅有 12 家。

表 12-2　部分造车新势力发展近况

企业名称	成立时间	生产情况	创立背景及发展优势	2019 年销量
蔚来汽车	2014 年成立于上海	江淮代工	互联网企业创建（易车网），网络及智能化资源丰富	20656 辆

续表

企业名称	成立时间	生产情况	创立背景及发展优势	2019 年销量
小鹏汽车	2014 年成立于广州	海马代工、肇庆基地	互联网企业创建（阿里土豆高管），网络及智能化资源丰富	16609 辆
威马汽车	2015 年成立于上海	并购黄海、中顺造车资质，在浙江温州自建工厂	传统汽车企业人员创建（吉利高管），造车及管理经验丰富	16876 辆
合众汽车	2014 年成立于浙江桐乡	江西宜春工厂	传统汽车企业及科研机构人员创建（清华大学等），造车、技术及管理经验丰富	10006 辆
理想汽车	2015 年 7 月成立于北京	力帆代工	互联网企业创建（汽车之家），网络及智能化资源丰富	超过 1000 辆
爱驰汽车	2017 年成立于江西上饶	上饶生产基地	传统汽车企业人员创建（一汽上汽高管），造车及管理经验丰富	首款量产车上市
奇点汽车	2014 年成立于上海	铜陵生产基地	互联网企业创建（360 金山软件高管），网络及智能化资源丰富	未量产
长江汽车	2013 年成立于杭州	杭州自有工厂	相关制造企业跨界（五龙电动车集团），具备一定制造基础	未量产
前途汽车	2015 年成立于苏州	苏州自有工厂	汽车研发设计公司跨界（长城华冠），具备一定开发能力	未量产
万向汽车	2012 年成立于杭州	杭州自有工厂	相关制造企业跨界（万向集团），具备一定制造基础	未量产
云度汽车	2015 年成立于福建莆田	莆田自有工厂	相关制造企业跨界（奇瑞高管），具备一定制造基础	未量产
知豆汽车	2012 年成立于浙江台州	众泰、吉利合作生产	相关制造企业跨界（新大洋机电），具备一定制造基础	未量产

资料来源：根据公开资料整理。

四、技术研发布局加快

一是随着研发投入和政策支持力度加大，国内企业在智能汽车领域已经取得初步成果。据中国汽车工业信息网统计，截至 2019 年 12 月中旬，国内已有64款L2级别自动驾驶产品投放市场，其中，2019年投放车型占比达到78%，L2级别自动驾驶配置从豪华车向经济型车扩展。根据i-VISTA智能汽车指数，2019年度第二批10款车型测评试验总体表现较好，首次出现2款ACC自适应巡航控制系统、AEB自动紧急制动系统、LDW车道偏离报警系统、BSD盲区监测系统、APS自动泊车辅助系统五项全部优秀的车型。二是氢燃料电池汽车成为众多汽车企业研发布局的新方向。长城汽车、东风汽车、福田汽车等车企加快开发氢燃料电池汽车。2019年，燃料电池汽车产销分别完成2833辆和2737辆，同比增长85.5%和79.2%。三是生产方式智能化转型提速。2013-2018年我国汽车行业机器人密度提升1.7倍，达到750台/万工人（未来智库，2020）。具有代表性的长城汽车重庆工厂集成了一系列国际先进的高柔性生产制造工艺和生产质量保证系统，工厂自动化水平处于全国领先地位。

五、合作发展模式深化

一是汽车企业围绕资源共享、优势互促进一步加强战略合作，主要是在前瞻共性技术创新、汽车全价值链运营、国际化运营、新商业模式等领域开展合作。2019年，上汽集团与广汽集团签署战略合作框架协议，在技术研发、资源协同、投资布局、市场拓展、模式创新、国际经营等领域开展合作。丰田汽车与比亚迪也达成合作，共同开发轿车和低底盘SUV的纯电动车型，以及产品等所需的动力电池。二是造车新势力与传统车企在资质、产能、渠道等方面加深合作。如，海马与小鹏、一汽与云度、理想与力帆等都开展研发、生产或销售合作，造车新势力间的合作也在加强，如小鹏汽车的超级充电桩正式接入蔚来NIO Power充电地图。三是整车企业与零部件企业、网络科技公司等的跨界合作深度推进，特别是在电气化、智能化领域通过合作共享资源优势、降低技术开发难度和成本。如，比亚迪与滴滴合资公司的出行服务已经遍布16个城市，运营车辆达3万余辆。

第二节　当前汽车产业存在的主要问题

一、市场约束效应不断趋紧

受宏观经济下行压力加大、个人收入增速放缓、市场环境不确定性增强以及部分需求在政策刺激作用下提前释放等因素影响，消费者购置汽车等长期易耗消费品的动力和信心不足，消费意愿明显下降。根据国务院发展研究中心相关研究，2019 年 1—6 月，占整个汽车销售量近三成的县级市以下市场负增长超过 20%；占汽车销售量四成左右的 10 万元以下市场负增长达 23%。这一方面是因为大量低价品牌已经充塞低端市场，另一方面是因为低收入阶层的收入水平和消费能力受到很大影响。此外，北京、上海等特大城市实行汽车限购政策，国五国六标准切换增加了市场观望情绪，也压制了很大一部分购车需求。根据乘联会相关数据，由于市场需求疲弱乏力，2019 年国内主要的 88 家车企中有 58 家销量出现下滑，占比达到 66%，其中跌幅在 50% 以上的有 20 多家，包括长安福特、东风雷诺、长安铃木、华泰汽车、猎豹汽车、东南汽车、力

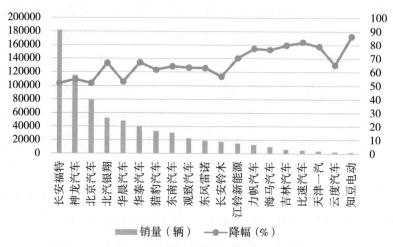

图 12-3　2019 年汽车销量降幅超过 50% 的企业情况

资料来源：乘联会。

帆汽车、海马汽车等知名企业。受此影响，2019 年 12 月中国汽车经销商库存预警指数为 59%，连续第 24 个月位于警戒线之上。

二、产品供需矛盾日渐显现

受企业增资扩产步伐加快与市场需求萎缩不振双重影响，汽车行业产能供需矛盾更加突出。2019 年，汽车行业产能利用率为 77.3%，尽管高于制造业 77.1% 的产能利用率水平，但是与制造业产能利用率整体提高 0.2 个百分点的变化趋势不同，汽车行业产能利用率比上年下降 2.5 个百分点。在主要制造业行业中，汽车行业产能利用率处在倒数第 5 位，比利用率最高的化学纤维制造业（83.2%）低 5.9 个百分点，比计算机、通信和其他电子设备制造业（82.6%）低 3.3 个百分点。其中，一汽、奇瑞、比亚迪、江淮、东风悦达起亚、海马等企业的产能利用率甚至低于70%。根据业内人士估计，2019 年全国汽车总产能在 3500 万辆左右，超过汽车销量 1000 万辆，并且仍有上千万辆产能处于规划或建设中（陈亚莹，2019）。在新能源汽车领域，2019 年产销规模均在 120 万吨左右，但

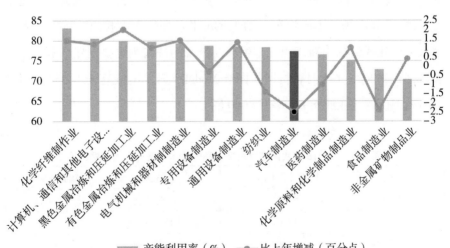

图 12-4　2019 年汽车行业产能利用率比较（%）

资料来源：国家统计局。

是产能至少超过 250 万吨（央视，2019），过剩问题更加突出。以北汽新能源为例，其两家工厂总设计产能为 27 万辆，2019 年产量为 4.43 万辆，产能利用率仅有 16.4%。

三、自主品牌竞争短板突出

相比于外资品牌具有深厚的品牌影响力，并且对我国市场精耕细作、持续推进本土化，自主品牌市场竞争力明显不足，赶超难度较大。2019 年，我国轿车销量排名前十位的品牌均为合资车企，其中，4 个为德系车，5 个为日系车，1 个为美系车，合计销售 322.8 万辆，平均 32.3 万辆。而销量最高的十大自主轿车品牌合计销售 104.2 万辆，平均 10.4 万辆，规模仅为外资十大品牌的三分之一。从最新发布的 BrandZ 2019 全球车企价值排名来看，价值最高的十大车企中，德国有 5 个，日本有 3 个，美国有 2 个，国内企业则无一入选。特别是近年来，由于行业竞争更趋激烈以及中国市场地位越加突显，德系、日系等外资车企加快向国内市场投放全新车型，对自主汽车品牌形成强势冲击，"鲶鱼效应"不断释放，中外品牌间的竞争越加激烈和全面。如，一汽大众进一步丰富 SUV 产品，上汽大众加速布局 MPV 细分市场，丰田汽车借助 TNGA 平台加快车型投放，特斯拉上海超级工厂建成给国内新能源汽车生产商带来的冲击则更要剧烈。根据乘联会数据，2020 年 1–5 月，特斯拉国产 Model 3 累计销量突破 3 万辆，超过排名第二位的比亚迪秦 EV 车型 4000 辆。

表 12-3　2019 年我国市场及自主品牌轿车销售前十大品牌比较

品牌	销量（万辆）	品牌	销量（万辆）
大众朗逸	53.3	吉利帝豪	21.1
日产轩逸	47.1	上汽荣威 i5	15.9
丰田卡罗拉	35.8	长安逸动	12.4
大众宝来	33.4	北汽绅宝 D50	9.8

续表

品牌	销量（万辆）	品牌	销量（万辆）
大众速腾	30.7	吉利缤瑞	8.4
通用别克英朗	27.9	吉林远景	8.0
大众桑塔纳	25.6	吉林帝豪 GL	7.9
本田思域	24.4	东风启辰 D60	7.4
本田雅阁	22.4	奇瑞艾瑞泽 GX	7.2
丰田雷凌	22.2	上汽 MG6	6.1
合计销量	322.8	合计销量	104.2
平均销量	32.3	平均销量	10.4

资料来源：中国汽车工业协会。

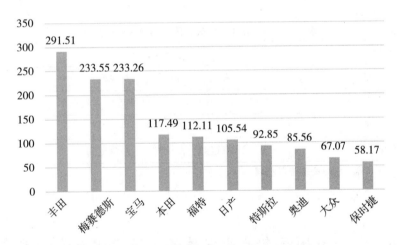

图 12-5　2019 全球车企价值排名（亿美元）

资料来源：英国凯度集团和全球最大传播集团之一 WPP 共同发布的 BrandZ 排名。

四、资本风险不断酝酿发酵

由于金融监管不断加强，融资机构与汽车企业合作更加谨慎，企业资金断链、现金流紧张、债务高企、拖欠款等问题高发。首先是企业债务负担偏高。根据相关调查，2018 年 20 家主要上市车企总负债达到 11570 亿元，2019 年一季度这 20 家车企的新增负债总额达到 162 亿元，接近2018年全年新增负债的一半（周菊，2019）。其中，上汽集团、比亚迪和长城汽车资产负债率分别为61.74%、69%和53%，一汽夏利、金杯客车、金龙汽车甚至资不抵债，猎豹汽车、众泰汽车、华泰汽车、力帆汽车等车企负债严重引发破产传闻。其次是企业经营性现金流急剧减少。2019年一季度，23家上市整车企业中有超过12家经营现金流为负数，"入不敷出"表明这些企业经营相当困难。一些重度依赖融资进行产品开发与制造的造车新势力，也逐渐浮现出资金链紧绷甚至断裂的问题。包括前途汽车、天际汽车、博郡汽车、长江汽车、游侠汽车、奇点汽车等在内十多家公司均出现拖欠员工薪资和拖欠供应商货款现象，既定的车型量产计划也一再拖延。

表12-4 2019年经营较为困难的部分汽车企业

经营状况	主要企业
经营困难	蔚来汽车、海马汽车、神龙汽车
工厂停产	猎豹汽车、众泰汽车、长江汽车、力帆汽车
资产冻结	华泰汽车
破产或出售	北汽银翔、青年汽车、一汽夏利

资料来源：根据公开资料整理。

第三节　我国汽车产业发展的阶段变化及影响因素

一、从增量市场向存量市场变化

随着人口结构和需求结构变化，我国汽车市场正在从增量市场向"增量+存量"市场转变，汽车换购消费或将取代首次购车成为车市主体。国际上，主要发达国家汽车市场也基本在劳动人口规模见顶下降的同时转向存量市场，德国和日本都是这种情况。目前，我国老龄化程度不断加深，劳动人口拐点已经来临，首次购车群体需求呈下行趋势，尽管新增购车消费规模依然庞大，但是从增速变化、增存比例来看已然呈现阶段性变化。二手车市场的快速兴起有力地证明了这一变化。根据公安部数据，截至 2019 年底，我国汽车保有量 2.6 亿辆，其中私家车保有量 2.07 亿辆，首次突破 2 亿辆大关。2019 年，全国汽车转移登记（二手车转移）业务 2444 万笔，比 2018 年增加 386 万笔，增长 18.77%，近 5 年汽车转移登记与注册登记业务量的比例由 0.59 上升至 0.95。中国汽车流通协会的数据也反映出二手车交易市场日益活跃，2019 年全国累计完成交易二手车 1492.28 万辆，累计同比增长 7.96%，增速远高于新车销售增速。

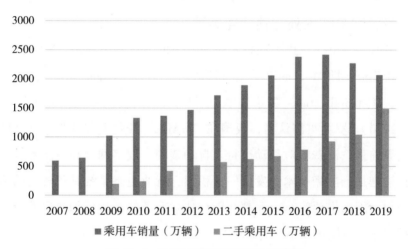

图 12-6 我国二手乘用车销量年际变化

资料来源：中国汽车流通协会。

二、高品质个性化需求快速兴起

随着汽车消费需求升级，性能、品牌、高端体验等需求成为消费选择的重要取向，中高端车型市场占比将进一步增加。未来一段时期，高品质汽车销售有望延续较高增速，整体市场价格将进一步向上偏移。一是体现在豪华车上，目前我国豪华车市场渗透率在 10% 左右，相比欧洲超过 20%、北美 14%–15% 的渗透率还存在较大差距，未来增长空间依然很大（张传宇，2020）。二是体现在 SUV 上，根据麦肯锡的调查，约

50% 的受访者有意向下次购买 SUV 车型，以 35–65 岁的消费群体为主。2019 年广州车展共展出 82 款新车，SUV 达 51 款，也佐证了消费需求的新变化。与此同时，新生代消费者崛起给汽车需求带来了新变化。2019 年上半年，90 后汽车消费市场占比达到 42.4%，相比 2016 年提高 25 个百分点（中国汽车流通协会等，2019）。新生代消费者更加注重生活质量，在消费理念、兴趣、爱好、品牌认知等方面有着鲜明特征，例如其对外观内饰的关注度远高于其他年龄段。由此，智能网联、供需互动、用车生态等可能成为未来车市竞争的关键。

三、汽车技术处在快速变革期

当前，汽车产业正处在技术快速变革的节点，主要是"MADE""四化"新趋势，即 M–mobility– 出行移动化，A–autonomous driving– 驾驶自动化，D–digitalization– 数字网联化，E–electrification– 电气化（罗兰贝格，2020）。罗兰贝格认为，我国在"MADE"四化颠覆性指数上持续位于世界前列，消费者对移动出行、自动驾驶、数字网联和新能源等的兴趣持续增加，前瞻技术研发进一步积累，行业生态系统具备较高的活力和潜力。国内主要汽车企业都在围绕技术变革的新领域加快研发投入和布局扩张，以期占领下一轮产业发展高点。国际上，大众计划在 2020 年至 2024 年投资 600 亿欧元发展混合动力、电动出行以及数字化，丰田计划在 2025 年实现全球销售 550 万台电动化车型，英菲尼迪计划从 2021 年开始将旗下所有车型全面电动化。国内企业，比亚迪、宁德时代等都在致力于研发能量密度更高、组装成本更低的新型动力电池，众多主机厂都将 2020 年定义为"智能驾驶元年"，加快推进高级别自动驾驶功能的智能网联汽车和 5G–V2X 规模化商业应用。

四、产业政策进入深刻调整期

一是随着整车企业分类别放开合资股比限制，主要外资品牌汽车企业正在酝酿调整全球战略布局，通过控股现有合资公司或独资建厂等手段，扩大在华生产汽车及出口规模（中国汽车技术研究中心，2019），加快发展新能源汽车、智能网联、共享出行等领域，将给国有汽车企业和自主品牌带来巨大挑战。尤其值得注意的是，外资品牌以及豪华车品牌在新能源汽车领域的布局将更趋加快，有可能改变国内企业主导产业发展的既有格局。二是国六排放标准加快实施，将在技术和产能上对现有企业形成倒逼效应，部分技术储备不足的产线和品牌将陷入被动甚至退出市场。尽管政策规定轻型车国六 a 阶段将于 2020 年 7 月起在全国范围内统一施行，但目前已有十几个省市提前实施国六排放标准。三是新能源汽车从补贴激励为主转向双积分政策引导，政策重心从需求端政策向供给端管理转变，将促使车企进一步优化产品供给、提高产品性能，将更多资源和投入放在新能源汽车和低油耗燃油车的研发生产上。

五、新冠肺炎疫情带来的后续影响

多数学者认为，新冠肺炎疫情增加了 2020 年汽车产业发展的不确定性，延长了汽车产业走向复苏的时间（赵英，2020）。首先，直接的影响是全国特别是湖北汽车企业节后复工推迟，给汽车生产和销售带来冲击。湖北的武汉、襄阳、十堰等地组成了一个重要的汽车产业带，集中了神龙汽车、东风本田、东风雷诺、通用汽车、东风日产、东风英菲尼迪、东风商用车、东风越野车、众泰汽车等多个工厂，2019 年汽车产量 224.75 万辆，约占全国汽车总产量的 8%-9%。车企无法及时复工，年度排产计划和销售目标将受到影响。其次，间接的影响是通过供应链在更大范围影响汽车产业运行。这既包括湖北整车企业停工影响上游供应链企业生产运行，也包括湖北关键零部件企业停工，如博世武汉工厂，给周边及全国汽车供应链带来影响，致使企业增加库存、改变供应链形态、提高运营成本。同时，全球疫情扩散从供给和需求两端给我国汽车产业发展带来巨大冲击。从出口来看，受疫情持续扩散影响，全球经济增势动荡低迷、不确定性加大，再加上物流及人员往来限制等不利因素，将对我国整车及零部件企业出口和海外经营造成影响，零部件出口遭受的打击可能比整车出口更加严重。此外，全球疫情特别是主要零部件出口国疫情无法及时控制乃至继续恶化，关键零部件断供将给国内汽车生产和销售造成巨大冲击。但是，考虑到我国经济和产业体系具有巨大的韧性和潜力，汽车产业长期发展趋势不会改变。

第四节　2020 年汽车产业发展形势分析

一、车市将延续下行趋势　运行不确定性加大

关于 2020 年车市，主要研究机构预测车市将延续下行，并于近期纷纷下调之前关于汽车销量的预测。如，德国汽车工业协会 VDA 预测，2020 年全球汽车销量下滑趋势还将持续，中国市场销量跌幅或将收窄，预计将下跌 2% 至 2050 万辆。谷歌大中华区资深预测算法顾问丁思涵预计，2020 年中国市场汽车销量同比下降 6.6%。中国乘联会预计，2020 年汽车销量负增长可能进一步加大，从 2019 年末预测销量实现 1% 正增长调整为目前的销量增速下降 8%。中国汽车工业协会认为，今年全年形势尚无法做出准确判断，但下降幅度肯定要高于之前预估的 2% 负增长。国际信用评级机构穆迪将 2020 年中国汽车销量增速从之前的增长 1% 调整为下降 2.9%。标准普尔收回了对于中国汽车市场在两年下跌后将会复苏的预测，之前关于 2020 年中国汽车销量 1%–2% 的预期增长将无法实现。在中央和地方出台的稳定和促进汽车消费政策带动下，居民购车和换车需求加快释放，对缓冲疫情影响起到一定作用，汽车产销出现回暖变化。5 月，汽车产销分别完成 218.7 万辆和 219.4 万辆，同比分别增长 18.2% 和 14.5%，增幅比上个月分别扩大 15.9 和 10.1 个百分点。但是 5 月车市短暂回暖与疫情抑制的需求集中释放有关，并不意味着车市已经向好回升。由于导致 2019 年汽车产销下滑的主要因素短期内难以出现改

善变化，再加上疫情发展尚有不确定性，国内宏观经济恢复需要一个过程，海外市场需求前景仍不明朗，下半年车市有望恢复常态化发展，但仍存在较大波动可能，且难以扭转全年下行的变化趋势。

二、新能源汽车恢复增长　研发投资热度不减

虽然由于补贴退坡的影响，2019 年新能源汽车产销出现首次下降。但是，在当前车市低迷的形势下，新能源汽车作为近期技术研发突破的重点，其增长热点的地位无可替代。特别是在多年政策引导支持下，一些优秀的新能源汽车企业已经形成了较为深厚的技术、产品和市场积淀，对于车市低迷和补贴退坡的适应和调整应对能力也在增强。为了稳定市场预期，平缓补贴退坡力度和节奏，保障产业健康持续发展，新能源汽车推广应用财政政策实施期限将延长至 2022 年底。由此，新能源汽车企业将有更多缓冲时间来做好技术研发和投资布局，进一步提高产品内在的市场增长力，从而助推新能源汽车产销恢复增长。但是，随着补贴政策调整以及双积分政策制定出台，产品低质、依赖补贴、规模扩张的既往增长模式难以为继，新能源汽车企业将更加注重内涵式增长，转而把发展重心放在提高续航里程、电耗、能量密度等产品性能上。

三、市场进一步整合调整　主体进入退出加快

由于市场低迷、竞争加剧，汽车企业合并合作更显迫切和必要。一汽董事长徐留平曾指出，要想独享产业变革的时代，要想独立地占有某一个甚至某一个方面的价值链，都是不可能的。因此，抱团取暖、合作开放成为当下汽车产业的必然选择。经过多年发展积累，外资品牌与自主品牌、燃油车企业与新能源企业、整车企业与零部件企业、汽车企业与互联网企业各有优势、互有所需，借力协同推动平台建设、技术研发、市场拓展等将成为主要发展趋势。与此同时，随着产业准入放宽、合资股比放开等系列改革深入推进，一些具有技术、资源、市场、资本等优势的产业主体仍

将对汽车特别是新能源汽车发展保持较高的投资热情，国内汽车市场的新进入者仍将保持较高数量，这既包括外资企业布局建设新的主体，也包括造车新势力继续涌现。但是由于行业竞争愈加激烈，企业分化发展格局将更加明晰，部分具有技术和市场优势的汽车品牌将加快崛起，一些不具备竞争发展优势的汽车企业将进一步边缘化甚至退出市场。

四、主要风险点不断积累　运行不确定性增大

一是供需矛盾扰乱行业发展秩序。当前，我国汽车产能仍处在快速扩张之中，产能建设和储备的增速远大于汽车需求增长。在车市低迷的情况下，随着新增产能不断释放，供给过剩的问题将进一步加剧。结构性过剩将会导致企业间的过度竞争，在加大企业资金压力和债务风险的同时，还会使行业发展偏离正常竞争秩序和盈利空间，并带来要素资源浪费、引发金融风险以及国际贸易摩擦等一系列问题（王静亚，2019）。二是燃料电池汽车投资过热。当前，燃料电池技术进步较快，但是氢燃料电池汽车成本高、氢气加注设施建设滞缓等问题并没有解决，距离大规模产业化尚有较大差距。许多企业和地方不区分技术周期和实际条件，纷纷上马氢燃料电池汽车项目或出台政策支持产业发展，仅2019年上半年氢能和燃料电池领域的投资项目就多达70起，过早大规模投资布局很可能给行业发展带来技术、市场和政策上的挫折。三是自动驾驶产业化风险。虽然自动驾驶已经位于发展风口，但这一技术总体上仍在探索发展之中，需要不断的试错和调整，可能要经历一个较长的周期（张夕勇，2019）。目前，自动驾驶已经成为汽车、互联网、物流等行业关注的热点，吸引了大量的资本和资源投入，但企业技术高低不一、实力参差不齐，甚至呈现蹭热点、炒概念、巧包装等发展乱象，下一步需要考虑如何避免自动驾驶产业无序发展、野蛮生长，否则可能造成行业发展波折和社会资源浪费。

第十三章 房地产行业形势分析：
2019—2020 年的主要变化

　　2019 年全年房地产市场表现总体平稳，商品房销售面积与上年大致相当，房价涨幅温和，房地产开发投资增速保持约 10% 的高位，房地产企业土地购置意愿较低。受房企融资渠道收紧和房地产自身供求关系变化等因素的影响，四季度以来市场呈现下行调整态势，地价涨幅明显回落至较低水平，一线城市地价停止上涨，10 月份以来 70 大中城市二手住宅价格稳中有降城市数量过半，12 月单月房地产投资增速降至 2019 年以来的最低水平。2020 年新冠肺炎疫情对房地产市场造成较大的短期冲击，房地产市场在年初大幅下行后逐步向正常水平恢复。在适时调整的宏观政策环境和"稳地价、稳房价、稳预期"的房地产长效管理机制下，预计 2020 年房价总体呈现稳中有降态势的可能性较大，全年房地产开发投资增速在 4% 左右。

　　2019 年以来房地产调控政策取得积极成效，市场经历 2-4 月份的小阳春后趋缓，全年表现总体平稳。但受房企融资渠道收紧和房地产自身供求关系变化等因素影响，四季度以来市场呈现下行调整态势。2020 年年初新冠肺炎疫情的爆发对市场形成短期冲击。在宏观经济长期向好趋势不变的背景下，预计 2020 年房地产走势的影响因素主要还是宏观环境、行业政策和房地产市场自身供求状况。

第一节 2019 年全年房地产市场表现总体平稳，四季度市场下行调整态势显现

一、房地产市场经历 2-4 月份的小阳春后趋缓，全年市场表现总体平稳

（一）商品房销售面积与上年大致相当，主要源于一二线城市的拉动

2019 年，商品房销售面积高达 17.16 亿平方米，继续维持在上年超 17 亿平方米的高水平，同比减少 0.1%。其中，商品住宅销售面积为 15.01 亿平方米，同比增加 1.5%，住宅销售量创下超过 15 亿平方米的历史新高。一季度以来，商品房销售面积同比增幅保持在 –1.8%~0.2% 之间，增幅表现为历史上最为平稳的一年（见图 13-1）。

分城市看，一线、二线、三四线代表性城市[①] 商品住宅销售面积分

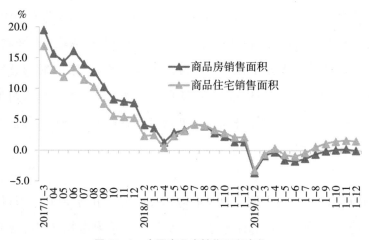

图 13-1 全国商品房销售面积变化

资料来源：国家统计局。

---

① 一线城市包括北京、上海、广州、深圳；二线城市包括天津、杭州、宁波、南京、无锡、温州、重庆、成都、济南、青岛、厦门、武汉、南宁；三四线城市包括东莞、惠州、江门、连云港、韶关、岳阳、北海、扬州、江阴、金华、泉州、赣州、常州、泰州、镇江、淮南、泰安、盐城、舟山。

别同比增加 11.1%、同比增加 21.0%、同比减少 2.9%。一线城市商品住宅销售面积由负转正，二线城市销售面积继续增加且增幅扩大，三四线城市销售面积由上年的增加转为减少。商品住宅销售面积的增加主要由一二线城市拉动（见图 13-2）。

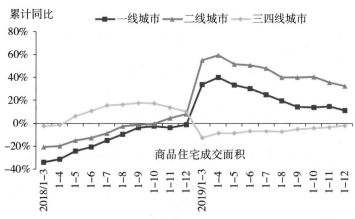

图 13-2　各线城市商品住宅成交面积变化

资料来源：Wind 数据库。

（二）5 月份以来 70 大中城市房价上涨城市数量减少，全年房价涨幅温和

2019 年 1–12 月，70 大中城市新建商品住宅和二手住宅价格环比累计涨幅分别为 6.5% 和 3.0%，涨幅分别比上年同期减小 3.0 个和 4.4 个百分点。5 月份以来，房价上涨城市数量减少。12 月份新建商品住宅和二手住宅价格上涨城市数量分别 50 个和 38 个，分别比 4 月份和 3 月份的高点减少 17 个和 19 个。

分城市看，2019 年 1–12 月，一、二、三四线城市[①]二手住宅价格分

_____

①　一线城市为北京、上海、深圳、广州（4 个）；二线城市为南京、杭州、宁波、重庆、温州、天津、武汉、成都、苏州、无锡、厦门、福州、济南、青岛、沈阳、大连、长沙、西安、昆明、郑州、合肥、石家庄、长春、哈尔滨、呼和浩特、南宁（26 个）；其余为三四线城市。

别环比累计上涨 1.6%、3.7%、3.7%，涨幅分别比上年增加 1.0 个、减小 3.0 个、减小 5.2 个百分点。一线城市房价涨幅小幅增加，二线和三四线城市房价涨幅均减小，三四线城市涨幅减小幅度较大（见图 13-3）。

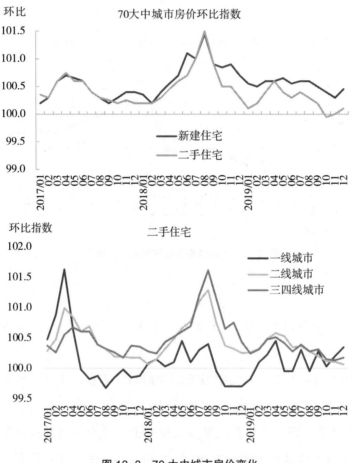

图 13-3　70 大中城市房价变化
资料来源：国家统计局。

（三）5 月份以来房地产投资增速小幅回落，全年投资增速仍处于 2015 年以来的同期最高水平

2019 年，房地产开发投资同比增长 9.9%，比上年全年高 0.4 个百分

点，比同期固定资产投资增速高 4.5 个百分点，2019 年以来房地产投资增速保持在 2015 年以来的同期最高水平。从月度变化来看，5 月份以来房地产开发投资增速呈持续小幅回落态势，至年底下降 2 个百分点（见图 13-4）。

2019 年房地产投资增速的增长来源于在建量增加和土地购置费增长两方面的贡献。2019 年房地产企业房屋新开工面积比上年增加 8.5%，自 2016 年以来连续四年增加，其累计效果使得 2019 年房屋施工面积增加 8.7%；2019 年土地购置费比上年增加 14.5%，对投资增速贡献 4.4 个百分点。

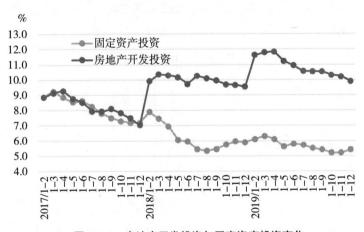

图 13-4　房地产开发投资与固定资产投资变化

资料来源：国家统计局。

（四）5 月份以来土地市场明显降温，房企土地购置意愿处于历史低位

2019 年以来房地产企业土地购置面积持续两位数的负增长，全年同比减少 11.4%，反映出企业土地购置意愿不高。与之对应的，2019 年以来房地产企业房屋新开工面积却保持较快增加，二者出现明显背离，也反映出企业加快出货的不乐观情绪（见图 13-5）。

100 大中城市成交土地溢价率自 5 月份以来呈现明显的下降趋势。12

月份，成交土地溢价率为 9.78%，比 4 月份的高点下降 13.5 个百分点，显示了土地市场的降温。

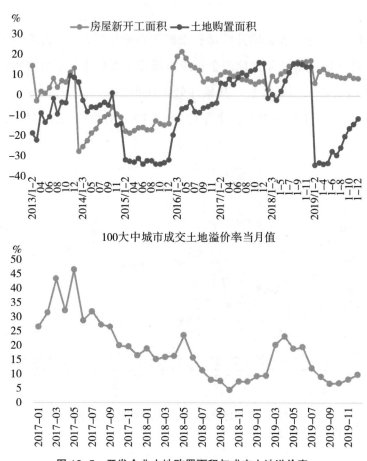

图 13-5　开发企业土地购置面积与成交土地溢价率

资料来源：国家统计局，wind 数据库。

二、四季度以来市场下行调整态势显现

一是 10 月份以来 70 大中城市二手住宅价格稳中有降城市数量过半。10 月和 11 月份，70 大中城市二手住宅上涨城市数量分别为 31 个和 32 个，自 2015 年 5 月份以来首度低于一半。而房价下降城市数量分别上升至 35

个和 33 个，房价持平城市数量分别为 4 个和 5 个，房价稳中有降城市数量超过上涨城市数量，表明市场已进入下行调整区间（见图 13-6）。

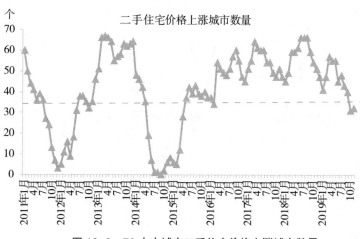

图 13-6 70 大中城市二手住宅价格上涨城市数量

资料来源：国家统计局。

二是四季度地价涨幅明显回落至较低水平，一线城市地价停止上涨。 2019 年 1-4 季度，全国 105 城市住宅地价分别环比上涨 1.32%、1.70%、1.24%、0.66%，环比累计上涨 5.01%，涨幅比上年减小 3.46 个百分点，延续上年的减小态势。3 季度和 4 季度住宅地价环比涨幅分别比上季度回落 0.46 个和 0.58 个百分点，4 季度涨幅回落较大。分区域看，2019 年 1-4 季度，一、二、三线城市①住宅地价分别环比累计上涨 2.60%、5.59%、5.13%，涨幅分别比上年减少 4.1 个、2.0 个、4.87 个百分点。分季度看，一、二、三线城市住宅地价涨幅均呈回落态势，4 季度，价格涨幅分别降至 0.01%、0.51%、1.01% 的较低水平，一线城市住宅地价停止上涨（见图 13-7）。

---

① 地价分析部分的一二三线城市的划分来自中国城市地价动态监测报告，其中，一线城市包括北京、上海、广州、深圳，二线城市包括除一线城市外的直辖市、省会城市和计划单列市，共 32 个；三线城市包括除一线、二线外的 69 个监测城市。

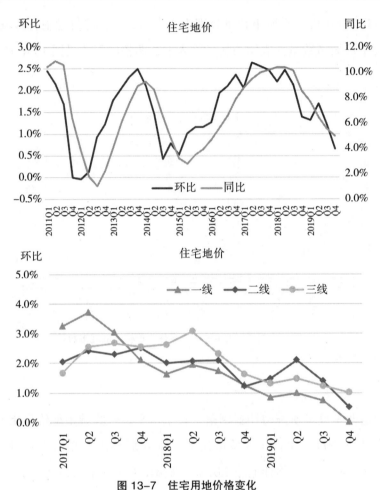

图 13-7　住宅用地价格变化

资料来源：中国地价信息服务平台，CEIC 数据库。

　　三是 12 月单月房地产投资增速降至 2019 年以来的最低水平，11月单月房屋新开工面积出现年初以来的首度出现负增长。2019 年以来房地产开发投资和房屋新开工面积累计增幅的高点均出现在 4 月份，分别达到 11.9% 和 13.1%，之后二者增幅均呈下降态势。12 月单月房地产开发投资同比增速降至 7.4%，为 2019 年以来的单月最低水平（见图13-8），11 月单月房屋新开工面积同比减少 2.9%，为 2019 年以来的首度负增长。

单月房地产开发投资增速

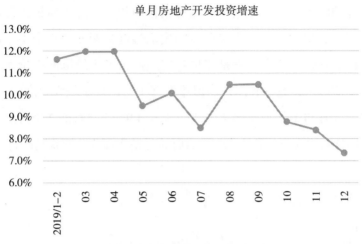

图 13-8　单月房地产开发投资同比变化

资料来源：国家统计局。

第二节　新冠肺炎疫情对房地产市场的影响分析

2019 年四季度以来房地产市场已呈现下行调整态势，2020 年新冠肺炎疫情对市场供求两端均形成冲击，加大了市场下调压力。

一、本轮疫情对房地产市场的影响不同于非典时期

（一）非典时期房地产市场运行特点

2003 年的非典疫情始于 2002 年 11 月的广东，2003 年 3 月初开始进入集中爆发期，5 月初新增病例数量开始明显下降至 6 月份疫情走向结束，前后共经历半年左右的时间。从房地产市场表现来看（见图 13-9 至图 13-11）：一是全国房地产市场各项指标总体受影响不大。2003 年，全国商品房销售面积和新开工面积同比增幅仅在 3-4 月、房地产开发投资同比增速在 3-5 月份出现短暂的下降后回稳，全年商品房销售面积同比增加 29.1%，房屋新开工面积同比增加 28.5%，房地产开发投资同比增长 29.7%，均高于上年水平。二是受非典影响较大的北京和广东房地产市场

各项指标的波动较大。无论是商品房销售面积、新开工面积还是房地产开发投资，北京和广东在非典期间的波动幅度都明显高于全国，而且北京的指标波动高于广东。三是疫情对房地产市场供给端的影响大于需求端。受疫情影响，北京和广东的房屋新开工均出现了较大幅度的负增长，分别在 1–3 月和 1–5 月同比减少 29.5% 和 4.9%。北京前 2 个月房地产开发投资同比减少 7%。而两个地区的商品房销售面积一直保持增加。

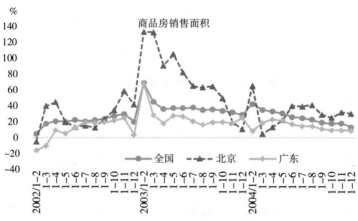

图 13-9　全国与北京和广东商品房销售面积变化

数据来源：国家统计局。

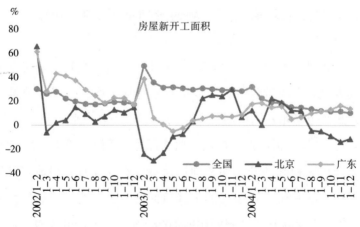

图 13-10　全国与北京和广东房屋新开工面积变化

数据来源：国家统计局。

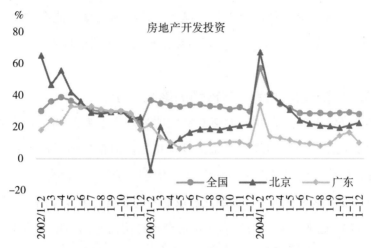

图 13-11 全国与北京和广东房地产开发投资变化

数据来源：国家统计局。

（二）本轮疫情与非典时期的两大不同

本轮疫情的发生时间与非典时期较为相似，但在分析其对房地产市场的影响时，要同时分析疫情自身和房地产市场背景性因素的不同。一是疫情自身影响面和影响程度的不同。2003 年的非典集中爆发于 3 月份，5 月份以来随着天气的转暖新增病例数明显下降，受影响最大的地区集中在北京和广东，多数地区的经济活动并未受明显影响。而本轮疫情自春节以来一直处于上升期，受感染人数已远远超过非典时期，各地多数企业延期复工，浙江和广东两大经济发达省份成为疫情高发区。本轮疫情对经济社会活动的影响面和影响程度远超非典时期。二是房地产市场背景性因素的不同。从长周期的角度看，2003 年非典时期我国房地产市场正处于高速成长阶段，住房需求旺盛，这也是当时受影响较大的北京和广东房屋新开工面积出现过负增长而销售面积却保持增加的重要原因。加之 2003 年国民经济复苏回升、国发 18 号文首次明确房地产已成为国民经济的支柱产业，这些因素都支撑着疫情过后的市场快速反弹。而目前我国宏观经济下行压力较大、房地产发展速度已下台阶，由人口年龄结构决定的城镇新增住房需求趋于减少，这些因素很可能会放大本轮疫情对房地产市场的负向冲击，市场难以出现疫情过后的反弹。

二、本轮疫情对房地产市场的影响分析

本轮疫情发生后，政府的应对经验明显好于非典时期，对疫情的防控更加及时，助企纾困政策措施力度也更强。但新冠肺炎疫情在全球多点爆发，疫情缠绵对经济形势和房地产市场均造成很大影响。

一是疫情影响看房率，加剧住房成交量的萎缩。2019 年商品房销售面积创下 17.15 亿平方米的历史高峰，对合理住房需求已形成一定透支。根据中国家庭金融调查与研究中心的数据，2019 年新增购房需求中投资性需求占比超过 50%，这部分需求波动较大。而在疫情影响下，售楼处和中介的看房率几乎为零，线上看房难以对线下形成替代，从而加大需求的萎缩。线上蓄客有助于需求释放，但疫情带来的就业和收入压力将降低购房意愿。

二是受疫情影响较大的五个地区房地产市场在全国总量中占比约为 1/3。根据疫情实时大数据报告，湖北、浙江、广东、河南、湖南，是受疫情较大的五个地区。这些区域对人员管控更加严格，项目施工建设也受影响较大。这五大地区的房地产开发投资和商品销售面积在全国总量中的占比约为 1/3，即可能对全国造成 1/3 的停滞性影响。

三是房地产市场面临较大的下行调整风险。新冠疫情在世界各地多点爆发，我国经济增长面临较快下行风险。如果经济增长出现大幅减速，将会导致外资大规模撤退，企业破产数量增加，失业率上升，居民收入下降，必然大幅降低房地产需求，房地产市场出现较大幅度的下行调整。

第三节 2020 年房地产市场形势分析

2020 年房地产走势的影响因素包括新冠肺炎疫情变化、经济形势发展、宏观政策环境、行业政策和房地产市场自身供求状况等。

一、上半年房地产市场在年初大幅下行后向正常水平恢复

受疫情影响，2020 年年初房地产市场出现大幅下行，1–2 月，房地产开发投资同比下降 16.3%，房地产企业房屋新开工面积同比减少 44.9%，商品房销售面积同比减少 39.9%，降幅均为历史最高水平。2 月份，70 大中城市中有 19 个城市新建商品住宅无成交，24 个城市二手住宅无成交。

随着疫情的逐步好转和复工复产的推进，3 月份以来市场呈现逐步恢复的态势（见图 13–12 和图 13–13）。1–5 月，房地产开发投资同比增速恢复至 –0.3%，房屋新开工面积和商品房销售面积同比增幅分别恢复至 –12.8% 和 –12.3%。5 月份，70 大中城市新建住宅和二手住宅价格上涨城市数分别恢复到 57 个和 41 个，但房价同比涨幅仍处于较低水平，分别为 5.0% 和 2.8%。

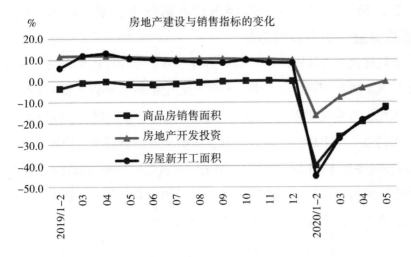

图 13–12　房地产开发投资、房屋新开工与商品房销售面积

数据来源：国家统计局。

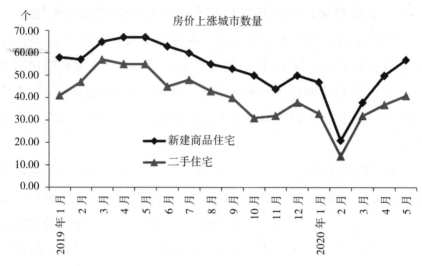

图 13-13 70 大中城市房价上涨城市数量

数据来源：国家统计局。

二、预计下半年房价在经历调整后逐步企稳，2020 年全年房价总体呈现稳中有降态势

本轮房地产市场周期始于 2015 年下半年，至今已四年多的时间房价尚未出现实质性下降。这其中一个重要原因是 2016 年以来较大规模的棚改货币化安置对住房需求形成外生刺激，拉长了市场周期。经历了 2016 年以来持续三年多的房价较快上涨，当前房地产市场下行调整有其自身客观要求（见图 13-14）。在适时调整的宏观政策环境和"稳地价、稳房价、稳预期"的房地产长效管理机制下，预计 2020 年房价在经历调整后逐步企稳，全年总体呈现稳中有降的可能性较大。

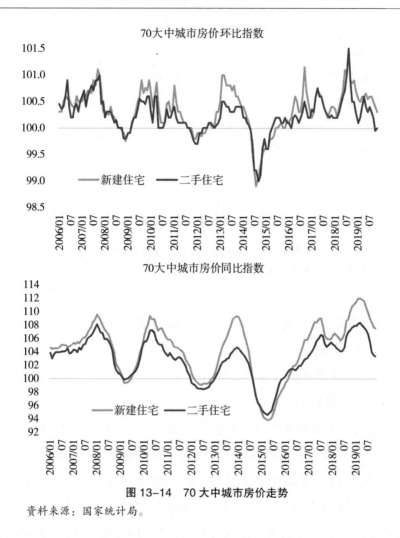

图 13-14　70 大中城市房价走势

资料来源：国家统计局。

（一）住房库存水平上升，房价有下行调整压力

2016 年以来房地产企业房屋新开工面积连续四年增加，预示着市场潜在供应量的增加。从全国总体来看，2019 年末以商品住宅累计新开工面积减去销售面积和不可售面积衡量的住宅库存面积约 21 亿平方米，库存水平自 2015 年以来连续四年下降后再度出现上升（见图 13-15）。商品住宅待售面积自 2016 年初持续 40 多个月下降后 2019 年 12 月再次出现小幅增加。根据 wind 数据库的统计，2019 年三季度以来商品住宅可售

图 13-15　商品住宅新开工库存的估计

资料来源：国家统计局。

套数增加的城市数量明显增多，年末多数城市商品住宅可售套数比上年增加，表明市场库存水平的上升。

（二）商品住宅销售面积连续三年保持 14.8 亿平方米左右的高位，对未来需求已形成一定透支

从住房需求的宏观影响因素来看，我国人口抚养比自 2011 年由降转升，2014 年以来上升速度增加。2014 年以来登记结婚对数持续下降，意味着住房"刚需"的减少（见图 13-16）。2018 年我国城镇人均住房建筑面积增加至 39 平方米的较高水平。伴随着经济增速换挡放缓，住房改善幅度将放缓。这预示着由经济增长和人口结构决定的中长期住房需求增长动力不足。而从住宅市场销售情况看，2017-2019 年商品住宅销售面积从 14.5 亿平方米稳步增加至突破 15 亿平方米，年均销售面积为 14.8 亿平方米，已明显超过由收入水平、人口结构、居住状况等因素决定的 13 亿平方米左右的合理需求水平。这在一定程度反映出当前的住房销售已对未来需求形成透支，目前超过 15 亿平方米的商品住宅销售规模难以维持。

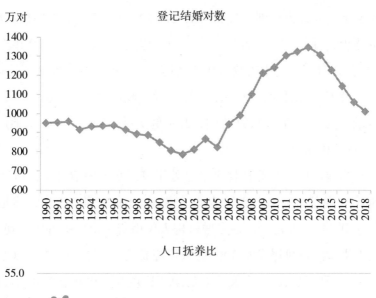

图 13-16　我国人口结构变化

资料来源：国家统计局。

（三）房企融资环境边际向好，但仍将以控杠杆为主基调

2019 年 12 月召开的中央经济工作会议强调，"继续实施积极的财政政策和稳健的货币政策。稳健的货币政策要灵活适度，保持流动性合理充裕，货币信贷、社会融资规模增长同经济发展相适应，降低社会融资成本。"为应对疫情对经济的冲击，财政货币政策积极发力。2020 年 2 月 7 日，在国务院应对新型冠状病毒感染的肺炎疫情联防联控机制举行的新

闻发布会上，人民银行副行长、外汇局局长潘功胜表示，"要加大逆周期调节的强度，保持流动性合理充裕，为实体经济提供良好的货币金融环境"。2月21日召开的中央政治局会议提出"积极的财政政策要更加积极有为，发挥好政策性金融作用。稳健的货币政策要更加灵活适度，缓解融资难融资贵"。随着积极财政政策和稳健货币政策的发力，房地产企业融资环境将边际向好。

但在当前房地产行业杠杆水平已处于较高水平的情况下，预计2020年房地产行业仍以控杠杆为主基调。截至2019年四季度末，房地产贷款余额达到44.41万亿元，在金融机构人民币贷款余额中占比达到29%，已接近亚洲金融危机爆发时30%的风险警戒线（见图13-17）。2019年5月份以来，银保监会陆续发文严查房地产违规融资和资金绕道进入楼市，高度警惕房地产泡沫化、金融化，房企融资环境收紧力度超市场预期。未来房地产行业通过加杠杆实现上行或反弹的可能性不大。

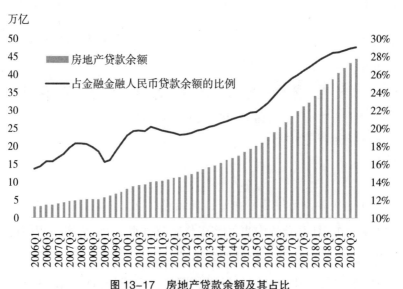

图13-17　房地产贷款余额及其占比

资料来源：中国人民银行，CEIC数据库。

（四）房地产政策致力于促进市场平稳健康发展

自 2016 年底中央经济工作会议首次提出"坚持房子是用来住的，不是用来炒的"定位以来，房住不炒的定位始终引领房地产调控总思路。2019 年 12 月召开的经济工作会议再次明确"要坚持房子是用来住的、不是用来炒的定位，全面落实因城施策，稳地价、稳房价、稳预期的长效管理调控机制，促进房地产市场平稳健康发展。"房住不炒定位的长期坚持有助于引导购房者预期趋于理性。

2019 年 12 月 23 日召开的全国住房城乡建设工作会议中，将"着力稳地价稳房价稳预期，保持房地产市场平稳健康发展；着力完善城镇住房保障体系，加大城市困难群众住房保障工作力度；着力培育和发展租赁住房，促进解决新市民等群体的住房问题"作为 2020 年的重点工作，并明确"长期坚持房子是用来住的、不是用来炒的定位，不把房地产作为短期刺激经济的手段"。稳地价、稳房价、稳预期的长效管理调控机制有助于市场平稳健康发展。

三、预计下半年房地产开发投资增速转正，全年投资增速在 4% 左右

2019 年年初以来，房地产开发投资增速的高位运行主要来源于两个方面。一是在建规模的增加。全年房屋施工面积同比增加 8.7%，建安工程投资同比增加 7.9%，对投资增速贡献了 5.0 个百分点。二是土地购置费的增加。受前期地价较快上涨的影响，叠加房屋新开工面积的持续增加，2019 年以来土地购置费保持较快增加。全年土地购置费同比增加 14.5%，对投资增速贡献了 4.4 个百分点。2020 年 1–5 月，土地购置费仍对房地产开发投资发挥正向拉动作用（见图 13–18）。

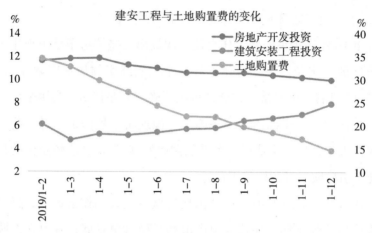

图 13–18　建安工程与土地购置费的变化

资料来源：国家统计局。

但从 2020 年来看，这两项投资增长的主要拉动力都将减弱。第一，伴随着当前住房库存水平的上升和未来住房需求的高位回归，预计 2020 年房地产企业房屋新开工面积和商品房销售面积均将出现 5% 左右幅度的减少，这对房屋在建规模的增长形成负向拉动。此外，房企融资环境的收紧也对开发投资增长形成直接抑制。这意味着 2020 年的建安工程投资难以高于 2019 年。第二，土地购置费与领先一年的成交地价变化趋势之间存在着较强的相关性（见图 13–19）。2019 年以来，成交地价同比增幅总体呈下降趋势，并在 5 月份和 6 月份出现负增长，全年同比增幅为 3.1%，处于历史较低水平。这意味着 2020 年房地产开发投资中的土地购置费增幅也将下降，从二者的函数关系来估计，2020 年土地购置费的增幅将逐步降至个位数。从工程在建量和房地产开发投资构成两个方面的模型估计结果来看，2020 年全年房地产开发投资增速在 4% 左右，比 2019 年投资增速下降约 6 个百分点。

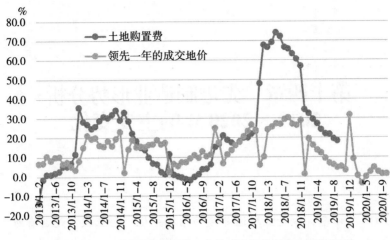

图 13-19　土地购置费与领先一年的成交地价变化之间的关系

资料来源：国家统计局。

第十四章　先进制造业形势分析：
2019—2020 年的主要变化

2019 年以来，制造业增速趋缓而结构分化，企业收入效益有所下滑，创新和智能化步伐加快，贸易和投资承压增长，产业发展生态不断改善。当前，产业结构矛盾依然突出，企业组织结构有待优化，粗放发展模式仍待改观，人力资源供给支撑不足，制度性交易成本仍然较高。展望 2020 年，我国制造业增长挑战明显增加，尤其是新冠疫情将从供需两个方面对制造业增长形成明显冲击。未来，产业结构高级化面临突破，产业智能化将不断纵深拓展，产业绿色化成大势所趋。

2019 年以来，在内外部风险挑战明显上升背景下，我国制造业负重前行、承压增长，产业结构调整取得积极进展，产业模式转型和动能转换逐步加速。

第一节　2019 年我国制造业发展形势

一、制造业增速趋于放缓，产业结构调整分化

2019 年，我国多数制造行业增加值保持增长态势，规模以上制造业增加值同比增长 6%，增幅比 2018 年下降 0.2 个百分点，快于规模以上工业平均增速。与 2018 年相比，制造业 31 个大类行业中，有 15 个行业增加值增速同比回升。年底市场预期有所改善，11、12 月份制造业采购经理指

数（PMI）均为 50.2%，连续两个月回升至荣枯线以上。石化化工、钢铁、有色金属和电子计算机、集成电路等行业主要产品产量保持不同幅度增长。2020 年前 5 个月，受新冠肺炎疫情冲击，制造业增加值同比下降 2.8%。

在下行压力加大的同时，不同行业发展有所分化。一方面，受价格拉动，部分传统制造业增长有所加快，2019 年，化学纤维制造业、黑色金属冶炼和压延加工业、有色金属冶炼和压延加工业、非金属矿物制品业增加值增速分别比 2018 年提高 4.3、2.9、1.4、4.3 个百分点。另一方面，在创新驱动下，部分装备制造业、节能环保型和高新技术产业增长也相对较快，释放了产业转型升级的积极信号。2019 年，电气机械和器材制造业增加值增长 10.7%、仪器仪表制造业增长 10.5%、计算机、通信和其他电子设备制造业增长 9.3%，铁路、船舶、航空航天和其他运输设备制造业增长 7.4%，均不同程度快于制造业平均增速。尤其是废弃资源综合利用业增加值增长 13.1%，比 2018 年加快 8.8 个百分点，比制造业平均增速高出 7.1 个百分点。规模以上工业高技术制造业增加值增速 8.8%，快于规模以上制造业 2.6 个百分点。（见表 14-1）2020 年前 5 个月，尽管制造业整体受挫下降，高技术制造业增加值仍同比增长 3.1%。

表 14-1　2019 年增速高于制造业平均水平的行业增加值增长及增速变化（%）

指标	2018 年	2019 年	2019-2018 年
制造业	6.2	6.0	-0.2
金属制品、机械和设备修理业	11.6	13.9	2.3
废弃资源综合利用业	4.3	13.1	8.8
化学纤维制造业	7.6	11.9	4.3
电气机械和器材制造业	7.3	10.7	3.4
仪器仪表制造业	6.2	10.5	4.3
黑色金属冶炼和压延加工业	7	9.9	2.9
计算机、通信和其他电子设备制造业	13.1	9.3	-3.8
有色金属冶炼和压延加工业	7.8	9.2	1.4

续表

指标	2018 年	2019 年	2019-2018 年
非金属矿物制品业	4.6	8.9	4.3
铁路、船舶、航空航天和其他运输设备制造业	5.3	7.4	2.1
专用设备制造业	10.9	6.9	-4
医药制造业	9.7	6.6	-3.1
酒、饮料和精制茶制造业	7.3	6.2	-1.1

数据来源：国家统计局。

　　2019 年，我国制造业增加值占 GDP 的 27.2%，比 2018 年下降 2.2 个百分点，但仍远高于德国、日本、美国等发达国家。比较之下，我国制造业增速仍高于世界平均水平和一些制造大国，因此相对地位继续保持提升态势。2018 年，以当年美元价格计算，我国制造业增加值稳居世界第一，高于美国和日本的总和，占世界的比重达到 28.2%，有超过 200多种工业品产量居世界首位。（见表 14-2）

表 14-2　我国和部分国家制造业在本国 GDP 占比及占世界的比重

指标	国家	2015	2016	2017	2018	2019
制造业增加值占 GDP（%）	中国	29.5	29.0	29.3	29.4	27.2
	德国	20.4	20.7	20.6	20.4	
	日本	20.8	20.7	20.7		
	韩国	27.1	26.8	27.6	27.2	
	美国	11.6	11.1	11.2		
	世界	15.6	15.5	15.6		
制造业增加值占世界（%）	中国	26.6	26.2	27.1	28.2	
	德国	5.6	5.8	5.7	5.7	
	日本	7.5	8.3	7.7		
	韩国	3.1	3.1	3.2	3.1	
	美国	17.3	16.9	16.5		
	世界	100.0	100.0	100.0	100.0	

数据来源：世界银行。

二、制造企业收入增长放缓，产业效益有所下滑

受市场需求走低等因素拖累，制造业销售收入增长明显放缓。2019 年前 11 月，规模以上制造企业营业收入增速由 2018 年的 8.6% 下降至 3.7%，其中，31 个制造业大类行业中有 27 个行业收入增速下降，1 个行业增速不变，仅 3 个行业增速提高。在需求走低和成本上升等多重因素挤压下，部分制造业效益下降幅度较大。2019 年，规模以上制造企业利润总额由 2018 年增长 8.7% 转为下降 5.2%，其中，31 个制造业大类行业中有 22 个行业利润增速下降，有 9 个行业增速提高。石油、煤炭及其他燃料加工业、黑色金属冶炼和压延加工业、化学原料和化学制品制造业、化学纤维制造业效益大幅下滑，利润总额分别下降 42.5%、37.6%、25.6%、19.8%。尤其是汽车制造业，由于产销持续低迷，收入和利润双双下降，分别同比下降 1.8% 和 15.9%。由于上述行业在制造业中产值比重较大，关联带动作用较强，因此很大程度拖累了制造业总体效益水平。从企业结构看，国有控股企业效益下滑显著，而私营企业利润保持了增长。2019 年，规模以上工业企业中的国有控股企业、股份制企业和外商及港澳台商投资企业利润总额分别同比下降 12%、2.9% 和 3.6%；而私营企业利润总额同比增长 2.2%。（见表 14-3）

表 14-3　规模较大的制造行业营业收入和利润增长（%）

行业	2019 年营业收入（万亿元）	营业收入增长（%）		利润总额增长（%）	
		2018 年	2019 年	2018 年	2019 年
制造业	93.3	8.6	3.7	8.7	−5.2
计算机、通信和其他电子设备制造业	11.4	9.1	4.5	−3.1	3.1
汽车制造业	8.1	3.4	−1.8	−4.7	−15.9
黑色金属冶炼和压延加工业	7.1	15.2	6.8	37.8	−37.6
化学原料和化学制品制造业	6.6	9.2	−1.0	15.9	−25.6
电气机械和器材制造业	6.5	6.7	5.9	1.0	10.8

续表

行业	2019 年营业收入（万亿元）	营业收入增长（%）		利润总额增长（%）	
		2018 年	2019 年	2018 年	2019 年
有色金属冶炼和压延加工业	5.6	8.7	7.2	−9.0	1.2
非金属矿物制品业	5.4	15.4	9.9	43.0	7.5
石油、煤炭及其他燃料加工业	4.8	21.1	4.0	10.7	−42.5
农副食品加工业	4.7	3.8	4.0	5.6	3.9
通用设备制造业	3.8	7.8	3.9	7.3	3.7
金属制品业	3.4	10.1	4.9	8.0	5.9
专用设备制造业	2.9	10.7	6.3	15.8	12.9
橡胶和塑料制品业	2.5	3.6	2.0	3.6	12.0
纺织业	2.4	−0.2	−1.8	5.3	−10.9
医药制造业	2.4	12.4	7.4	9.5	5.9

数据来源：国家统计局。

三、创新能力稳步提高，制造智能化步伐加快

当前，我国制造业进入动能转换重要阶段，研发投入和技术产出水平不断提升，创新驱动作用不断增强。根据世界知识产权组织（WIPO）发布的全球创新指数（GII），中国连续第四年保持上升势头，2019 年世界排名由 2018 年的第 17 位上升到第 14 位，是中等收入经济体中唯一进入前 30 名的国家，具体看，本国人专利数量、本国人工业品外观设计数量、本国人商标数量以及高技术出口净额和创意产品出口等指标位居榜单前列。技术创新不仅推动越来越多的制造企业迈向产业链中高端，也不断催生更多知识密集型的高级产业，深刻改变着产业格局。

近年来，以数字技术为引领的数字经济蓬勃兴起，促进制造业智能化升级和跨界融合发展。2019 年以来，国家和各级政府稳步实施制造业创新中心、工业强基、智能制造等重大工程，制造业逐步向高端化和智能化升级。诸多制造行业工业机器人应用密度不断提高，目前我国每万

名制造业员工所拥有的机器人数量超过 140 台，高于全球各地区的平均水平。尽管由于我国汽车等产业走低影响，工业机器人安装总量有所下降，但仍然是世界上最大的工业机器人市场，占全球总安装量的 36% 左右，超过了欧洲和美洲机器人安装总数。（见表 14-4）

表 14-4 世界工业机器人主要市场分布

行业	工业机器人需求占世界总量	主要国家
合计	74%	中国、日本、韩国、美国和德国
汽车行业	30%	中国、日本、德国、美国和韩国
电气/电子行业	25%	中国、韩国、日本
金属和机械工业	10%	芬兰、瑞典、瑞士、比利时、奥地利、意大利和丹麦

数据来源：国际机器人联合会（IFR）：《全球机器人 2019——工业机器人》。

2019 年是我国 5G 商用元年，截至 2019 年底，全国已开通 5G 基站 12.6 万个，52 座城市实现了 5G 商用。预计 2020 年将部署超过 40 万个 5G 基站，年底有望实现全国所有地级市覆盖 5G 网络。随着规模效应显现和资费降低，5G 技术与人工智能、云计算、大数据加快融合将不断释放"乘数效应"，加速向制造业各领域、产业链各环节广泛渗透和拓展，基于新技术的新产品、新业态、新模式正在推陈出新，一些传统制造企业开始由硬件制造向物联网服务延伸转型。

四、贸易投资承压增长，产业开放水平进一步提升

2019 年，受中美贸易摩擦和"单边主义"抬头的负面影响，我国制造业外部环境空前复杂多变，对美出口难度明显增加。尽管如此，我国坚定维护多边贸易，促进外贸优进优出，提升传统优势产品出口竞争力，支持先进技术设备、关键零部件进口，推动货物贸易和服务贸易融合发展。在逆境和重压之下中仍然实现了货物贸易增长。2019 年我国货物贸易进出口总值 31.5 万亿元人民币，同比增长 3.4%。其中，出口 17.2 万亿

元，增长 5%；进口 14.3 万亿元，增长 1.6%；贸易顺差 2.9 万亿元，扩大 25.4%。我国工业出口交货值同比增长 1.3%，增速比 2018 年下降了 7.2个百分点（见表 14-5）。而岁末年初以来，随着新冠疫情不断在全球蔓延，国际市场需求受到重创，由此给未来中国制造业出口带来很大不确定性。

同时，我国坚持更高水平扩大开放，加快构建产业开放新格局。全面实行准入前国民待遇加负面清单管理制度，大幅度放宽外资市场准入，一般制造业开放进一步扩大，外资结构逐步由劳动密集型产业向资本、技术密集型产业升级。2019 年，我国实际利用外商直接投资金额增长 2.6%，略低于 2018 年水平。此外，重点产业领域国际化布局不断拓展，以"一带一路"建设为重点，国际技术和产能合作深入开展，对外投资规模持续扩大。越来越多的制造企业更好融入全球产业分工体系，一批国际化的先进制造集群发展壮大，"中国制造"的品牌影响力和国际市场竞争力进一步提高。

表 14-5　工业出口交货值和全国利用外资增长（%）

	工业出口交货值	实际利用外商直接投资金额
2015 年	−1.8	5.6
2016 年	0.4	−0.2
2017 年	10.7	4
2018 年	8.5	3
2019 年	1.3	2.6

注：2019 年实际利用外商直接投资金额增长为前 11 个月数据。

五、营商环境积极改善，产业生态不断优化

2019 年以来，各级政府普遍更加重视优化营商环境，努力激发企业发展活力和动力。围绕推动制造业高质量发展，大力推进简政放权，由注重事前审批向事中事后监管转变，尽量减少对微观经济活动的直接干预，大幅降低企业税费负担。同时，加快构建公平竞争的市场环境，清理废除妨碍统一市场形成和公平竞争的各种规定，不断健全公平竞争审

查、市场准入负面清单、社会信用体系等方面制度，完善市场监管体制，促进了资源要素高效流动和优化配置。

通过大力推进改革，中国连续第二年跻身全球营商环境改善最大的经济体排名前十，根据世界银行发布的《全球营商环境报告 2020》，中国营商环境总体排名比 2018 年提升 15 位，跃居全球第 31 位。具体来看，2019 年，我国很多城市通过全面整合将公司印章引入一站式服务，创办企业所需时间由 2015 年的 29.3 天以上缩减到 8.6 天，已经快于日本，接近德国、韩国水平。我国企业注册的启动程序数量由 2015 年的 9 项减少到 4 项，已少于德国、日本和美国。通过简化程序电力获取更容易，通电所需时间由 2015 年的 143 天减少到 32 天，快于日本和美国，电价透明度也明显提高。多种举措使企业纳税便利化明显提高，筹纳税所需时间由 2015 年的 261 小时缩减到 138 小时，快于德国、韩国和美国。企业征信信息深度指数由 2015 年的 6 提高到 8 的最高水平。纳税项数目缩减到 7 项，企业信息披露程度指数达到 10，均高于主要制造业大国水平。此外，通过一系列改革，我国在跨境交易、合同执行、破产清算等方面也取得了积极进展，制造业发展的产业生态正在逐步优化。（见表 14-6）

表 14-6　2019 年我国营商环境部分优势指标及国际比较

国家	创办企业所需时间（天）	企业注册的启动程序（数量）	通电所需时间（天数）	筹纳税所需时间（小时）	纳税项（数量）	征信信息深度指数（1=低至 8= 高）	企业信息披露程度指数（0=少至 10= 多）
中国	8.6	4	32	138	7	8	10
德国	8	9	28	218	9	8	5
日本	11.2	8	80.9	128.5	19	6	7
韩国	8	3	13	174	12	8	8
美国	4.2	6	89.6	175	10.6	8	7.4
世界			82.5	232.9	23.1	5.2	5.8

数据来源：世界银行数据库。

第二节　当前我国制造业发展面临的主要矛盾

一、供给质量与市场需求的矛盾

当前，制造业供给质量仍难以满足国内外不断升级的市场需求，对经济社会高质量发展的支撑作用有待提高。产品供需求结构性矛盾不断凸显，一方面，部分产业尤其是传统行业产能过剩问题仍未根本解决，大量低端无效供给仍未出清；另一方面，关键领域受制于人现象突出，大量高端装备、重要零部件和核心技术还依赖进口，集成电路、核心软件等方面尤为严重。我国消费品产量连年增长，但优质、安全产品供给却相对不足，境外消费、"海淘"购物不断增长。由于技术和品牌积累不足，相比世界先进水平，我国制造业创新能力、产品品质和品牌影响力差距依然较大，整体企业竞争力和产业控制力仍然较弱。目前我国研发投入总体规模仍不到美国的一半，研发投入强度低于世界制造强国 3% 左右的水平。2019 年尽管我国创新指数全球排名上升至 13 位，但仍与我国世界第二大经济体和第一制造大国的地位存在偏差。根据福布斯发布的 2019 全球品牌价值 100 强，我国仅有华为一家公司上榜。

国际经验表明，在工业化中后期，经济水平提升有赖于制造业结构向高加工度和技术密集化升级。近年来我国装备制造业和高新技术产业增长有所加快，产业加工度和技术密集度有所提升。但受多方因素影响，上游能源原材料价格上涨相对较快，加之其他要素上升、中美贸易摩擦等外部冲击叠加作用，装备制造业和高新技术产业发展困难有所加大，2019 年，金属切削机床、工业机器人、汽车等具有一定技术密集度的产品产量分别下降 18.8%、6.1% 和 8.0%。可见，产业结构升级难度仍然较大，产业加工度和技术密集度升级存在较大阻力。

二、企业实力与开放竞争的矛盾

从企业规模结构看，除少数垄断性行业外，我国大多数行业企业普遍规模较小，大企业缺乏，产业集中度不高。大型、特大型企业多数由传统国有企业改制重组而来，以国有和国有控股企业为主，普遍存在规模庞大、主业不突出、创新动力不足、竞争力不强等问题。大型民营企业少，创新能力强、具有行业辐射和引领作用的龙头企业更少，仍有不少依靠补贴、生存困难、效率低下的落后企业长期不能退出市场。大型企业主导的产业集群少，大中小企业分工协作体系不健全。近年来，我国入围世界前列的龙头企业主要是垄断性行业和国有企业，制造业企业、民营企业和高科技企业相对较少，行业引领和带动作用较弱。

从所有制结构看，目前我国还有相当一部分国有企业的业务分布仍然过宽，战线长、行业散导致主业实力不突出，一些国有企业体制改革步伐较慢，效率偏低，市场灵活度不足，难以适应日新月异的市场变局。特别是在一些行业和地区，国有企业长期亏损却难以及时退出市场，由此形成"僵尸企业"，对整体效益造成较大负面影响，目前规模以上工业企业中，国有企业总资产收益率、净资产收益率等多项效率指标普遍低于私营企业和外资企业。

从企业素质结构看，创新创业型企业所占比重少。众多制造类企业核心竞争力和创新能力严重不足，在全球产业链、价值链分工中处于中低端依附地位，缺乏产业控制力和话语权。目前，我国规模以上工业企业研发投入占主营业务收入的比重仅为 1% 左右，远低于发达国家 3% 左右的水平。无疑，未来在新一轮更高水平开放中，国内企业将面临更加激烈的国际竞争。

三、粗放模式与资源环境的矛盾

当前，全球气候风险正在明显加剧，人民群众向往绿水青山的热情日益高涨，党的十八大以来，国家将生态文明建设提升到空前高度，"绿水青山就是金山银山"理念深入人心，社会各界严格环保标准、加强生态保护的呼声越来越高，坚持走绿色安全发展之路、加快实现人与自然和谐成为必然选择和迫切任务。

尽管经过改造提升和淘汰落后，我国制造业能源资源利用和环保水平正不断改观，能效和水效大幅提升，废水、废气等主要污染物排放强度开始呈现减少趋势。但长期形成的传统粗放产业发展模式仍广泛存在，短期内尚难根本转变，资源能源利用效率、主要污染物排放强度与国际先进水平仍然存在明显差距。目前，我国单位 GDP 的二氧化碳排放量超过界平均的两倍，相当于美国、德国、日本等国家的三倍以上。2017 年，我国自然资源租金总额占 GDP 的比重为 14.96‰，而美国、德国、日本和韩国分别为 4.73‰、0.69‰、0.28‰ 和 0.34‰，其中，石油、矿产、煤炭、森林等自然资源租金占比均显著高于主要发达国家水平。（见表 14-7）目前我国能源资源消耗和污染排放总量已相当可观，未来继续增长将遭遇日益明显的顶板约束。此外，安全生产形势依然严峻，2018 年化工行业发生了"7·12"事故、"11·28"事故，2019 年又发生了"3·21"事故，给人民生活和生态环境带来严重影响。产业发展水平偏低，不仅浪费了大量宝贵要素和稀缺资源，给人民生活质量和生态环境带来严峻挑战，也加剧了国际经贸摩擦，削弱了中国经济国际影响力。

表 14-7　我国自然资源租金占 GDP 比重及国际比较

国家	自然资源租金占 GDP（‰）				
	总额	石油	矿产	煤炭	其他
中国	14.96	3.35	4.22	5.34	2.05
德国	0.69	0.11	0.00	0.18	0.39
日本	0.28	0.02	0.05	0.00	0.21
韩国	0.34	0.02	0.16	0.01	0.14
美国	4.73	1.77	0.81	1.80	0.35
世界	21.52	11.08	4.56	2.15	3.74

数据来源：世界银行。

四、人力资源与高端发展的矛盾

当前，我国人口结构正在发生快速变化，人口老龄化趋势不可逆转。2019 年我国 60 周岁及以上人口 2.54 亿人，占总人口的 18.1%，65 周岁及以上人口 17603 万人，占总人口的 12.6%。未来老龄化速度可能以较高斜率上升，"十四五"期间或进入中度老龄化社会。伴随着我国劳动总人口减少趋势，我国长期赖以参与国际竞争的低成本劳动力优势正在逐步消失，产业结构升级成为迈向更高发展水平的必然选择，这无疑对人力资源支撑能力提出新挑战、新要求。

同时，我国人力资源结构错配显著，人力资源资本化效率亟待提高。尽管我国每年近 900 万人的大学毕业生，加之农民工、退役军人、去产能转岗职工等重点群体，人力资源总量十分可观，但与制造业高质量发展要求对比，高端和技能型人才供给仍然严重不足。2017 年，我国每百万人 R&D 研究人员仅 1235 人，而德国、日本、韩国和美国（2016）已分别达到 5036 人、5305 人、7514 人和 4256 人。（见表 14-8）随着越来越多的企业向中高端水平迈进，对于操作、维护自动化设备的高级技工、工程师等中高端人才需求旺盛。由于老一代农民工技能单一、年龄偏大、学习能力较差，难以适应新产业新技术的要求，而新生代农民工就业观念快速改变，对于一些传统加工制造业岗位不感兴趣，并且教育结构不合理，职业教育与学历教育非均衡发展，且职业教育与培训的技术水平较低，系统性和科学性不强，导致技能型劳动力有效供给严重不足，制约了企业创新发展和产业迈向中高端。

表 14-8　我国每百万人 R&D 研究人员数量及国际比较

国家	2015	2016	2017
中国	1159	1206	1235
德国	4748	4878	5036
日本	5173	5210	5305

续表

国家	2015	2016	2017
韩国	7045	7113	7514
美国	4280	4256	
世界	1478		

数据来源：世界银行数据库。

五、产业生态与创新升级的矛盾

尽管一系列改善营商环境措施取得积极成效，但制约制造业创新发展的体制机制因素依然较多，公平竞争的产业生态亟待进一步优化。市场准入许可还有待简化，部分领域不合理规章制度清理还不到位，"玻璃门""弹簧门""旋转门"等隐性壁垒仍未完全消除，尤其是针对民营企业、中小企业的显性和隐性歧视仍然不同程度存在。

目前，尽管我国创办企业所需时间已大幅缩减到8.5天，但仍慢于德国（8天）、韩国（8天）、美国（4天）。长期困扰企业的融资难、融资贵顽疾仍未根本破解，2019年，我国法律权利力度指数为4，低于德国（6）、日本（5）、韩国（5）、美国（11），表明我国担保品法和破产法对获得信贷的支持仍待加强。尽管一系列减税降费取得了积极进展，但与部分先行工业化国家比较，我国企业税费负担仍然较重。2019年，我国总税率占商业利润的59.2%，比德国和日本高出10几个百分点，比韩国和美国高出20几个百分点。我国劳动税和缴费占商业利润的46.2%，比德国和日本高出20几个百分点，比韩国和美国高出30几个百分点。

此外，我国企业破产效率仍然偏低，2019年，我国企业完成破产平均需要1.7年时间，高于德国（1.2年）、日本（0.6年）、韩国（1.5年）、美国（1年）。（见表9）由于产业退出渠道不畅，市场出清进展缓慢，导致"劣币驱逐良币"现象时常出现，阻碍了资源优化配置和效率提升，对制造业升级和健康发展形成很大制约。不同地区之间制造业发展环境差异很大，经济水平相对越低的地区往往受到传统思维束缚越大，产业管理理念和效率相对越低，产业生态改善的空间越大。

表 14-9　2019 年我国营商环境部分优势指标及国际比较

国家	法律权利力度指数（0= 弱，12= 强）	总税率占商业利润（%）	劳动税和缴费占商业利润（%）	完成破产所需时间（年）
中国	4	59.2	46.2	1.7
德国	6	48.8	21.5	1.2
日本	5	46.7	18.6	0.6
韩国	5	33.2	13.7	1.5
美国	11	36.6	9.8	1
世界		40.4	16.2	2.5

注：法律权利力度指数衡量的是担保品法和破产法通过保护借款人和贷款人权利而促进贷款活动的程度。指数范围由 0 至 12，数值越高表明担保品法和破产法越有利于获得信贷。

第三节　2020 年及未来制造业发展趋势展望

一、制造业增长挑战明显增加

国际方面，贸易摩擦加剧，单边主义有抬头趋势，多边决策渠道面临挑战，国际商品和资本流动成本不断推高。由于各国政策和市场不确定性增加，越来越多企业选择谨慎投资或推迟投资计划，全球价值链扩张出现停滞风险，全球经济发展动力受到削弱，我国制造业低成本比较优势和传统出口模式将面临严峻挑战。近期欧美再工业化重心主要集中在高端制造和新兴产业领域，与我国未来制造业升级方向高度吻合，制造业中高端领域争夺也将更趋激烈。

国内方面，未来，我国工业化即将进入后期阶段，城镇化即将进入"后半场"，下一步城镇化动力更多来自农业转移人口市民化，重心在于追求高品质健康城镇生活，大规模造城扩量的空间不断缩小，基础设施建设将逐步由数量扩张向质量提升转变。经过多年快速增长，我国诸多大宗普通商品市场普及率已达到较高水平，一些产品需求数量规模增长接近峰值拐点，未来继续高速扩量的潜能正在缩小，而多样化、个性化、品质化产品需求增长有望加速。岁末年初突如其来的新冠肺炎疫情无疑将对经济活动形成一定负面冲击，居民消费信心恢复可能需要数月时间，企业尤其是一些中小企业可能遭受较大经营困境，部分居民当期收入和未来收入预期面临下降风险，从而拖累消费能力，拉低产品和服务消费意愿，制造业拓展内需市场难度有所加大。

受多重因素影响，当前制造业投资开始呈现下行趋势。2019 年，制造业固定资产投资增速由 2018 年的 9.5% 下降至 3.1%。在制造业 31 个行业大类中，有 14 个行业投资负增长，有 22 个行业投资增速同比下降。产值规模最大的 15 个行业中有 11 个行业投资增速下降，其中，电气机械和器材制造业、金属制品业、纺织业、非金属矿物制品业、农副食品加工业投资增速分别同比下降 20.9、19.3、14、12.9、8.7 个百分点。（见表 14-10）当前投资是未来产出的基础，由此推断，未来制造业增长或将面临较大挑战。

表 14-10　规模较大的制造行业固定资产投资增长（%）

行业	2018	2019
制造业	9.5	3.1
计算机、通信和其他电子设备制造业	16.6	16.8
汽车制造业	3.5	-1.5
黑色金属冶炼和压延加工业	13.8	26
化学原料和化学制品制造业	6	4.2
电气机械和器材制造业	13.4	-7.5
有色金属冶炼和压延加工业	3.2	1.2
非金属矿物制品业	19.7	6.8
石油、煤炭及其他燃料加工业	10.1	12.4
农副食品加工业	0	-8.7

行业	2018	2019
通用设备制造业	8.6	2.2
金属制品业	15.4	−3.9
专用设备制造业	15.4	9.7
橡胶和塑料制品业	5.4	1
医药制造业	4	8.4
纺织业	5.1	−8.9

数据来源：国家统计局。

2020 年以来，新冠肺炎疫情在全球蔓延，对我国制造业的冲击仍在持续，供需共同作用将显著拉低制造业增速，恢复时间则与疫情情况、后续对冲措施密切相关。与此同时，疫情将一定程度刺激医疗健康及相关工业增长，助推线上消费等相关需求增长，为制造业企业加快数字化、智能化转型提供了重要契机。总体判断，2020 年下半年我国制造业将可能在困境中保持低位运行，更加严峻的发展环境也将倒逼企业不断创新升级，加速企业优胜劣汰的过程。

二、产业结构高级化面临突破

先行工业化国家实践表明，在工业化中后期，受产品需求总量和资源要素供给约束，制造业规模扩张动力将趋于减弱；只有实现制造业结构将向高加工度和高技术密集度方向升级，才能保持产业持续发展，从而在更高水平上实现产业供需结构再平衡。具体体现在一般性大宗产品制造业比重趋于下降，而附加值较高的装备制造业和高技术产业比重逐步提升。目前，我国制造业结构高度化趋势开始显现，产业加工度和技术密集度有所提高。按照主营业务收入计算，2015 年至 2019 年，我国计算机、通信和其他电子设备制造业占制造业比重由 9.2% 提到 12.1%。而装备制造业占比则呈现徘徊波动态势，2015 年和 2019 年占比分别为

27.9% 和 27.6%。

　　与发达国家相比，我国制造业加工度和技术密集度仍然较低。2018年我国装备制造业产值在制造业的占比为29%，而美国（2016）、德国（2015）和日本（2014）装备制造业占比分别为36.7%、51.7% 和 39.5%。2016年，我国机械和运输设备制造业增加值占比24.5%，而德国、日本、韩国、美国机械和运输设备制造业增加值占比分别为44.1%、39.6%、48.7%、28.9%。尤其是诸多高端装备仍严重依赖国外供应，价格高昂且受制于人。虽然目前我国电子信息产品制造业在制造业的占比高于美国、德国、日本等国家，但我国多数企业以中低端产品制造和加工组装环节为主，质量品牌水平不高，技术创新能力偏弱。相比主要制造大国，我国原材料产业规模较大、占比较高，但仍以大宗中低端产品为主，多数产品质量可靠性、稳定性、一致性与发达国家存在较大差距，诸多领域所需的高端和新材料产品供给不足、短板突出。

　　未来，随着我国制造业竞争位势进一步提高，在供需结构性矛盾的作用下，我国制造业结构高度化将步入窗口期，产业加工度和技术密集度有望逐步上升。

表 14-11　制造行业占制造业增加值的比例（2016）

国家	食品、饮料和烟草	纺织品与服装行业	化学品	机械和运输设备	其他制造业
中国	11.8	10.0	10.8	24.5	42.8
德国	7.5	1.3	10.4	44.1	36.7
日本	12.4	1.6	11.0	39.6	35.5
韩国	6.7	3.5	10.3	48.7	30.8
美国	15.5	1.3	16.3	28.9	37.9

　　数据来源：世界银行数据库。

三、产业数字化将不断纵深拓展

　　近年来，新科技和产业变革风起云涌，以新一代信息技术为基础、以数据为核心投入要素，人工智能、大数据、云计算、物联网、先进机器人和增材制造等先进数字化技术正在根本改变制造业生产性质，物理制造系统和数字化制造系统之间的界限日渐模糊。世界各国纷纷抢滩布局数字经济，主要制造业国家的 ICT（信息通信技术）资本增长明显快于其他资本增速，ICT 日益成为驱动各国制造业规模增长和效率提升的重要因素。2019 年，党的十九届四中全会首次提出将数据作为重要生产要素参与分配，各地对数字经济重视与日俱，制造业智能化转型有望加速。

目前，总体上我国制造业数字化转型仍在起步期，机械化、电气化、自动化、智能化多种模式并存，地区、行业、企业间发展很不平衡，比较之下，电子信息、汽车等行业智能化水平较高，而多数传统制造企业智能化发展仍处于初级阶段。随着我国人口老龄化趋势加剧，劳动力供给形势日趋紧张，劳动力成本将持续上升，制造业"机器换人"进程将有所加快，工业机器人应用领域将不断扩大。未来，数字化革命加速演变，基于数字化、网络化、智能化的技术改进，离散型行业制造装备的数字化、网络化、智能化步伐加快，流程型行业过程控制和制造执行系统将更加普及，关键工艺流程数控化率大大提高。另一方面，一些互联网企业逐步向传统制造领域拓展，部分基础电信企业、软件服务企业加大了为工业企业提供综合解决方案的力度。随着数字技术进一步突破，通过跨领域、跨区域互联互通、融合互动。帮助生产商利用目前尚且无法进入的市场，在更广泛范围内实现产业要素资源更高效、更精准的优化配置。数字化将带动智能化生产、网络化协同发展，不断催生新模式、新业态、新产业。

四、产业绿色化成大势所趋

近年来，世界上的极端天气事件日益增多，气候变化对人类健康和生计以及全球经济活动构成空前威胁。联合国首席经济学家埃利奥特·哈里斯强调："我们迄今所认为的长期挑战，如气候变化，已成为眼前的短期风险。"推动绿色增长、实施绿色新政成为各国面临的不二选择。针对日益严峻的生态环保形势，推动绿色发展的呼声越来越高，国家将生态文明建设提升到空前高度，加快制造业绿色化转型成为大势所趋。

2020 年及未来很长时间，我国改善生态环境质量仍将处于关键时期，推进绿色低碳循环发展的方向不变、力度不减，制造业是打好污染防治攻坚战的重点领域之一，传统制造业转型升级将是践行绿色发展理念的重要保障。随着资源环境约束更加强化，国家环保标准将继续提高，环保执法更趋严格。在政策和市场共同作用下，我国制造业能源资源利用效率、清洁生产水平有望进一步提升，绿色技术和工艺将加快研发突破和推广应用，绿色制造产业将加快发展成为经济增长新引擎，绿色产品和服务有效供给不断增加，科技含量高、资源消耗低、环境污染少的绿色制造体系将逐步形成并不断完善。

未来，我国制造业结构、质量和效率面临深刻变革，制造业高质量发展正在步入窗口期，制造强国建设可望不断取得新突破。

第十五章　基础设施行业形势分析：
2019—2020 年的主要变化

交通运输、能源、水利、通信等传统基础设施以及以通信为技术载体的 5G、人工智能等新型基础设施是经济社会发展的重要支撑。2019年，重点围绕更好支撑全面建成小康社会和国家战略实施，更好满足人们美好生活需要，我国基础设施发展成绩显著，网络布局、结构功能和供给能力不断提升。交通运输、能源、水利、通信、市政等传统基础设施领域，加快补齐发展短板，持续优化结构功能，不断推动新技术新模式等应用；以 5G、人工智能、工业互联网、物联网等为代表的新型基础设施发展迅速，应用广度和深度不断拓展。2020 年是全面建成小康社会和"十三五"规划收官之年，传统和新型基础设施均应持续发力，按照新发展理念和高质量发展要求，以整体优化、协同融合为导向，以网络化、智能化、绿色化为重点，统筹存量和增量、设施和服务、城市和乡村、传统和新型、国际和国内，创新发展模式，深化重点领域改革，完善监管调控体系，健全应急保障和风险防控机制，着力推动建设集约高效、经济适用、智能绿色、安全可靠的现代化基础设施体系。

2019 年是新中国成立七十周年，我国交通运输、能源、水利、通信、市政等传统基础设施网络布局和结构功能不断完善，供给能力和水平不断提升，5G、人工智能等新型基础设施快速发展，传统与新型基础设施协同共进为经济社会高质量发展提供了有力支撑和保障。2020 年是我国实现全面建成小康社会目标的收官之年，基础设施建设发展面临新的机遇和挑战，也肩负新的历史使命，应以更好满足人们美好生活需要为根本，按照新发展理念和高质量发展要求，围绕国家重大战略实施，加快转变基础设施发展模式，推进各类基础设施统筹联动、融合协同发展，精准补齐发展短板，着力构建现代化基础设施体系。

第一节　交通运输基础设施形势分析：2019—2020年的主要变化

本节中的交通运输基础设施主要包括铁路、公路、水路、民航等基础设施，管道、城市轨道交通、停车场等分别在能源、市政等部分予以分析。2019年我国交通运输基础设施建设成果丰硕，2020年将重点围绕支撑全面建成小康社会、实现"十三五"规划完美收官和交通强国建设等，加快补齐基础设施短板，全面提升运输组织和服务质量效益，有效降低全社会物流成本，加快推进新技术新模式应用，更好支撑宏观经济平稳运行和服务国家重大战略实施。

一、2019年交通运输基础设施发展形势

交通基础设施补短板力度继续加大。铁路方面，全国铁路固定资产投资完成8029亿元，投产新线8489公里，其中高铁5474公里。全国铁路营业里程达到13.9万公里，其中高铁3.5万公里。公路方面，全国公路建设投资完成21603亿元，全国高速公路里程达到15万公里左右，新改建公路33万公里，其中新改建农村公路29万公里，实施"畅返不畅"整治工程7.9万公里，新建农村地区资源路、旅游路、产业路8300余公里。水运方面，全国水运建设投资完成1106亿元，新增及改善高等级航道385公里，长江南京以下12.5米深水航道竣工验收，武汉至安庆段6米水深航道整治工程进展过半。民航方面，完成投资950亿元，达到历年最高

水平，新增颁证民用运输机场 5 个，境内运输机场（不含香港、澳门和台湾地区）共有 238 个，北京大兴国际机场正式投运，成都天府机场等大型工程加快建设。综合交通枢纽方面，一批辐射带动力较强的综合客运枢纽和货运枢纽（物流园区）开工建设，国家物流枢纽试点工作深入实施。

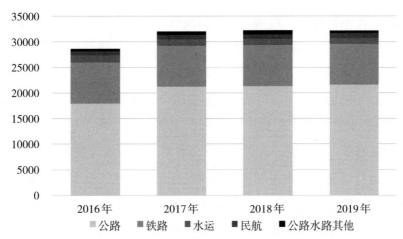

图 15-1　"十三五"时期以来我国交通固定资产投资完成情况（单位：亿元）

资料来源：2016 年、2017 年、2018 年交通运输行业发展统计公报，2016 年、2017 年民航行业发展统计公报，2019 年交通运输部快报数据。

服务国家战略的交通项目成效显著。京津冀交通一体化建设取得标志性成果，北京大兴国际机场正式投运，京张高铁全线通车，延崇高速建成，京雄高速等雄安新区对外骨干通道项目加快推进。长江经济带综合立体交通走廊加快构建，广昌至吉安等国家高速公路建成通车，长江黄金水道功能进一步提升。长江船舶标准化工作取得积极进展，长江水上综合服务区、水上洗舱站建设步伐加快。粤港澳大湾区交通运输加快发展，港珠澳大桥通车运行助推区域融合发展，南沙大桥建成通车，深中通道、西江航运干线扩能等一批重点工程有序建设，大湾区快速交通网络不断完善。长三角交通运输一体化发展步伐加快，实现上海、南京、杭州等主要城市间 1.5 小时快速通达，多个城市地铁实现"一码通行"，民航协同发展工作机制有效建立。黄河流域交通运输生态保护和高质量发展起步，高标准启动有关规划编制工作。海南自由贸易试验区交通基础设施重点项目加快建设。

智能化等交通基础设施增强交通物流发展动能。新一代国家交通控制网与智慧公路港口试点工作推进顺利，在基础设施数字化、车路协同等方面，为新一代国家交通控制网的进一步落地奠定了坚实基础。装备智能化水平不断提高，自动驾驶发展更进一步，百度、上汽等车企在多地获得可载人自动驾驶测试牌照，规模测试有序开展，我国首个智能高铁京张高铁建成投运。人工智能、区块链等新技术等走向纵深，停车电子收费系统在北京、上海等城市逐步实现全面覆盖，深圳地铁 11 号线成功试行 5G 车地通信技术成为全球首创。围绕形成"数字化＋供应链"全链路物流服务，物联网、人工智能、云计算、大数据等技术，无人装备、网络货运持续深化在物流和供应链领域应用，加快推动我国物流供应链数字化智能化网络化发展。229 家无车承运试点企业整合约 211 万辆货车，占全国营运货车保有量的 15.5%，较传统货运降低交易成本 6% 至 8%，推动行业平台化组织、规模化发展。

二、2020 年交通运输基础设施发展展望

精准补齐交通基础设施短板。以建设交通强国为指引，深入落实 2020 年中央经济工作会议和中共中央政治局关于当前经济工作的系列部署，对照"十三五"期规划目标任务，根据当前行业管理部门的规划部署，加强战略性交通基础设施建设，推动基础设施网络化。铁路方面，用足用好关于增加国家铁路建设资本金 1000 亿元的支持政策，加快推进重庆至昆明、和田至若羌等铁路项目建设，确保年度投产新线 4000 公里以上，其中高铁 2000 公里。实施一批国家高速公路、普通国道待贯通路段项目和拥挤路段扩容改造项目。升级改善内河航道 1200 公里左右。加快推进成都天府机场等重点枢纽工程建设。针对新冠肺炎疫情期间暴露出设施短板问题，围绕重点区域、重点城市，加快专业性、功能性物流、配送、

快递以及防护设施建设配套。

支撑全面建成小康社会和国家战略实施。脱贫是全面建成小康社会必须完成的硬任务，"四好农村路"工作将持续推进，下半年将加大工作冲刺力度，以"三区三州"为重点，贫困地区铁路、高速公路、普通国道等对外骨干交通网加快建设，高质量打赢交通脱贫攻坚战。交通"走出去"步伐不断加快，海外项目继续取得积极进展。京津冀地区、长江经济带、粤港澳大湾区、长三角地区、黄河流域交通一体化加快发展，丰雄商高铁、沿江高铁、沈海高速公路改扩建、武汉至安庆 6 米深水航道、南沙港四期等重大工程项目稳步推进，长三角车联网和车路协同技术创新试点工作启动，长三角、珠三角世界级机场群逐渐成形，有效助力区域竞争力提升。

持续推进降低物流成本工作。持续开展交通运输行业减税降费，坚决把政策落到企业。多式联运工作加快发展，铁路专用线进港口、物流园区及大型工矿企业将继续深入，水水联运、铁水联运设施衔接更加便捷，沿海港口重点货类装卸能力得到提升。ETC 技术应用不断拓展，货车不停车快捷通行将持续优化，在保障统筹推进常态化疫情防控和经济社会发展工作需要的同时继续推广高速公路差异化收费，货车车型标准化程度不断提升。依托国家物流枢纽建设，临港、临空经济快速发展，交通与物流融合程度不断提升，全社会物流成本不断降低。

推动智能绿色交通等新技术新模式发展。综合交通大数据体系不断发展，部分城市海陆空铁综合性运输监控平台开始试点，智能网联测试应用和北斗卫星导航系统应用不断拓展。以人工智能、区块链、云计算、大数据等为代表的新一代信息技术和交通融合程度不断迭代升级，新能源、新材料、智能建造等新技术在交通领域加快应用，特别是 5G 规模化商用，将加速交通运输走进智能时代，为传统交通基础设施发挥更好更多作用注入强劲动能。加大无人机、无人车等研发推广应用力度，在具备条件的地区探索利用无人机、无人车等自动化技术装备进行物资配送。预计下半年行业将逐渐进入智能绿色交通新技术爆发阶段。

第二节 能源基础设施形势分析：
2019—2020 年的主要变化

本节中的能源基础设施，主要包括油气管网、能源储运、清洁能源等基础设施。2019 年我国能源基础设施建设成效显著，2020 年将围绕现代能源经济建设，重点推进清洁煤炭高效利用，完善油气管网设施，保障污染防治攻坚，有序推进新能源基础设施建设。

一、2019 年能源基础设施发展情况

油气供给保障能力不断提升。天然气产供储销体系建设成效显著。加快构建"全国一张网"，全力推进 29 项互联互通重点工程，"西气东输、北气南下、海气登陆、就近供应"的管网格局得到进一步完善，日供气能力提升 5000 万方，三家石油企业储气能力达 153.6 亿方，比去年增加约 13.8 亿方。积极推动 LNG 接收站布局建设，罐箱多式联运示范工程有序实施。

支撑煤炭基础性保障作用发挥。煤炭去产能逐步深入，开展实施年产 30 万吨以下煤矿分类处置，关闭退出落后煤矿 450 处以上，淘汰关停 2000 万千瓦煤电机组。煤炭运输通道不断完善，北煤南运大通道浩吉铁路（蒙华铁路）建成投运，途经内蒙古、陕西等七省区，极大便捷华中地区煤炭供应。

新能源基础设施平稳增长。截至 2019 年底，我国新能源（风电和太阳能发电）发电装机容量实现 4.1 亿千瓦。光伏发展由快向稳，海上风电设施快速发展，海外装机量快速增长，部分企业预估海外业务占比达到 80% 以上，5-6 兆瓦海上风机已实现规模化应用，东方风电等 10 兆瓦海上风机陆续下线。根据相关统计，在国家电网公司经营区内，海上风电累计装机达到 569 万千瓦，呈现加快发展势头，分布式光伏发电新增装机 1072 万千瓦，占全部太阳能发电新增装机的 44%，同比提高 19 个百分点。

清洁取暖设施建设成果颇丰。围绕大气污染防治攻坚任务，持续推进能源清洁高效利用，加快实施北方地区冬季清洁取暖。各地"煤改气""煤改电"改造工作、清洁燃煤集中供暖设施建设有序开展，新增清洁取暖面积约 15 亿平方米，清洁取暖率达 55%，累计替代散烧煤约 1 亿吨，"2+26"重点城市清洁取暖率达 75%。

表 15-1　2019 年全国建成投运重大标志性能源工程

类别	项目	意义
运煤专线	浩吉（蒙华）铁路	线路全长 1813.5 公里，是我国建成的最长运煤专线
油气管网	中俄东线（北段）天然气管道	我国管径最大、设计压力最高、单一管道年输气量最多的能源大动脉
电源设施	徐州华润电力 3 号机组综合升级改造	世界上首个成功通过高温亚临界综合升级改造大幅提升传统亚临界机组综合性能的改造项目
电源设施	华电莱州二期工程 4 号机组	设计发电煤耗 253.48 克 / 千瓦时，是世界上已投运二次再热机组煤耗最低值
电源设施	广东台山核电 2 号机组	继 1 号机组后，世界上第二台投入商运的 EPR（欧洲先进压水堆）机组
电源设施	国华东台四期海上风电	我国目前离岸最远、施工难度最高的海上风电项目，也是首个外资参与的海上风电项目
电源设施	中电辽宁朝阳 500MW 电站	我国单体容量最大的光伏平价上网示范项目
电网设施	准东－皖南 ±1100 千伏特高压直流输电	世界上电压等级最高、输送容量最大、输电距离最长、技术最先进的直流输电工程
电网设施	苏通 1000 千伏特高压交流 GIL 综合管廊	世界上首次在重要输电通道中采用特高压 GIL（气体绝缘金属封闭输电线路）技术

资料来源：《中国能源报》2019 能源产业年终盘点

二、2020 年能源基础设施发展展望

推进煤炭清洁高效利用。切实落实煤炭兜底保障，将逐步淘汰 30 万吨以下落后产能煤矿，有序核准新建大型煤矿项目，合理安排煤电建设投产规模和时序，逐步发展煤制油气。加快落实"煤炭消费比重降低到

58% 以下、发电用煤占煤炭消费比重提高到 55% 以上"等发展目标。

持续推进油气管网建设。按照《中长期油气管网规划》要求,加快原油管道、成品油管道、天然气管道等设施建设。持续推进"全国一张网",发挥国家油气管网公司作用,推进管网互联互通进程。持续提升已建 LNG 接收站储转能力,有序推进 LNG 接收站建设。

切实支撑污染防治攻坚。统筹清洁取暖设施与农村其他基础设施建设,推进农村的地区清洁取暖与人居环境改善、美丽新农村建设、县域经济产业化发展结合,推进基础设施体系化发展。各地已先后出台 2020 年发展目标和补贴措施,如郑州市加快推进可再生能源清洁取暖项目建设、石家庄开发利用地热资源、济南将冬季取暖示范县建设列为重点建设项目加大投资力度等。

有序推进新能源基础设施建设。围绕清洁能源发展和消纳目标,统筹推进光伏发电、陆上风电、海上风电相关设施发展,推进沿海核电项目建设,推动电力系统源网荷储协调发展。重点解决新疆、甘肃、四川等地区的清洁能源消纳问题。

第三节　水利基础设施形势分析:
2019—2020 年的主要变化

本节中的水利基础设施主要包括重大水利工程、防洪减灾、水文监测等基础设施。2019 年我国水利基础设施建设提质提速,2020 年将围绕水利治理体系和治理能力现代化,服务国家重大战略,加快推进农村水利发展,补齐防洪安全和水生态保护修复设施短板,推进水利信息化基础设施建设。

一、2019 年水利基础设施发展情况

水利固定资产投资稳步提升。2019 年水利建设完成投资 7260 亿元,

较上年增长 10%，为历史最高水平，其中年度中央计划投资完成率超过
90%，重大工程在建投资规模达到 1.12 万亿元，充分发挥了水利建设的
投资拉动作用。其中，水利扶贫攻坚是投资投向的主要方面之一，深度
贫困地区水源工程建设资金有序落实，加快推进了 31 处大型灌区骨干灌
排工程改造及用水计量设施配套、19 个大中型病险水库（水闸）除险加
固、44 座小型水库等工程建设，保障农村饮水安全底线任务。

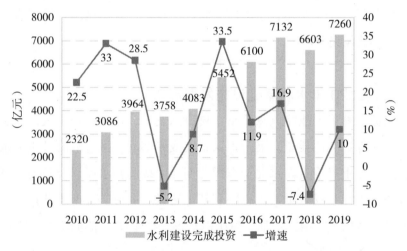

图 15-2　2010~2019 年全年水利建设完成投资及增速

数据来源：2010-2018 年全国水利发展统计公报；2020 年全国水利工作会议

　　重大水利工程项目有序推进。南水北调东线一期北延应急供水、珠
江三角洲水资源配置等 23 项重大水利工程顺利开工建设，大藤峡工程提
前 35 天实现大江截流，河南出山店水库、江西廖坊灌区二期等一批工程
建成并发挥效益。三峡升船机竣工验收和南水北调 31 个设计单元工程完
工验收均已完成。重大水利工程项目前期工作有序开展，37 项重大水利
工程可研获批，三峡水运新通道项目前期工作稳步推进。防洪重大项目
建设加快，完成中小河流治理 7000 多公里，对 77 座大中型病险水库、
3511 座小型水库实施除险加固。

水利基础设施信息化水平不断提升。水文水利监测监控相关信息基础设施建设有序开展。国家地下水监测、水资源监控能力、防汛抗旱指挥系统二期、水利安全生产监管等信息化工程建设基本完成。水利信息感知网进一步完善，290 个水管重要饮用水水源在线监测水质数据全部接入国控系统，270 个水文测站和 48 个水文监测中心完成先进仪器设备更新，53 条跨省江河省界监测站网建设完成，水文测报新技术应用水平得到提升。智慧水利相关信息平台建设步伐加快，全国大型水库大坝安全监测监督平台、水利建设市场监管服务平台、三峡库区综合管理服务平台等持续建设完善。

二、2020 年水利基础设施发展展望

服务国家重大战略。按照京津冀协同发展、长江经济带发展、黄河流域生态保护和高质量发展等国家重大战略部署，推进战略性重大水利工程建设。重点推进南水北调东线二期、中线调蓄水库以及黄河古贤水利枢纽、引江补汉等重大工程顺利开工建设。加快实施南水北调东线一期北延应急供水、引江济淮、滇中引水等工程建设。推进南水北调 34 个设计单元工程验收。

加快推进农村地区水利基础设施发展。聚焦水利脱贫攻坚补短板，推进解决贫困人口饮水安全问题、重点区域水利扶贫工作、水库移民后期扶持等。推进农村饮水安全巩固提升，实施大中型灌区续建配套节水改造任务、推动完成农村水电增效扩容改造。下半年，将着重围绕脱贫攻坚相关要求，全面完成解决贫困人口饮水安全目标任务，加快推进贫困地区水利基础设施建设，推进农村饮水安全脱贫攻坚工作有序完成。

补齐防洪安全和水生态保护修复设施短板。积极推进防汛抗旱水利提升工程建设，加快大江大河堤防达标建设和河道整治，推动控制性枢纽建设和蓄滞洪区建设与调整，推进病险水库除险加固等。完善水生态保护修复设施保障，加强地下水超采综合治理、推动水土流失治理工作，

推进农村水电绿色发展，长江经济带省份全面落实小水电站生态流量泄放设施改造，加快创建一批绿色小水电示范电站。

持续推进信息化基础设施应用。加快发展智慧水利，推进遥感监测、视频监智能应用等相关设备建设，加强云计算、大数据、物联网、移动互联、人工智能、5G、BIM、电子签章、区块链等技术充分应用。加快启动国家水利大数据中心和水利部综合监管平台建设，实施国家水文数据库建设，推进"全国水利一张图"等建设与应用。

第四节　通信基础设施形势分析：2019—2020 年的主要变化

本节中的通信基础设施，重点围绕"传统"通信领域，主要包括 4G、宽带、IPTV 等基础设施，不包括 5G 等新型基础设施。2019 年我国通信基础设施建设平稳有序，2020 年将联动新型基础设施发展，推动通信基础设施发展走向纵深，不断提升联通覆盖能力，推进传统通信基础设施与新型基础设施协同发展。

一、2019 年通信基础设施发展情况

通信基础设施用户数量持续增长。移动电话用户、百兆以上宽带用户、IPTV（网络电视）用户规模不断扩大，根据当前可得数据，截至 2019 年 11 月底（下同），三家基础电信企业（指中国移动、中国联通、中国电信，下同）的移动电话用户总数达到 16 亿户，同比增长 2.7%，其中 4G 用户占比达到 79.7%。三家基础电信企业的固定互联网宽带接入用户总数达 4.52 亿户，比上年末净增 4446 万户，其中光纤接入（FTTH/O）用户 4.18 亿户，占总用户数的 92.5%，100Mbps 及以上接入速率的固定互联网宽带接入用户达 3.8 亿户，占总用户数的 84%，1000M 以上接入速率的固定互联网宽带接入用户达 72 万户。三家基础电信企业发展手

机上网用户规模为 13.1 亿户，对移动电话用户的渗透率为 81.5%。IPTV
用户规模稳步扩大，总用户数达 2.94 亿户，比上年末净增 3907 万户。

区域通信基础设施发展水平差距不断缩小。截至 2019 年 11 月底，
全国农村宽带接入用户 1.4 亿户，比上年末净增 1770 万户；东、中、西
和东北部地区光纤接入用户分别达到 18417 万户、10107 万户、10759 万
户和 2494 万户，占本地区固定互联网宽带接入用户总数的比重分别为
91.5%、93.3%、93.5%、91.6%，西部地区占比小幅领先。各省光纤接入
用户占比差异继续缩小，山西、宁夏、北京、西藏、四川和甘肃居前六
位，占比均超过 95%。

北斗卫星导航系统全球化服务能力和水平进一步提高。2019 年 12 月
16 日，我国以"一箭双星"方式成功发射第 52、53 颗北斗导航卫星，北斗
三号全球系统 24 颗中圆地球轨道卫星全部成功发射，北斗三号系统全球服
务核心星座部署完成，世界各地均可享受到北斗系统服务。京张高铁成为
世界上第一条采用北斗卫星导航系统并实现自动驾驶等功能的智能高铁。

通信设施国际互联互通能力显著提高。中国电信与周边接壤的多个
国家和地区建成了 61 条陆缆，参与建设了 12 条国际及地区性海缆，并
通过 IRU 等方式在 41 条海缆上建立了资源，在 42 个国家和地区拥有包
括 18 个 IDC 节点在内的 183 个国际网络节点，国际传输出口带宽超过
50T。中国联通海缆登陆及直达 19 个"一带一路"沿线国家，陆缆与俄
罗斯、哈萨克斯坦等 10 余个"一带一路"沿线国家互联；自建国际网络
节点（POP）覆盖"一带一路"主要热点区域。中国移动在"一带一路"
沿线国家和地区建成 55 个丝绸路上的"信息驿站"（POP 点），可为"一
带一路"沿线国家和地区的产业合作伙伴及广大用户提供国际专线、国
际互联网接入、语音交换、移动漫游、数据中心和云计算等一站式服务。

二、2020 年通信基础设施发展展望

通信基础设施建设更加深入。按照国务院《关于促进平台经济规范

健康发展的指导意见》要求，加强网络支撑能力建设，深入实施"宽带中国"战略，结合 5G 等新一代信息基础设施建设，优化提升网络性能和速率，为平台经济发展提供有力支撑。多地加大支持通信基础设施发展，如北京加快推进冬运会通信保障，江苏省信息通信基础设施建设联席会议提出 4 年投资 2000 亿元发展信息基础设施。

传统通信基础设施与新型基础设施有序过渡。根据《中国 5G 经济报告 2020》等研究显示，由于 5G 设备成本较高、5G 网络投资规模将大等原因限制，4G 等传统通信基础设施将会与 5G 等新型设施同步发展。有效推进传统通信基础设施将与新型基础设施长期共存、共同发展，4G/5G 协同发展策略等基础设施发展理念受到广泛关注。

第五节　新型基础设施形势分析：2019—2020 年的主要变化

本节中的新型基础设施，主要包括 5G、人工智能、工业互联网、物联网等信息、融合基础设施，城际高速铁路、城市轨道交通、新能源汽车充电桩等分别在交通运输、市政基础设施等部分予以讨论。2019 年我国新型基础设施快速发展，2020 年，5G 应用将进一步加快发展，新型基础设施体系规模不断扩大，融合发展的广度和深度持续增加，成为产业转型升级和经济持续发展的重要推动力。

一、2019 年新型基础设施发展情况

5G 基础设施加快布局。2019 年是中国 5G 元年。工信部向中国电信、中国移动、中国联通、中国广电发放 5G 商用牌照；10 月 31 日，三大电信运营商共同宣布 5G 商用服务启动，并发布相应的 5G 套餐，5G 正式走进中国的千家万户，累计 5G 预约用户已超千万。截至 2019 年底，全国共建成 5G 基站超 13 万个，35 款手机终端获得入网许可。同时，5G 应

用联动传统基础设施转型升级，助力提升文化娱乐、智能家居、智慧医疗、智慧交通、智慧能源等服务供给模式，带动相关行业围绕 5G 设施加快谋划基础设施发展。

人工智能基础设施加快发展。根据相关机构预测，2019 年，我国人工智能赋能实体经济产业规模约 570 亿元，人工智能主流企业超过 700 家。人工智能相关基础设施建设集中在两个方面，一是立足技术研发加快推进技术开放平台、计算机视觉、语音识别、AI 芯片等服务现代化基础设施建设，二是从实际服务应用出发构建自动驾驶、新零售、智慧医疗、智慧安防等相关新型基础设施。当前已形成一系列人工智能产品，包括智能网联汽车、智能服务机器人、智能无人机、医疗影像辅助诊断系统、视频图像身份识别系统、智能语音交互系统、智能翻译系统、智能家居产品等。

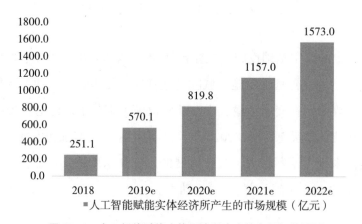

图 15-3 人工智能赋能实体经济所产生的市场规模预测

注：e 表示预测规模

资料来源：艾瑞咨询《2019 年中国人工智能产业研究报告》

工业互联网应用广度和深度不断拓展。根据相关机构预测，2019 年我国工业互联网市场规模超过 6000 亿元。工业和信息化部出台《"5G+工业互联网"512 工程推进方案》，推进 5G 与工业互联网融合叠加、互促共进、倍增发展，同时发布 2019 年十大跨行业跨领域工业互联网平台，海尔 COSMOPlat、浪潮云 In-Cloud 等平台名列其中。工业互联网发展进一步实现在公共服务中应用，部分企业有序推进数字政府业务平台、公共服务大规模数据采集处理等领域应用。

物联网设施发展迅速。根据相关机构统计，截至 2019 年底，全球已联网的物联网设备约 95 亿台，其中来自中国的物联网设备增长势头尤其强劲。我国物联网技术研发水平和创新能力显著提高，着重加大 IPv6、NB-IoT、5G 等基础设施投资，以信息物理系统（CPS）为代表的物联网智能信息技术在制造业智能化、网络化、服务化等转型升级方面发挥重要作用。根据中国电信等相关数据，截至 2019 年底，中国电信物联网连接数达到 2 亿，NB（窄带物联网）规模突破 4000 万，三家基础电信企业物联网连接用户总数突破 10 亿。

二、2020 年新型基础设施发展展望

新型基础设施投资规模持续扩大。以 5G 为典型代表，2020 年 5G 基础设施建设的关键一年，也是 5G 产业化拓展的开端，5G 将在医疗、交通、教育、工业、农业、新媒体等领域开展产业化试点，5G 产业化拓展具有巨大的潜在市场价值，必然成为资本市场追逐的对象。同时，工业互联网、智慧城市、智慧安防和 5G 车联网等新一代信息通信设施具有巨大的经济社会正外部性，将产生长期、大规模的投资需求。下半年，按照 2020 年政府工作报告对关于加强新型基础设施建设的相关部署，将加快推进 5G、人工智能、物联网、工业互联网、数据中心等新型基础设施建设，扩大相关领域有效需求，推进传统基础设施改造升级，调动社会参与投资的积极性，切实发挥数字经济发展潜力。

新型基础设施融合发展更加深入。当前多地已围绕 2020 年 5G 建设目标出台一系列措施，如北京加强 5G 基站站址统筹规划，加快 5G 通信基础设施专项规划编制，云南加快打造 5G 精品网络，优先覆盖全域旅

游核心区、重点园区、核心商圈以及应用需求迫切区域等。在此基础上，工业互联网、物联网等将更加开放化、规模化，形成跨领域的数据开放和共享机制，连接设备种类进一步扩展。信息技术与传统及传统基础设施也将进一步深度融合，如推进车联网、电力物联网、城市感知设施、智能化市政设施和城市部件等行业发展。

新型基础设施成为传统产业转型升级的重要推动力。随着5G应用不断深入，结合《新一代人工智能发展规划》《工业互联网发展行动计划（2018-2020年）》等发展目标部署，持续推进技术研发与应用，建立开放协同的技术创新体系。人工智能、工业物联网、物联网等领域平台企业将能够进一步推进模式创新与产业需求相融合，形成更多面向特定场景的行业解决方案。逐步建设多层次发展体系，有效服务传统制造业转型升级，开展金融服务等配套衍生基础设施建设。

第六节　城市市政基础设施形势分析：
2019—2020 年的主要变化

本节中的城市市政基础设施，主要包括城市轨道交通、停车设施、综合管廊、海绵城市、垃圾处理、水体治理、社区设施等基础设施，暂未包括城市饮水设施等。2019年我国城市基础设施建设保障有力，2020年将根据城市建设和都市圈发展要求，不断提升都市圈及核心城市轨道交通网络联通水平和静态交通服务保障能力，加快推进海绵城市、综合管廊、智慧城市等建设，强化城市垃圾与黑臭水体治理能力，增强安全防疫等应急保障基础设施供给，完善社区基础设施功能。

一、2019 年城市市政基础设施发展情况

城市轨道交通网络和静态交通设施不断完善。城市轨道交通建设有序推进，新增城轨运营线路长度共计969公里，现已累计40个城市开通

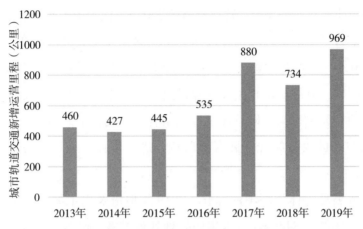

图 15-4　2013-2019 年城市轨道交通新增运营里程

资料来源：中国城市轨道交通协会统计快报数据

城轨交通运营线路 6730 公里。从新增运营线路来看，新增温州、济南、常州、徐州、呼和浩特 5 个城轨交通运营城市，27 个城市有新增线路（段）投运，新增运营线路 26 条，新开延伸线或后通段 24 段，新增运营线路长度合计 969 公里。国家发展改革委批复郑州、西安、成都 3 个城市新一轮城市轨道交通建设规划和北京市城市轨道交通第二期建设规划方案调整。城市停车场等惠民生补短板工程加快推进，重点推进智慧化、立体化停车，切实解决"停车难"问题。

综合管廊建管运持续推进。多个城市管廊项目建成投运并探索运营管理模式，其中北京冬奥会延庆赛区的综合管廊正式投入使用，全长约7.9 公里，杭州市三条地下综合管廊工程完成竣工，上海加快推进架空线入地和合杆整治相关工作，合肥市完成 58 公里地下综合管廊试点项目并探索实行入廊费和日常维护费为主体的有偿使用制度。住房和城乡建设部印发《城市地下综合管廊建设规划技术导则》和国家标准《城市地下综合管廊运行维护及安全技术标准》，为后续设施建设提供明确标准。

海绵城市建设稳步推进。各地方积极探索，基本完成城市排水防涝补短板阶段性目标任务。海绵城市试点建设成效显著，中新天津生态城海绵城市建成并通过检验，青海省财政下达 2.5 亿元用于西宁市在实施管道沟渠治理、试点区内海绵化改造、增加绿地面积等项目建设，济南市完成 250 个"海绵化工程"，重庆两江新区逐步向全域推进海绵城市建设经验。同时，海绵城市相关设施建设逐步与城市建设融合更加深入，苏州将海绵校园建设与校园总体设计相结合，建成首个海绵学校建筑，福州与老旧小区改造结合开展海绵改造，进一步提升城市生态系统整体功能。

城市黑臭水体治理不断深化。2019 年地级及以上城市建成区黑臭水体消除比例达 84.9%。污水集中处理处理设施、雨污分流设施、污水管网加快建设，江苏省完成 148 个黑臭水体整治项目，总体整治进度达 97.9%，广西 90% 城市黑臭水体基本完成整治，昆明全面消除黑臭水体，宁夏城市建成区 13 个黑臭水体完成整治，天津滨海新区基本消灭消除黑臭水体，湖北省重点攻破了 41 条黑臭水体。

社区基础设施体系不断完善。以垃圾分类设施为典型代表，按照《关于在全国地级及以上城市全面开展生活垃圾分类工作的通知》要求，全国地级及以上城市全面启动生活垃圾分类工作，并提出到 2020 年在全国 46 个重点城市基本建成生活垃圾分类处理系统。各大重点城市陆续发布垃圾分类细则，不断完善收运处理配套设施，上海、厦门、深圳、杭州、宁波、北京、苏州等城市已初步建成生活垃圾分类收集、运输、处理体系，2019 年重点城市居民小区垃圾分类平均覆盖率达到 53.9%。

二、2020 年城市市政基础设施发展展望

持续推进市政基础设施建设。城市轨道交通网络联通水平不断提升，静态交通设施加快完善。2020 年将加快城市道路、轨道交通、城市停车场等建设，进一步提升城市道路交通网络、城市建成区路网密度，有序推进条城市轨道交通线路建设，加快补齐城市停车场设施短板，有效支撑解决"城市病"问题。下半年，按照政府工作报告中对关于加强新型

城镇化建设的相关要求，加快推进县城城镇化建设中相关市政基础设施建设，重点加强县城公共停车场、公路客运站等相关基础设施建设，提升县城公共设施和服务能力，切实保障县城就业安家需求。

市政基础设施对公共卫生服务需求的保障能力提升。加强市政基础设施发展整体统筹，新冠肺炎防疫防控对城市基础设施应急响应保障能力提出更高要求，围绕常态化疫情防控有关要求，推进城市交通、社区基础设施等协同对接，着重加强供水供电保障水平，不断完善保障相关社区防疫配套设施，持续提升基础设施对常态化疫情防控需要的支撑保障能力。

海绵城市建设走向系统化全域化。2020 年是国务院《关于推进海绵城市建设的指导意见》的近期目标年，城市建成区覆盖面积持续提升，示范城市重点工程建设将进一步加快。同时，加强改善城市水环境质量、减少污染严重水体，地级及以上城市建成区黑臭水体得到有效改善。

综合管廊建设有序推进。2020 年是全国 25 个城市地下综合管廊试点城市的中期规划年，各试点城市将进一步抓住地铁建设、新城区开发、道路拓宽、旧城区改造等工程建设时机，加快推进布局合理、入廊完备、运行高效、管理有序的具有国际先进水平的地下综合管廊建设，并积极探索运营模式，全国城市道路综合管廊综合配建率进一步提高。

垃圾分类等社区基础设施建设进一步加强。按照垃圾分类相关规划要求，推动实施生活垃圾强制分类城市的生活垃圾回收利用率提升。持续加快推进处理设施建设，推动满足生活垃圾分类处理需求，在 46 个先行试点城市将积极推动建成垃圾分类处理系统，其他地级城市积极开展公共机构生活垃圾分类全覆盖工作。

第十六章　服务业发展形势分析：
2019—2020 年的主要变化

2019 年，我国服务业运行总体平稳，服务业增加值同比增长 6.9%，新兴产业持续发力，扩大开放明显提速，主体活力不断增强，压舱石作用进一步巩固。但也存在企业经营压力较大、生产性服务业支撑能力弱、部分生活性服务业消费体验较差等问题，与高质量发展要求还不匹配。2020 年，新型冠状病毒疫情"黑天鹅"事件，直接冲击交通运输、住宿餐饮、旅游文化等主要服务行业，成为服务业发展最大的不确定因素。由于近年来服务业内部结构发生了一些积极变化，"线上替代线下""现代改变传统""东方不亮西方亮"特点显现，新的服务消费需求涌现，服务业发展在承压中仍能保持一定韧性。综合判断，疫情对服务业增长的负面影响主要集中在上半年特别是一季度，同时疫情全球化蔓延趋势和可能的反复推迟了服务业恢复性反弹势头，全年服务业增长下滑已成定局。在坚决打赢疫情防控阻击战同时，兼顾应对短期冲击和落实长期部署，既要关注受冲击较大的服务行业和企业，做好减免税费、畅通融资渠道、稳定就业等应对性政策，帮助企业渡过难关；也要持续深化改革开放，积极扩大内需，确保服务业平稳运行、健康发展。

面对宏观经济下行压力、外部环境复杂多变的背景，我国服务业保持平稳较快增长，高质量发展步伐稳步推进，为确保经济中高速增长、迈向中高端水平奠定坚实基础，为消费升级趋势下人民日益增长美好生活需要提供重要保障。新型冠状病毒感染肺炎疫情给服务业增长带来直接冲击，但我国服务业应对风险挑战的韧性和能力正在不断增强。在结构调整、扩大开放和消费升级背景下，我国服务业发展前景和增长潜力依然较大。

第一节 2019 年我国服务业发展形势

2019 年，我国服务业保持平稳较快增长，呈现景气度和活跃度较高、新兴产业持续发力、新业态新模式加速革新、对外开放水平进一步提升等发展特征。

一、总体保持平稳较快增长，景气度和活跃度较高

2019 年，我国服务业增加值 534233 亿元，同比增长 6.9%，增速较上年下降 0.7 个百分点，但仍分别高于国内生产总值（GDP）和第二产业增加值增速 0.8、1.2 个百分点（表 16-1）。服务业增加值占 GDP 比重为53.9%，比上年提高 1.8 个百分点，是"十二五"以来除 2015 年外比重提高幅度最大的一年（图 16-1），高于第二产业比重 14.9 个百分点。服务业对经济增长的贡献率为 59.4%，拉动 GDP 增长 3.6 个百分点，经济增长压舱石作用不断巩固，成为经济增速稳定在"6"字头的主要支撑。

表 16-1 三次产业增加值累计增速（%）

	2018 年				2019 年			
	1 季度	2 季度	3 季度	4 季度	1 季度	2 季度	3 季度	4 季度
国内生产总值	6.9	6.9	6.8	6.6	6.4	6.3	6.2	6.1
第一产业	3.2	3.3	3.4	3.5	2.7	3.0	2.9	3.1
第二产业	6.2	6.1	5.8	5.8	6.1	5.8	5.6	5.7
第三产业	7.8	7.9	8.1	7.6	7.0	7.0	7.0	6.9

注：本文图表数据除特别标注外，均来源于国家统计局。

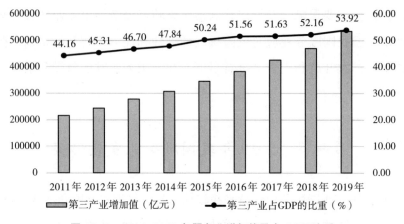

图 16-1　2011-2019 年服务业增加值及占 GDP 比重

图 16-2：2011-2019 年第二产业和服务业增加值对 GDP 贡献率

服务业生产指数全年累计增长 6.9%，比上年下降 0.8 个百分点，但仍处在较高区间。从各月变化趋势来看，服务业生产指数在年中呈现较大幅度下滑，此后稳定在 7% 左右水平（图 16-3）。主要行业中，信息传输、软件和信息技术服务业生产指数增长达 20.4%，租赁和商务服务业增长 9.2%[①]。

---

① 杜希双：《服务业发展提质增效》，2020 年 1 月。

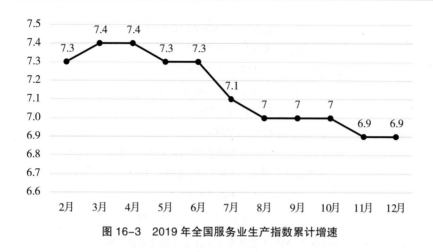

图 16-3 2019 年全国服务业生产指数累计增速

随着"放管服"改革深入推进和营商环境持续优化，服务业市场主体活力不断激发。服务业商务活动指数全年稳定在 54% 左右水平，总体处于景气扩张区间。业务预期活动指数全年在 60% 上下浮动，表明服务企业对市场前景持续看好。金融、邮政、信息、航空运输等现代服务业商务活动指数均值保持在 58% 以上较高水平[①]。服务业市场主体数量持续增加，2019 年工商新登记服务业企业 594.7 万户，比上年增长 10.8%，占全部新登记企业的 80.5%。

二、新兴产业持续发力，幸福产业进入快车道

新兴产业进一步发展壮大，新动能加快成长，推动服务业内部结构持续优化。2019 年，信息传输、软件和信息技术服务业增加值增速居国民经济各行业之首（图 16-4），与租赁和商务服务业共同拉动服务业增加值增长 1.8 个百分点。2019 年 1-11 月份，战略性新兴服务业、科技服务业和高技术服务业营业收入同比分别增长 12.4%、12.0% 和 12.0%。高技术服务业全年投资同比增长 16.5%，其中，环境监测及治理、检验检测、

---

① 武威：《PMI 显示：非制造业淡季回调，全年保持稳健发展》。

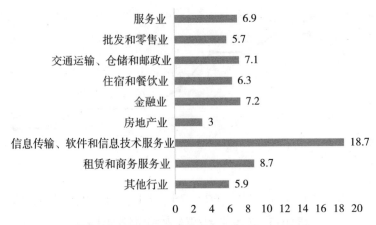

图 16-4　2019 年服务业分行业增加值增速（%）

研发设计、电子商务等服务业投资增速均接近或超过 30%①。

随着人均收入水平提升和居民结构升级，高品质服务需求持续扩大。2019 年，全国居民人均服务性消费支出增长 12.6%，其中教育文化娱乐支出、医疗保健支出均增长 12.9%，高于居民消费平均增速 4.3 个百分点②。旅游、文化、教育等"幸福产业"发展质量提升，成为提振内需的重要动力和经济增长的新引擎。2019 年，国内游客达 60.1 亿人次，旅游收入 5.73 万亿元，分别同比增长 8.4% 和 11.7%，文化旅游、休闲旅游与社交网络紧密结合催生了一批受到国民大众追捧的"网红打卡地"，2018-2019 年冰雪季期间冰雪旅游人数和旅游收入分别达 2.24 亿人次、3860 亿元，分别增长 13.7% 和 17.1%③；规模以上文化及相关产业企业营业收入 62187 亿元，增长 7.6%。电影市场全年票房 642 亿元，一批弘扬中国文化精神、反映时代主旋律的优质类型片广受民众喜爱，《我和我的祖国》《中国机长》等主旋律商业片贡献近 90 亿元票房，《流浪地球》《哪吒之魔童降世》开启"国产科幻"和"国漫"元年。

---

① 彭永涛：《投资继续保持平稳运行态势》，2020 年 1 月。
② 方晓丹：《居民收入和消费稳定增长　居民生活水平再上新台阶》，2020 年 1 月。
③ 杜希双：《服务业发展提质增效》，2020 年 1 月。

三、业态模式加速革新，电子商务、数字经济等蓬勃发展

电子商务延续快速增长势头，"新零售"业态迭代速度加快。2019 年，全国实物商品网上零售额同比增长 19.5%，增速高于社会消费品零售总额 11.5 个百分点，占社会消费品零售总额比重为 20.7%（图 16-5）。在流通特别是零售领域，电子商务与实体企业的线上线下边界不断模糊，"全渠道"融合格局基本形成，"新零售"业态嬗变和模式革新提速，大数据、移动互联、智能物联网、自动化等技术及设备促进消费者、商品、场景间的精准匹配。盒马、超级物种等实体生鲜零售商和每日优鲜、美团等生鲜电商纷纷应用"前置仓 + 生鲜"新模式。直播电商快速发展，"双 11"期间天猫超过 10 万商家开通直播。以拼团链接、返利分享为代表的社交电商逐渐取代了优惠券、积分等传统营销方式，成为电商平台吸引客流的新模式。

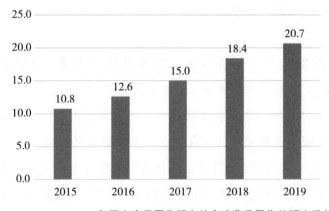

图 16-5　2015-2019 年网上商品零售额占社会消费品零售总额比重（%）

数字经济蓬勃发展，数字服务需求不断激发。生产、流通和企业组织等经济活动加速向数字化、信息化、互联化方向转型，各行业领域对软件管理、信息安全维护、平台设计和云服务的需求呈爆发式增长。2019 年，软件业务收入 71768 亿元，同比增长 15.4%，电子商务平台技

术服务和云计算运营服务收入增速分别达 28.1% 和 17.6%[①]。2019 年成为 5G 商用元年，5G 套餐签约用户预计近 300 万，5G 基站接近 13 万个[②]；移动互联网接入流量达 1220 亿 GB，增长 71.6%。随着 5G 时代的开启和手机芯片、操作系统的持续发展，移动互联网服务市场将持续高速增长，推动移动支付、短视频、手机购物、社交等灵活、即时、碎片化的应用服务进一步迭代发展。

共享经济模式逐渐走出野蛮生长误区，向规范、理性方向发展。在共享经济发展初期，大量资本无序进入和商业模式不成熟并存，造成"单车坟场""押金退还难"等矛盾问题。以 ofo、car2go 为代表的一批共享平台相继退出市场，摩拜、哈啰等共享单车企业和小电、街电等共享充电宝企业纷纷放弃高额补贴并合理涨价，市场竞争和供求关系渐趋理性，共享经济开始回归商业本质。此外，共享经济向更广阔应用场景延伸，共享办公、共享自习室、共享住宿等新业态涌现，为人们生活、工作、娱乐和学习提供新的消费选择。

四、服务业扩大开放提速，对外开放水平进一步提升

服务业扩大开放全面提速，一批更深层次、更宽领域、更高水平对外开放的平台和抓手得到扎实推进，金融业对外开放 11 条措施出台实施，北京市服务业扩大开放综合试点工作方案批复落地，自由贸易试验区扩围提质，"二次开放""制度性开放"为服务业注入强劲发展动力。服务业利用外资格局呈现新变化，高技术服务业成为吸引外资的主导力量。2019 年 1–11 月，高技术服务业实际使用外资 1572.7 亿元，同比增长 43.4%，占实际使用外资总额的 18.6%，占高技术产业实际使用外资总

---

① 中华人民共和国工业和信息化部：《2019 年软件和信息技术服务业统计公报》，2020 年 2 月。

② 王志勤：《5G 商用元年基站出货量或超 100 万，用户数将超 1000 万》，2019 年 12 月 26 日，见 http://money.163.com/19/1226/14/F1B2UC9N002580S6.html。

额的 65.3%。其中，信息、研发与设计、科技成果转化服务业实际使用外资分别增长 28.3%、60.7% 和 67.8%[①]。

服务贸易平稳增长，贸易结构向高层次优化。2019 年，服务贸易总额 54152.9 亿元，同比增长 2.8%。其中，出口增长 8.9%，服务贸易逆差下降 10.5%。知识密集型服务进出口 18777.7 亿元，增长 10.8%，占服务贸易总额的比重比上年提高 2.5 个百分点；娱乐、文化、旅游等服务领域的国际影响力不断扩大，今日头条旗下的短视频 APP "抖音" 以 "Tik Tok" 的名称在海外上线，下载量列同类 APP 榜首；《哪吒之魔童降世》先后刷新在澳大利亚、新西兰等国家华语电影票房纪录；入境旅游收入保持增长，全年有望突破 1300 亿美元。

第二节　服务业发展存在的主要问题

从运行情况看，当前服务业发展存在企业经营压力大、生产性服务业支撑能力弱、生活性服务业消费体验差等问题，与高质量发展要求还不匹配。

一、服务业企业总体经营压力较大

根据服务业 PMI 数据（表 16–2），2019 年服务业投入品价格指数全年均处于 50% 荣枯线之上，均值达 52.3%；而服务业销售价格指数全年有 8 个月位于 50% 荣枯线之下，均值为 50.1%。在投入品价格呈现上升趋势的同时，销售价格下降趋势将挤压服务企业利润空间。从市场供求角度看，价格下降反映出市场需求基础不够稳固，供给大于需求。2019 年下半年，服务业新订单指数连续四月处于不景气区间，年底略微回升

---

① 中华人民共和国商务部：《商务部外资司负责人谈 2019 年 1—11 月全国吸收外资情况》，2019 年 12 月 13 日，见 http://www.mofcom.gov.cn/article/ae/sjjd/201912/20191202921902.shtml。

至荣枯线，反映出服务有效需求不足的现实情况。除建筑业和金融业新订单指数均值较2018年有明显提升外，包括批发业和零售业在内的大部分服务行业新订单指数均值均有不同程度回落。2019年反映市场需求不足的企业比重均值39.9%，上升2.7个百分点。

表16-2　2019年服务业PMI分类指数（%）

指标	商务活动指数	新订单指数	投入品价格指数	销售价格指数	从业人员指数	业务活动预期指数
1月	53.6	50.2	51.8	49.4	47.8	58.8
2月	53.5	50.5	51.8	49.8	47.8	60.6
3月	53.6	51.5	52.2	50.6	47.8	60.3
4月	53.3	50.2	52.5	50.1	48.5	60.0
5月	53.5	50.0	51.7	49.5	47.9	59.5
6月	53.4	50.7	51.1	49.1	47.9	60.3
7月	52.9	49.7	52.7	50.5	48.1	59.1
8月	52.5	49.4	51.2	48.7	48.2	59.8
9月	53.0	49.7	52.8	49.8	47.7	59.3
10月	51.4	48.4	50.9	48.4	47.6	60.3
11月	53.5	50.5	52.6	51.1	47.8	60.6
12月	53.0	50.0	52.3	49.9	47.9	59.1

数据来源：国家统计局服务业调查中心、中国物流与采购联合会。

二、生产性服务业对制造业支撑不足

我国制造业进入转型升级和提质增效的新阶段，迫切需要研发设计、商务服务等高质量生产性服务供给，但目前高端生产性服务业规模依然偏小。2019年，信息传输、软件和信息技术服务业、租赁和商务服务业增加值之和占服务业比重仅为12.3%，低于房地产13.0%的占比。生产性服务业重点领域对制造业支撑作用不足，如在交通运输领域，由于多式联运等现代运输模式应用不广泛，社会物流成本高昂，大大压缩了制造企业盈利空间；2019 年全社会物流总费用 14.1 万亿元，占 GDP 的 14.2%，远高于美国 7.5% 的水平。此外，个别服务业因人力成本等支出无法抵扣导致实际税赋偏高，制约了一些大型制造企业剥离生产性服务业务、对外提供第三方专业化服务的动力，导致生产性服务业专业化水平较低。

三、生活性服务业消费体验有待提升

与人民群众对高品质服务的期待相比，生活性服务业供给的质量水平还存在差距。根据中国消费者协会发布的《2019 年十大消费维权舆情热点》，电子商务、手机 APP 等服务业领域是消费者权益易受到侵犯的"重灾区"[1]。2019 年"双 11"的消费维权调查显示[2]，35% 的消费者认为"今年'双 11'规则复杂、'套路'多"，商家不退定金、先涨价后降价、买完就降价等消费陷阱大大降低了消费者的购物体验。直播社交等电商新模式也存在产品质量和售后问题，一些"网红带货主播"通过虚假宣传吸引消费者，既损害公众消费体验，也损害了商户利益。服务产品消费一般具有"先付款后体验"特点，供需双方存在显著信息不对称，消费者很难先验地判断服务质量，在买卖关系中天然处于不对等位置。随着互联网平台企业在服务领域的兴起，大量数据信息集中在平台企业手中，进一步加剧了消费者与企业间信息不对称的程度，服务企业道德风险问题凸显，很难仅通过企业的自律精神充分保障消费者的切身权益。

---

[1]　中国消费者协会：《2019 年十大消费维权舆情热点》，2020 年 1 月 13 日，见 http://www.cca.org.cn/zxsd/detail/29425.html。

[2]　黑猫投诉平台：《2019 年"双 11"消费维权数据报告：超 3 成消费者认为双 11"套路"多》，2019 年 12 月 10 日，见 https://tech.sina.com.cn/roll/2019-12-10-doc-iihnzahi6560660.shtml。

第三节 2020年我国服务业形势分析

2020年新年伊始我国即遭遇新冠肺炎疫情的"黑天鹅"事件，使原本压力较大的中国经济"雪上加霜"，服务业增长放缓已成必然，但在承压中仍然能够保持一定韧性。

一、遭遇新冠肺炎疫情"黑天鹅"事件，服务业发展不确定性明显加大

疫情作为一个突发性变量，虽然不改我国经济长期走势，但给服务业带来了明显冲击，成为今年服务业发展最大的不确定因素，疫情延续时长和防控效果直接关系到服务业未来走势。从宏观层面看，受疫情蔓延、突发事件、贸易摩擦、金融动荡以及地缘政治紧张局势升级等影响，经济下行风险增加，全球经济将大概率陷入负增长。我国工业下行压力仍然较大，高端服务业供给不足和部分制造业外迁转移可能导致相应服务业需求"外流"，居民收入增加缓慢特别是对未来收入信心下降，服务业难有显著反弹。有利因素方面，服务业开放提速将吸引国际资本进入；消费提质扩容将激发文化、旅游、健康等服务消费潜力，基于大数据、云计算、物联网的服务应用以及数字经济、平台经济、共享经济等新业态较快发展，疫情倒逼生活性服务业"无接触式"数字化转型；交通强国、网络强国、科技强国等推动交通、信息、科技等公共基础设施和重大项目建设，为物流、信息、研发等生产性服务业增长提供支撑。

综合看，我国经济增长下行压力还在加大，国内结构性矛盾突出，大量产能过剩与有效供给不足并存矛盾、产业发展与资源环境之间矛盾、地方财力约束受限与支持产业扩张发展的矛盾、居民收入增长放缓和社会保障不足的矛盾尚未根本解决，加之疫情冲击，服务业发展风险比以往来得大。展望2020年，疫情对服务业增长的负面影响主要集中在上半

年特别是一季度，一季度服务业增加值同比下降 5.2%。5 月份服务业生产指数增速由负增长转为 1% 的正增长，但 1—5 月服务业生产指数仍下降 7.7%。随着国内疫情得到控制、生产秩序逐步恢复，下半年有望恢复性增长，疫情全球化蔓延趋势和可能的反复推迟了原本可能在二季度开始出现的服务业恢复性反弹势头，全年服务业增长下滑已成定局，力争实现低速正增长。

二、交通运输、住宿餐饮、旅游文化等行业面临巨大困难，其他行业增长形势更加复杂

为防止疫情蔓延扩散，从春节前夕采取的限制人口流动和外出、延长假期和推迟复工等措施，以及社会对疫情的担忧，对一些服务业行业造成严重冲击，影响较大的主要集中在交通运输、住宿餐饮、旅游、娱乐等消费性领域。

交通运输业增长明显下滑。2003 年非典高发期间，交通运输业是受影响最大的行业之一。疫情发生后，部分城市封城封路，民航、铁路、城市公交和室内公交等各式交通停运或大幅缩减班次，多国政府已警示来华旅游的卫生健康风险，旅客出行需求大幅减少，春运期间全国旅客发送量比去年同期下降 50.3%，主要城市间航班上座率不到 30%。预计在大多数地区疫情控制、关卡限制减少后，人流物流将较快增长，行业才能恢复性增长。

住宿和餐饮业大幅萎缩。为避免人群聚集引发病毒传染，春节期间的各类聚餐和婚宴几乎全部取消，各地禁止群体性、规模性聚餐活动，一些餐饮企业出于安全考虑暂停部分门店营业，以本地客源为主的大众化餐饮消费增长有限。住宿业面临相同困境，人员流动受限，国内外客源大量减少，酒店营业收入急剧下降，大部分处于半停业状态，预计主要城市酒店平均入住率仅 30% 左右，一批企业将面临生存危机。

旅游业全面停摆。旅游业是对环境变化极度敏感的行业，2003 年受

SARS 影响，当年全年国内游客人次、旅游收入均负增长。疫情发生后，全国旅行社及在线旅游企业暂停经营团队旅游和"机票＋酒店"旅游产品，居民旅游计划纷纷取消或推迟，仅广东省从 1 月 24 日至 2 月 1 日共取消游客团队数 20557 团、游客人数 356697 人。预计在疫情解除之前，居民旅游出行包括商务出行将受到巨大影响，全球疫情蔓延导致国际旅客大幅缩减，全年旅游人数和旅游收入将负增长。

文化、体育和娱乐业收入锐减。受疫情影响，观影、聚会需求急剧下滑，大型院线、KTV、影视基地、游乐园等娱乐场所选择暂停营业，主要春节档影片纷纷撤档，体育赛事、文艺演出、影视剧拍摄纷纷延期或取消，后续影响仍将延续，企业营业收入将明显下降。

表 16-3　疫情对主要服务行业影响及对比

主要行业	2003 年非典期间	2019 年一季度	新冠肺炎疫情期间（2020 年一季度）
交通运输业	二季度客运量下降 23.9%，其中民航客运量下降 48.9%；前三季度国航、东航、南航三大航空公司亏损近 28 亿元；二季度行业增加值增长 2.3%，比一季度下滑 5.4 个百分点。	春运期间（2019 年 1 月 21 日 -3 月 1 日），全国旅客发送量 29.8 亿人次，比上年同期增长 0.33%；一季度快递业务收入同比增长 21.4%；一季度行业增加值增长 7.3%。	春运期间（1 月 10 日 -2 月 18 日），全国旅客发送量同比下降 50.3%；一季度全国营业性客运量、货运量分别下降 58.4%、18.4%，36 个中心城市公共交通客运量下降 56.7%；国航、东航、南航三大航空公司亏损 140 亿元。一季度行业增加值下降 14.0%。
住宿和餐饮业	5 月份餐饮业营业额同比下降 15.5%；二季度北京、上海等 10 个城市饭店平均入住率仅 10%—30%，同比下降 50% 以上；二季度行业增加值增长 7.4%，比一季度下滑 3.6 个百分点。	春节假期，全国零售和餐饮企业实现销售额约 10050 亿元，同比增长 8.5%；一季度行业增加值增长 6.0%。	预计春节期间全国零售和餐饮企业销售额萎缩 50% 以上，住宿餐饮业收入大幅萎缩。一季度行业增加值下降 35.5%。

主要行业	2003 年非典期间	2019 年一季度	新冠肺炎疫情期间（2020 年一季度）
旅游业	二季度国内旅游收入下降 64%；全年国内游客人次、旅游收入增速分别从上年的 11.99% 下滑至 -0.91%、10.11% 下滑至 -11.24%，疫情结束后的 2004 年上述两项指标恢复至 26.67% 和 36.85%。	春节假期，全国旅游接待总人数 4.15 亿人次，旅游收入 5139 亿元，同比分别增长 7.6%、8.2%。	居民出行大幅减少，预计一季度旅游收入同比下滑 50%—70%。
文化、体育和娱乐业	文化、体育、娱乐活动全面暂停，北京从 4 月 23 日起暂停文化娱乐场所经营活动。	春节期间，电影票房收入 58.4 亿元。	网络视频收入较快增长，但电影、娱乐等收入锐减，春节档票房仅 2357 万元，线下文化体娱收入微薄。一季度规模以上文化及相关产业企业营业收入同比下降 13.9%。

注：根据当年各期间国家统计局、交通运输、商务、文化、旅游等部门，以及餐饮、饭店等行业协会统计数据整理。

此外，部分行业增长形势更加复杂。例如，批发零售业领域，居民外出减少导致石油及制品类销售大幅下降，大批商场、购物中心停业或缩短营业时间导致一季度购物消费消失或推迟，仅基本生活、医疗物资必需品保持增长，1—5 月社会消费品零售总额名义下降 13.5%，一季度批发和零售业增加值下降 17.8%；金融业因相关受疫情影响行业出现经营困难而导致银行不良率上升，市场信心不足导致资本市场低迷运行，但保险业可能逆势扩张，同时监管机构、金融机构出台支持疫情防控及金融服务保障的多项措施，在一定程度上支撑金融业务发展，一季度金融业增加值同比增长 6.0%。

三、"线上替代线下""现代改变传统"趋势更加明显，新技术、新业态、新模式延展服务业发展韧性

近年来，在新一代信息技术支撑下，我国服务业涌现了许多新业态、新模式，数字经济、线上服务、电子商务等快速发展，在疫情面前，部分线下需求转向线上，呈现"线上替代线下""现代改变传统""东方不亮西方亮"等特点，在一定程度上延展了服务业发展韧性，这种趋势在2020年将更加明显。2019年网上零售额占全部消费品零售总额的比重已达25.8%，2020年1-5月该比例上升至29.0%，许多服务消费也通过互联网平台得以实现。例如，线下影视、娱乐、培训全面萎缩，线上的网络视频、竞技游戏、线上教育快速发展，各种网络短视频、网上影片点播量创新高，《王者荣耀》仅大年三十单日流水达20亿左右，同比增长超50%；线下餐饮服务企业受到冲击，线上的蔬菜配送、外卖送餐、即点即做即送服务等加快发展；随着新一代信息技术的发展，办公自动化、人工智能等应用条件和场景逐渐普及，许多企业采用在家办公、移动办公等方式开展业务，特别是信息技术服务仍将保持快速发展，2020年一季度信息传输、软件和信息技术服务业增加值增长13.2%，在绝大多数行业负增长的形势下"一枝独秀"。同时，除与疫情防治有关的医药、医疗器械、洗涤和消毒用品等工业产品需求快速增加外，医疗卫生服务、中医药、心理健康等行业可能加快成长。

第四节　政策建议

2020年是全面建成小康社会和"十三五"收官之年，保持经济平稳运行至关重要。在坚决打赢疫情防控阻击战同时，必须兼顾应对短期冲击和落实长期部署，一方面关注受冲击较大的服务业行业和企业，及时出台应对性政策，帮助企业渡过难关；一方面持续推进服务业深化改革和扩大开放，营造良好环境，确保服务业平稳健康发展。

一、减免税费、畅通资金、稳定就业，帮助企业渡过难关

为应对疫情影响，国务院有关部门已及时制定政策，各地方政府也加紧出台措施，要切实落实好。此外，税费方面，对疫情影响严重的地区和行业，及时下调增值税率，免征城市维护建设税、教育费附加等政府性基金。返还上年所交部分企业所得税。将旅行社质量保证金的 80% 退还旅行社；资金方面，对小微、民营服务企业，实施定向降息、定向降准、定向再贷款，避免资金断链引发连锁反应。鼓励金融机构适当下调贷款利率、完善续贷政策安排、增加信用贷款和中长期贷款、创新专属信贷产品，不盲目抽贷、断贷、压贷。有条件的地区，由银行和基金以市场导向成立纾困基金；就业方面，加大稳岗补贴政策力度，实施失业保险稳岗返还政策，对不裁员、少裁员、符合条件的用人单位返还单位及其职工上年实际缴纳失业保险费总额的 50%。疫情严重地区可推迟调整社保缴费基数，允许企业按照当地社保、公积金缴纳基数下行执行，允许其在疫情结束后再行补办参保登记、缴纳社保等业务。对个体工商户、出租车司机、餐饮服务员、导游等受影响较大的中低收入群体减免个人所得税。

二、扩大内需，增加疫后服务业薄弱环节投资和重点领域消费

结合促进形成强大国内市场，提前谋划在疫情结束后，增强服务业薄弱环节投资和重点领域消费的举措。在投资方面，建议加大医疗卫生、科学研究领域投入力度，提高一线医护人员工作补贴，提升应对突发传染性疾病防治管理能力，增强创新能力建设。重视对 5G、人工智能等领域的投入，支持线上与智能服务新业态发展，创造新的市场需求和就业岗位；在消费方面，建议针对受疫情影响严重的特定行业和地区发放消费券，落实带薪休假制度，优化消费环境，扩大旅游、文化、娱乐、餐饮、家政等服务消费。

三、加强培训，提升服务业人力资源水平和从业人员素质

利用互联网培训方式和疫情防控空档期，由行业协会、龙头企业、大专院校等共同协作，实施有针对性的员工培训计划和课程，提高服务业从业人员专业水平，推动行业转型升级。加大力度开展适应新一轮科技革命和产业变革需求，以及适应网络消费、在线服务、宅经济等新型行业特点的劳动力技术培训，提升服务业从业人员素质和择业就业能力。对受疫情影响较大的服务行业，在停工期间或当年组织开展各类线上职业培训，纳入地方教育附加专项资金补贴企业职工培训范围，按实际培训费用享受补贴。

四、深化改革开放，探索适应新业态新模式的监管体系

在有序开放、规避产业安全风险前提下，精简完善外商投资准入负面清单，大幅度放宽市场准入，加快金融、电信、教育、医疗、文化等领域开放进程。加快与国际通行的开放规则接轨，加大知识产权保护力度。借鉴自贸区、服务业扩大开放综合试点和深化服务贸易创新发展试点已取得的经验，加大开放改革推广力度。推进工业主辅分离和事业单位改革，培育一批专业性强的研发设计、现代物流、商务咨询等服务企业。鼓励先行先试、容许免责试错，对缺乏成熟标准或不适应既有监管体系的服务及时开展研究监测，出台适应性的监管方式方法。探索服务业跨部门协同监管机制，加强事中事后监管和全程协同监管。对平台经济、分享经济、健康服务、文化创意等新业态，加快研究制定相关法律法规，强化行业自律管理。利用大数据等手段，建立开放的服务质量社会监管平台，针对旅游、医疗、电子商务、通信等消费者投诉较多的行业，重点加强服务质量和安全监测。

第十七章 健康养老服务业形势分析：2019—2020 年的主要变化

随着"健康中国"战略的实施，人口老龄化迅速推进，人们对健康养老产品和服务需求不断增加，健康养老产业面临着巨大的发展机遇。近年来，我国对健康产业和养老产业的政策支持力度不断加大，健康产业、养老产业快速发展，产业规模持续扩大，新业态新模式不断涌现，成为我国增速最快、发展潜力最大的产业之一。但相对于群众多层次多样化需求，仍然存在供给不足、质量不高、发展不均衡、创新支撑能力较弱等问题。为进一步加快健康产业、养老产业发展，应进一步优化产业发展环境、加强行业市场监管；深化产业融合发展，增强规模经济效应；强化产业科技支撑，提高综合竞争力；加强专业人才队伍建设，提高服务质量。

第一节 我国健康养老服务业发展形势

一、健康产业发展态势

近年来，党中央、国务院高度重视人民健康工作，把人民健康放在优先发展的战略地位，健康产业发展政策红利持续释放。《"健康中国2030"规划纲要》提出将"健康中国"上升为国家战略，建立体系完整、结构优化的健康产业体系，形成一批具有较强创新能力和国际竞争力的大型企业，成为国民经济支柱性产业。党的十九大部署"实施健康中国战略",指出"人民健康是民族昌盛和国家富强的重要标志"。同时，随着人们收入水平的不断提高以及健康意识的提升，居民健康诉求明显上升，人均医疗保健支出持续增加。大数据、互联网、云计算等新一代信息技术的不断突破和深化应用，为大健康产业快速发展提供了广阔的空间，生物科技创新成果开拓了大健康产业的新领域。总之，随着"健康中国"战略的深入实施、健康需求的持续释放和现代科技的不断进步，大健康产业已经迎来一个快速发展期，预计未来十年我国大健康产业将会以每年 10% 左右的速度增长。

专栏 17-1　　　　　　　　　　健康产业统计分类

　　2019 年 4 月，国家统计局发布《健康产业统计分类（2019）》，对健康产业的概念及范围进行了界定，指出"健康产业涵盖一、二、三产业，包括以中药材种植养殖为主体的健康农业、林业、牧业和渔业，以医药和医疗器械等生产制造为主体的健康相关产品制造业，以医疗卫生、健康保障、健康人才教育及健康促进服务为主体的健康服务业。"

　　根据健康产业概念、范围及统计分类编制原则，将健康产业划分为 13 个大类、58 个中类、92 个小类。13 个大类主要包括：中药材种植、养殖和采集，医药制造，医疗仪器设备及器械制造，健康用品、器材与智能设备制造，医疗卫生机构设施建设，医疗卫生服务，健康事务、健康环境管理与科研技术服务，健康人才教育与健康知识普及，健康促进服务，健康保障与金融服务，智慧健康技术服务，药品及其他健康产品流通服务，其他与健康相关服务等。

　　资料来源：国家统计局网站。

---

1. 健康产业保持持续、快速增长

近年来，受国家政策利好的不断释放、居民健康需求的不断增加和现代科技的不断进步，我国健康产业步入加速发展期。《中国大健康产业发展蓝皮书（2018）》数据显示，2012 年，我国大健康产业增加值规模为 4.2 万亿元，2016 年增加值规模约为 7.3 万亿元，年均增长 11.69%。
医药制造业作为我国大健康产业的主体，近年来保持了较为快速的增长。
统计数据显示，2012-2017 年，我国医药制造业规模以上企业基本保持
5% 左右的增长，2017 年医药制造业规模以上企业达到 7532 家。我国医
药制造业主营业务收入也保持较快增长，从 2012 年 17803 亿元增至 2016
年 28063 亿元，年均增速 12.05%，增速远高于其他制造业领域。2017 年
医药制造业呈现负增长，主营业务收入为 27116 亿元。2018 年，医药制
造业统计口径发生变化，我国医药制造业营业收入为 24264.7 亿元。

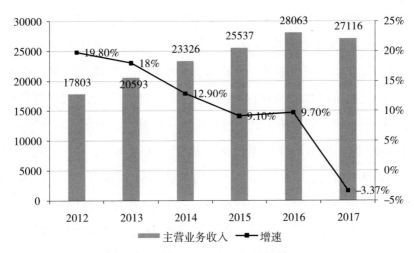

图 17-1　2012-2017 年我国规模以上医药制造业主营业务收入变化趋势

数据来源：《中国统计年鉴（2013-2018）》。

表 17-1　2012-2018 年我国医药制造业产业的企业数量

	企业个数	增速
2012	6075	–
2013	6525	7.41%
2014	6797	4.17%
2015	7116	4.69%

续表

	企业个数	增速
2016	7449	4.68%
2017	7532	1.11%
2018	7581	0.65%

数据来源：《中国统计年鉴（2013-2019）》。

2. 健康服务业成为大健康产业的新增长点

健康服务业是在国家经济发展和健康需求增长的背景下日益发展起来的。《国务院关于促进健康服务业发展的若干意见》以及《"健康中国2030"规划纲要》均明确提出，到2020年我国健康服务业总规模要达到8万亿元，2030年要达到16万亿元。医疗服务、健康管理和健康保险是健康服务业的三大核心。从医疗服务业来看，随着鼓励社会资本参与医疗体制改革和投资医疗行业的政策不断出台，原来以投资体检、牙科等医疗服务为主的趋势正转向投资医院、康复、诊疗等核心医疗业务。2005-2019年，全国医疗卫生机构总诊疗人次由40.97亿人次增至87.2亿人次，年均增加3.30亿人次，年均增速5.54%。2016年，我国医疗服务总量已位居世界之首（范宪伟等，2018）。在健康管理领域，"治未病"的理念越来越被国人重视，各类健康管理中心、体检中心快速发展，据美国Forst & Sullivan估算，2018年我国体检市场规模将达1886亿元。在健康保险领域，我国尚处于起步阶段。《中国商业健康保险问题研究及政策建议课题报告》显示，2014年以来，商业健康险市场空前活跃，健康险保费收入连年迅速增长，年复合增长率达到40.4%，如果以2012-2017年间保费收入五年复合增长率达38%为依据，预计到2020年健康保险市场规模将超万亿元。

3. 支持健康产业发展的政策利好将持续

近年来，国家围绕大健康产业发布了系列支持政策措施。2013年国务院印发的《关于促进健康服务业发展的若干意见》，从国家层面提出"健康服务业"的概念，并提出到 2020 年健康服务业规模要达到 8 万亿元以上；2015 年政府报告中首次提出"健康中国"概念，并提出要建设"健康中国"；2015 年 10 月，十八届五中全会将建设"健康中国"上升为国家战略；2016 年 10 月，中共中央、国务院印发《"健康中国 2030"规划纲要》，提出要把健康产业打造成为国民经济支柱性产业；2017 年 6 月，科技部等六部委发布《"十三五"健康产业科技创新专项规划》，是健康产业科技创新领域的第一个五年规划，对大力发展健康科技产业群和服务新业态具有重要推动作用。2019 年 9 月，国家发展改革委等 21 部委发布《促进健康产业高质量发展行动纲要（2019-2022 年）》（以下简称《行动纲要》），《行动纲要》围绕重点领域和关键环节实施推出了 10 项重大工程，对促进健康产业高质量发展作出了一系列部署。除了国家层面出台的政策外，各省市地区也纷纷出台产业政策抢占大健康机遇。各项国家及地方政策及相关规划的陆续出台，为我国大健康产业提供了行动的指南，也为我国大健康产业发展创造了空前利好的政策环境。未来，在产业结构调整成为主流趋势的情况下，支持和鼓励健康产业发展利好政策仍将持续。

二、养老产业发展态势

养老产业是通过市场化配置养老资源为老年人口提供产品和服务，满足老年人特殊需求的综合性产业。既是涉及亿万群众福祉的民生事业，也是具有巨大发展潜力的朝阳产业，是老龄社会条件下的基础性产业、支柱性产业和战略性产业。近年来，随着人口老龄化的加剧，国家越来越重视养老产业的发展，出台了一系列养老产业引导政策，保障融资、用地、税费减免等优惠政策的落实，鼓励和引导相关行业积极拓展适合老年人特点的健康服务、旅游休闲、文化娱乐、精神慰藉等老年服务业的发展，支持企业开发康复辅具、食品药品、服装服饰等老年用品用具和服务产品。养老产业得到了较快的发展，养老服务业增加值在服务业中的比重有了明显提升。

1. 养老产业发展速度较快、市场空间巨大

近年来，随着各类市场主体和社会力量的广泛进入，养老服务的消费市场潜力被不断激发，社会力量通过独资、合资、合作、联营、参股、租赁等方式积极布局养老产业，以老年生活照料、老年产品用品、老年健康服务、老年体育健身、老年文化娱乐、老年金融服务、老年旅游等为主的养老产业得到了较快的发展，养老机构快速增加，养老床位数不断增加，产业规模不断扩大，养老产业产值在 GDP 中所占比重迅速上升，稳增长、扩消费、惠民生的作用日益凸显。养老机构数从 2012 年的额 4.43 万个增至 2018 年 16.8 万个（养老机构和设施个数）[①]，年均增长 23.27%。养老机构床位数从 2012 年的 416.5 万张增至 2017 年的 744.8 万张，年均增长 12.33%，2018 年，受养老行业规范整治的原因，养老机构床位数出现下降，为 727.1 万张。其中，2015 年末，全国社会力量办养老机构数占养老机构总数的比例上升至 41.5%，预计到 2020 年，社会力量办养老机构占养老机构总数比例将超过 50%。未来是，随着我国人口老龄化程

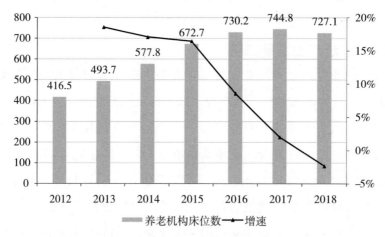

图 17-2　2012-2018 年我国养老机构床位数情况（单位：万张）

数据来源：《2012-2018 年社会服务发展统计公报》。

---

① 2018 年数为养老机构和设施数量。

度的不断加深，我国养老服务需求的不断增加，养老产业市场空间将进一步扩大。

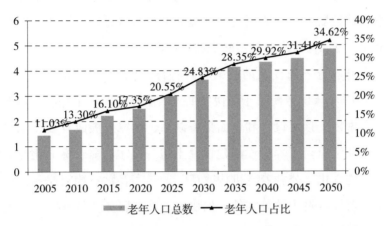

图 17-3 2005-2050 年我国老年人口及占比情况（单位：亿人）

数据来源：2005-2015 年数据来源于社会服务发展统计公报（2010 年和 2015 年），2020-2050 年数据来源于 United Nations：*World Population Prospects 2019*。

2. 养老产业业态日益丰富、"养老 +"新模式不断涌现

随着养老产业的不断发展，服务业态日益丰富。以"互联网+"为驱动，养老产业与健康、养生、旅游、文化、健身、休闲等产业融合发展趋势日益突出，养老产业新模式、新业态加快涌现，产品形态逐步多元，除医疗、互联网、旅游之外，地产、保险以及投融资机构是参与养老跨界融合最典型的三者。如，目前我国老年旅游人数占全国旅游总人数的比重超过 20%，成为仅次于中年旅游市场的第二大旅游。第四次中国城乡老年人生活状况抽样调查显示，我国老年人口受教育程度正在大幅提升，2015 年初中和高中文化程度已占 25.8%，大专及以上文化程度占 3.1%，与 2000 年相比，分别上升 14.3% 和 1.1%。智慧养老成养老产业发展的新趋势，利用物联网、移动互联网、云计算、大数据等信息技术，开发应用智能终端和居家社区养老服务智慧平台、信息系统、APP 应用、微信公众号等，居家社区养老的服务内容和服务范围大大拓展，由单纯的

社区服务帮扶逐步延伸到家政、助餐、助浴、助洁、助急、助医等服务领域。丰富的业态也促进了老年用品市场日渐繁荣，老年用品制造业创新发展，适合老年人的食品、药品、服装等供给逐步丰富，相关企业研发的康复辅助器具、健康促进、健康监测可穿戴设备、智能看护等产品的安全性、可靠性和实用性不断提高。

3. 支持养老产业发展的政策利好将持续

自 2013 年《国务院关于加快发展养老服务业的若干意见》对养老服务业发展做出了顶层设计和全面部署以来，国家发展改革委、民政部等有关部门陆续出台了养老设施建设、土地、人才培养、标准化、责任保险、社区信息化、公办养老机构改革、老年人补贴、购买服务、长期护理保险试点等近百个政策文件，加快推动养老服务业发展、全面放开养老服务市场。2016 年底，为促进养老服务业更好更快发展，国务院办公厅印发了《关于全面放开养老服务市场 提升养老服务质量的若干意见》，意见着眼于养老服务业面临的突出短板，提出了针对性要求，是全方位开展养老服务质量建设、打造养老服务"中国品牌"的系统性指导，为养老服务业发展营造了良好的政策环境。此后，《关于加快推进养老服务业放管服改革的通知》《智慧健康养老产业发展行动计划（2017–2020）》《关于推进养老服务发展的意见》《关于促进老年用品产业发展的指导意见》等为养老产业发展创造了空前利好的政策环境。未来，随着人口老龄化程度的不断加深，支持和鼓励养老产业发展利好政策仍将持续。

第二节　我国健康养老服务业存在的问题与原因

一、健康产业发展存在的问题

1. 产业规模相对较小、供给尚不能满足人民健康需求。

当前，尽管我国健康产业发展较快，但健康产业发展仍处于起步阶段，产业规模相对较小。数据显示，美国健康产业占美国 GDP 比重超过 15%，加拿大、日本等国家健康产业占各自 GDP 比重也超 10%，我国健康产业仅占我国 GDP5% 左右。我国健康产业供给尚不能满足人民日益增长的健康服务和产品需求。目前，我国大健康产业主要以医药产业和健康养老产业为主，健康管理服务产业比重最小，高端医疗服务、健康管理服务、健康养老、商业健康保险等领域发展相对迟缓，尚不能为消费对象提供整体化全方位的健康服务，消费能力外溢问题严重，赴日本进行癌症早期风险筛查、赴韩国进行整形美容等是当前较为典型的健康消费外溢现象。

2. 产业融合程度和集群集聚效应有待提升

目前，我国大健康产业正处于发展初期，健康产业融合发展程度较低，产业链各个环节上都显得比较分散。如商业保险公司与医疗、体检、护理等机构缺乏合作，相关保险产品开发不足。我国部分地区仍以"粗放式"招商引资方式发展健康产业，所引进的企业相互之间往往缺乏产业活动上的联系，导致健康产业体系主导产业不明确或对关联产业带动效应较弱，促使许多"健康产业集群"大多呈现出一种松散的地理集中特征，各自发展，缺乏有机联系，产业集群集聚效应有待优化提升。

3. 支撑产业发展的研发和技术创新不足

我国健康产业很大程度上还是追随国家发展的角度，仿制国外的产品，在中低端市场打价格战，缺乏高端产业孵化和服务平台。而且多数健康厂商规模较小，企业研发力量薄弱，低水平的重复生产等问题十分严重，国内鲜有具有国际竞争力的健康产业。相对于国际上先进的医疗医药水平，国内在医药创新研发上还存在较大差距。技术基础薄弱，个性化服务不足，健康行业仿制现象频出，高新技术缺乏等问题都阻碍着大健康产业的发展（范月蕾等，2017）。

二、养老产业发展存在的问题

1. 养老产业总体供给不足、供需结构性矛盾突出

养老产业具有投资规模大、回收周期长、运营管理难度大、产业利

润薄等特点，尽管政府出台了一系列支持养老产业发展的政策举措，但由于人口老龄化程度的不断加深，尤其是随着高龄和失能失智老人数量不断提升，我国养老产业供给仍不足，居家、社区养老服务供给能力不足，养老机构服务供给总量短缺与结构矛盾并存，"有钱买不到服务"现象突出（乔晓春，2019）。目前，我国失能失智老年人口约4500万人，而全国养老机构中护理型床位的占比仅有1/4左右，能够配套提供护理服务的床位比例更低；中度和重度失能老年人能够入住养老机构的还不到10%，这部分老年人对家政服务的供求缺口率高达55%；城市老年人需要的社区助医、日托和助餐等服务，缺口率在60%-70%，农村老年人对这些服务的缺口率高达90%。

2. 产业间发展不均衡、产业链带动效应尚未完全形成

养老产业涉及领域多，覆盖面广，能直接拉动老年用品生产、老年旅游、老年金融理财、老年文化等相关行业发展，还能对上下游如建筑、机械、家电能行业有带动作用。与国外同等老龄化程度的发达国家相比，我国养老产业规模偏小，缺乏持续扩张的鲜明战略，产业间发展不平衡。现有养老产业基本上是房地产业先行，养老服务产业跟进，养老用品产业的发展面临困难，养老保险和金融产业发展滞后。市场上老年产品多为营养品、保健品，而食品、服装等老年人日常用品较少，老龄生活辅助器材、老年助行器、老年康复器材和老人护理用品、老年文化用品生产不足（曾红颖等，2019）。同时，我国养老产业间各环节分散、独立，未形成带动效应。企业普遍重生产轻研究，养老产业上游的研发设计机构数量稀少，缺乏产品自主研发，核心价值低，使得在整个领域处于附属的地位，影响了发展后劲。在整个产业链核心的中游环节，产品附加值低、生产效率低，尚未形成规模效应，养老服务的专业知识技能以及技术含量低、服务态度较差。养老产业链下流的营销与物流服务环节，由于市场集中度低，产品品牌意识差，直接影响了养老产品和服务的市场价值。

3. 专业人才缺乏、服务质量不高

老龄人口的增多对医疗卫生、休闲保健、托管托养、家政服务专业服务人员的需求大幅增长，但目前一些养老机构的专业护理、管理人才缺乏，从业人员素质和服务管理水平不高。全国从业人员不足百万，取得养老护理员职业资格的仅有几万人，大部分养老机构缺乏医生、护士、营养师、康复师等专业人员，尚不能适应社会不同收入群体的不同养老需求。《2018 中国民政统计年鉴》数据显示，我国鉴定合格的养老护理员只有44102 人。而全国失能、半失能老人约有 4000 万左右，若按照国际上失能老人与护理员 3：1 的配置标准推算，我国至少需要 1300 万护理员，养老护理人员缺口严重。同时，现有护理人员整体素质较低，服务质量不高。现有养老服务从业人员多来自农村进城务工人员和城市失业下岗人员，且多为"40 后""50 后"，文化素质普遍不高；且其大多未经岗前培训和专业技能培训，不具备养老护理员执业资格，专业水平、业务能力、服务质量等方面均存在很大不足，不能有效满足服务对象的需求。

第三节　我国健康养老服务业展望与对策

一、健康产业发展展望与对策

1. 健康产业发展展望

与国外发达国家相比，当前，我国健康产业发展相对滞后，产业规模较小，占 GDP 的比重还不高。展望未来，健康产业将成为我国增速最快、发展潜力最大的产业之一。

一是从产业发展的供需两侧来看，大健康产业发展都面临巨大的发展机遇，健康产业将进入快速增长期，成为新的经济增长点。从供给侧来看，随着我国步入高质量发展阶段，在经济转型升级的背景下，健康产业作为新兴朝阳产业，国家及地方政府出台了一系列政策举措支持和鼓励产业发展，各地为抢抓产业发展机遇，纷纷将健康产业列为"支柱

产业"。从需求侧来看，我国人均 GDP 超过 1 万美元，即将迈入高收入经济体，居民的消费能力提升和健康意识增强，居民健康需求的不断增加，对医疗、养生、康复、护理等健康需求不断增加。受新冠肺炎疫情影响，居民对医疗服务、医疗物质的需求将进一步加大，国家也将进一步推动医疗物质储备体系建设，大健康产品和服务需求将进一步增加。

二是从健康产业内部结构来看，健康产业结构将进一步优化，产业融合发展与细分行业垂直深化并存，产业发展新业态不断涌现，高科技化、精准化、智能化将成为产业发展的趋势。第一，高端医疗服务、健康管理服务、健康养老、商业健康保险等健康服务业将快速发展，不断满足人民群众多层次多样化健康需求；第二，健康产业与旅游、养老、文化等产业融合发展趋势将进一步加强，行业内部高端医疗服务、康复护理服务、医疗美容、生物医药等细分领域需求将进一步释放，推动健康产业格局的不断优化；第三，健康产业将朝向高科技化、精准化、智能化方向发展。可穿戴设备、远程医疗、区块链医学等高科技将持续在健康领域大范围应用，AI 智能等信息化技术够将提升诊断治疗的智能化的水平，精准的检测、治疗、监测、康养等个性化、专业化的全生命周期健康服务将成为行业发展的大势。受新冠肺炎疫情影响，远程诊断、在线问诊、医药电商发展速度将进一步提升，大数据、人工智能等新技术运用将加速。

2. 健康产业发展对策

一是大力发展新业态、新模式，推动产业融合发展。深化健康产业跨界融合，顺应健康消费多样化差异化的新趋势，鼓励市场力量进入健康领域，大力发展多样化多层次健康服务新业态。加强健康医疗大数据应用体系建设，积极推动"健康 + 人工智能"发展，培育应用新业态。深化健康产业跨界融合，积极促进健康与养老、旅游、健身、休闲等产业融合发展，延长产业链条，形成产业互促、相互支撑的发展格局。

二是强化产业发展的科技支撑，加快推进健康产业科技进步与创新。

加大健康科技创新支持力度，聚焦健康科技发展最前沿，围绕重大疾病防控需求和健康产业发展需要，规划布局一批卫生与健康领域的创新平台，大力推进基因组学、人工智能、高端芯片等前沿技术和关键领域取得突破和高端产品研发，为整合优势资源、创新技术产品、培育健康产业提供坚实的支撑基础。

三是优化行业发展环境，强化行业综合监管。推进健康产业"放管服"协调联动，严格落实相关减税降费政策，放宽准入限制，强化投融资支持，加强规划用地保障，为健康产业发展提供良好的市场环境。建立适应健康产业新技术、新产品、新业态、新模式发展的包容有效审慎监管制度，推动由分散多头监管向综合协同监管转变，探索建立政府监管、行业自律和社会监督相结合的治理体制，更多发挥信用联合惩戒、行业禁入等措施作用，预防分散化的不规范、不诚信行为。

四是加强专业人才培养培训，提高服务质量。实施健康人才培养工程，鼓通过励校企合作等形式，支持院校建设健康产业特色学院和研究机构，增设相关专业和相关课程，培养一批具有专业知识技能的健康人才。加强专业技能培训，全力培养应用型高素质医疗健康人才，加快建设中医药健康服务、卫生应急管理、卫生信息化建设的复合人才队伍；促进顶级医师专家交流。鼓励医师多点执业；创新医务人员提供服务的模式，鼓励国医大师、国医名师等中医药专家设立大师馆、名医馆、工作室、研究站等（张车伟，2019）。

二、养老产业发展展望与对策

1. 养老产业发展展望

经过"十三五"短暂的减速期后，"十四五"我国人口老龄化将再次提速。联合国《世界人口展望（2019 版）》数据显示，"十三五"时期，我国 60 岁以上老年人口年均增加约 770 万人，老龄化率年均提高 0.47 个百分点，而"十四五"时期，老年人口平均每年将增加近 1000 万人，老龄化率平均每年提高 0.64 个百分点，分别是"十三五"时期的 1.3 倍和 1.4 倍。人口老龄化的加深将带来养老产品和服务需求的快速增长，养老需求的快速增长为养老产业发展提供了巨大的市场潜力，可以预见，中国养老产业将迎来一个新的大发展时期。

一是市场需求的日益旺盛和政策红利的持续释放将进一步激发养老产业发展的动力和活力，养老产业将迎来新的大发展时期。一方面，老年人口规模的持续扩大和消费能力的提升将带来养老需求的整体扩张。相关研究显示，未来我国人口老龄化程度将不断加深，"十四五"时期我国 60 岁以上老年人口年均增加近 1000 万人，将会进入中度老龄化社会。到 2035 年将突破 4 亿人，占总人口 30% 左右，届时将步入重度老龄化社会（顾严，2019）。老龄化的加剧将催化养老产业的快速发展，养老产业的市场空间将持续释放。同时，随着经济社会发展和社会保障制度的逐步完善，老年人口消费能力的不断提升，银发消费市场规模不断扩大。全国老龄工作委员会预测，我国养老产业规模到 2030 年有望达 22.3 万亿元。《中国老龄产业发展报告》数据显示，2014-2050 年间，我国老年人口的消费潜力将从 4 万亿增长到 106 万亿元左右，占 GDP 比重从 8% 增长到 33%，成为全球老龄产业市场潜力最大的国家。由此可见，养老产业是未来待开发的新经济，也是未来中国乃至世界经济持续发展的稳定驱动力之一。另一方面，近年来，国家高度重视养老产业发展，制定和出台了一系列政策措施支持和鼓励养老产业发展，未来随着人口老龄化程度的不断加深，为了满足老年人口多样化多层次个性化需求，国家将进一步加大对养老产业发展的支持，养老产业发展的政策红利将持续释放。

二是养老产业机构将进一步优化，养老服务需求旺盛，养老服务业将持续快速增长，老年用品蓝海市场容量大，有望培育经济新增长点和新动能，智慧养老、健康养老等融合发展模式将成为养老产业未来发展趋势。第一，人口老龄化过程中，失能失智、高龄、空巢老人的数量快速攀升，国家卫健委预测 2020 年全国失能／半失能老人将达 6500 万人，70% 的大中型城市老年人家庭是空巢家庭，日常护理、慢病调理、长期照护、精神陪伴等养老服务需求大幅增加，养老服务业将更加快速增长。第二，当前，老年人用品发展滞后，据有关方面统计，目前全球老年用品有 6 万多种，而日本就有 4 万多种，占 2/3 多，我国仅有 2000 多种。为引导老年用品产业高质量发展，培育经济新增长点和新动能，2019 年 12 月，工信部、民政部等 5 部委《关于促进老年用品产业发展的指导意见》（以下简称《指导意见》），《指导意见》作为国家层面第一个促进老年用品产业发展的引导政策，提出到 2025 年，老年用品产业总体规模超过 5 万亿元，功能性老年服装服饰、智能化老年日用辅助产品、安全便利养老照护产品、康复训练及健康促进辅具及适老化环境改善产品等老年用品行业迎来重大政策利好，将激发行业快速发展。第三，随着互联网产业的不断升级，传统养老服务产业联合物联网、云计算、大数据、智能硬件等新一代信息技术产品形成智慧健康养老生态，能助力养老资源实现有效对接和优化配置，为老年人提供更有针对性和个性化的产品和服务。

2. 养老产业发展对策

一是强化养老产业科技支撑，推动产业融合发展。加大老龄产业科技支撑力度，加快老年相关产品和服务的科技研发，加快推动老年医学科技发展，积极发展以主动健康技术为引领的信息化老年健康服务，形成"产、学、研、用"紧密结合的创新链与产业链的融合，提升养老产业核心竞争力。积极推动互联网、人工智能、大数据等新技术与养老产业融合发展，布局建设一批智慧健康养老创新平台，解决行业共性技术供给不足问题，创新产业生态体系。支持养老产业与健康、旅游、文化、家政、教育、金融等产业融合发展，丰富养老服务产业新模式、新业态。

二是加强专业人才培训培养，提高服务质量。一方面，逐步完善养老产业专业人才教育培养结构，科学进行专业设置，引导高校自觉加强专业建设，仿照"免费师范生"模式，吸引更多生源，培养更多专业人才。建立完善养老产业职业体系，积极开展养老护理员职业技术等级认定，完善老年产业相关职业资格认证制度和以技术技能价值激励为导向的薪酬分配体系，拓宽职业发展前景。另一方面，加强养老产业专业人才岗位培训的力度，保证培训的质量和效果。养老护理员应严格遵守"持证上岗"制度，对在岗人员定期轮训。加强养老服务专业人才的职业资格考试认证制度，进一步健全职业技能鉴定管理和质量监督制度，推动鉴定管理科学化、规范化发展。

三是优化产业发展环境，加强市场监管。研究建立全国范围内的养老产业分类目录、专项统计调查制度及指标等，对养老产业进行动态系统监测。健全老年服务和产品市场的准入、退出、监管制度等，加强和改进养老产业的监管工作，实行规范严格的质量检查制度和抽查制度，厘清针对老年消费市场的监管责任主体，提高商家不法行为的违法成本，使养老产业在高质量发展轨道上有所遵循，不断提升服务品质，改善服务体验，营造安全、便利、诚信的服务环境。建立完善的养老产业产品（服务）技术标准体系和行业认证标准体系，以标准体系引导和规范各类市场主体行为。

第十八章 能源产业形势分析：
2019—2020 年的主要变化

2019 年，面对复杂多变的国内外环境，我国能源行业迈出高质量发展新步伐，全年能源供需形势整体宽松，能源价格稳中有降，有效保障了经济社会平稳运行和持续健康发展。国内能源生产量再创历史新高，石油产量止跌回升，天然气连续第三年增产超过 100 亿立方米，全国新增发电装机约 1 亿千瓦，一次能源自给率回升至 82% 左右。能源消费稳步增长，同比增加 3.3%，电力增量和增速较 2018 年均明显回落，弹性系数维持在合理区间。能源消费结构进一步优化，煤炭消费比重再降 1.3 个百分点，天然气及非化石能源等清洁能源比重提高 1 个百分点，电能替代加快推进。单位 GDP 能耗同比下降 2.6%，能源普遍服务水平不断提高，能源发展质量继续提升。能源领域供给侧结构性改革深入推进，电力现货市场试运行，国家油气管网公司新立。煤炭、电力等能源价格稳中有降，有效降低经济社会发展成本。2020 年是全面建成小康社会和"十三五"规划收官之年，虽然年初突发了新冠疫情，但总的来看，疫情不会改变我国能源清洁、低碳发展的总体趋势，预计可完成"十三五"发展能源总量、强度控制及非化石能源比重等主要目标，为持续推动经济社会高质量发展做出积极贡献。

2019 年，面对复杂多变的国内外环境，我国经济平稳健康发展，GDP 连续 18 个季度运行在 6.0%~7.0% 区间，显示出强大韧性。2019 年能源总体供需平衡，保障能力进一步提升，能源价格稳中有降，能源结构进一步朝向清洁、低碳方向发展，能源普遍服务水平明显提高，有效保障了经济社会持续平稳运行。2019年能源领域供给侧结构性改革深入推进，电力和油气行业体制改革都取得新突破，能源市场化改革步伐明显加快，为实现"十三五"各项发展目标打下了坚实基础。

第一节　能源消费稳定增长，电力消费增速明显回落

在中美贸易摩擦曲折反复、国内经济下行压力不断加大的宏观背景下，2019年我国能源消费平稳增长。

能源消费增速和增量均与去年基本持平。近三年来，我国能源消费增长持续反弹，能源消费弹性系数保持在0.4~0.6左右的合理区间，反映出高质量发展的良好趋势（图18-1）。2019年能源消费总量保持了与2018年相同的增量，全年增加约1.5亿吨标准煤（图18-2），同比增长3.3%（图18-3）。

2019年全国能耗总量和强度"双控"目标均超额完成任务。根据国家统计局数据，2019年全国单位GDP能耗较上年下降2.6%，"十三五"

图18-1　我国近年来能源消费弹性系数变化

数据来源：根据国家统计局公布数据测算。

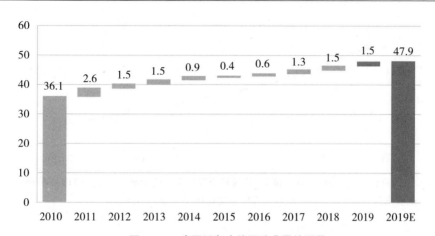

图 18-2　我国近年来能源消费量的增量

数据来源：2010~2018 年中国能源统计年鉴，2019 年数据来自国家统计

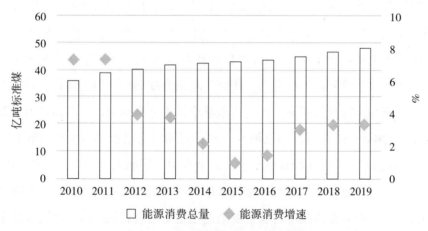

□ 能源消费总量　◆ 能源消费增速

图 18-3　我国近年来能源消费总量和增速

数据来源：2010~2018 年中国能源统计年鉴，2019 年数据来自国家统计局

前四年全国能耗强度累计下降约 13.7%，完成"十三五"下降 15% 总目标进度的 90.9%（图 18-4）。但是，"十三五"前四年能源消费累计增长约 4.9 亿吨，约占"十三五"能耗增量控制目标的 70.5%，低于 80% 的进度控制目标约 10 个百分点。

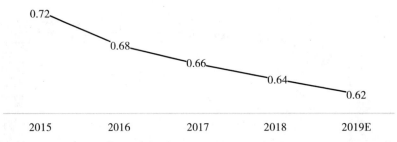

图 18-4　我国近年来单位 GDP 能耗下降情况（吨标准煤 / 元，2010 年价格）

数据来源：2015~2018 年数据来自国家统计局，2019 年作者计算

全社会用电量平稳增长，增量和增速较 2018 年均明显回落。在宏观经济平稳增长、电能替代加快推进等背景下，2019 年全社会用电呈现稳步增长态势，全社会用电量达 7.23 万亿千瓦时，同比增加 3093 亿千瓦时、同比增长 4.5%。但是受到传统产业转型、天气温和、上年高基数等因素影响，用电增量比上年减少 3000 亿千瓦时（图 5）、用电量增速也较上年大幅回落 4 个百分点。尽管"电代煤"政策力度调整，但电能替代政策的继续推进和实施，依然是全社会用电量增长主要推动力，全年新增电能替代量约 2000 亿千瓦时，同比增长 30%，对用电量增长的贡献率达到 65% 左右。根据前三季度统计数据显示，冶金电炉、辅助电动力、建材电窑炉、工业电锅炉等电能替代量合计比重接近 55%，继续加快对煤炭等化石能源替代。第三产业及高技术与装备制造业用电量增长较快，高载能行业用电显著回落。在服务业尤其是信息、金融、交通、租赁等现代服务业发展的带动下，第三产业用电量保持较快增速，同比增长 9.5%，对全社会用电量增长的贡献率为 33.1%，比上年提高 10.1 个百分点。工业部门结构调整加快，四大高载能行业依旧是用电量增长的主要部分，同比增长 2%，但用电增量比上年缩减了 64%，用电增速比上年回落 4.1 个百分点，相当于拉低全社会用电量增速 2 个百分点；汽车、医药、计算机 / 通信 / 电子设备制造业为代表的高技术及装备制造业用电量同比增长 4.2%，高于制造

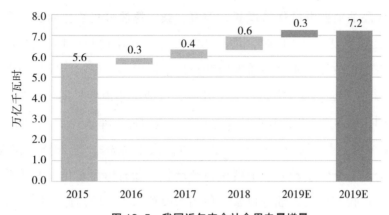

图 18-5　我国近年来全社会用电量增量

数据来源：根据中国电力企业联合会年度统计数据整理

业用电平均增速（2.9%），成为电力消费增长的新亮点。

2019 年煤炭消费连续第三年保持小幅回升，但仍低于 2013 年，总体处于峰值平台期。初步估计，全年煤炭消费量约 39.4 亿吨，增加 4000 万吨左右，同比增长 0.8%（图 18-6）。电力、钢铁、建材、化工等主要行业耗煤量分别同比增长 0.8%、4.3%、3.1% 和 1.8%，其他行业耗煤量同比减少 3000 万吨、同比下降 7.9%。

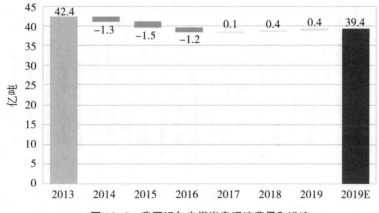

图 18-6　我国近年来煤炭表观消费量和增速

数据来源：2013~2018 年中国能源统计年鉴，2019 年数据为作者估算

　　成品油消费继续保持增长，但汽、柴、煤油分化趋势明显。全年成品油表观消费量3.3亿吨，增加447万吨，同比增长1.4%（图18-7）。受经济增速放缓、车辆销售遇冷和替代能源发展等影响，成品油消费增速较2018年回落4.6个百分点。其中，汽油全年消费量同比增长2.3%，增速同比回落5.5个百分点。柴油全年消费同比下降0.5%，较2018年下降4.6个百分点。煤油需求增速放缓，同比增长4.3%，较2018年降低8.5个百分点。全年石油表观消费量持续增长。随着恒力石化、浙江石化等大型炼厂投产以及原油进口权和使用权改革深入，国内原油加工量持续增加，全年加工量达到6.52亿吨，同比增长7.6%，增速较上年提高0.8个百分点。受此拉动，全年石油表观消费量约6.6亿吨，同比增长3680万吨，增速为5.9%。分季度看，受炼厂产能投产时序影响，石油表观消费增速呈现先增后降态势。

　　天然气消费首次突破3000亿，但增量和增速均明显回落。在因地制宜拓展多种清洁供暖方式的政策引导下，叠加宏观经济下行压力加大、

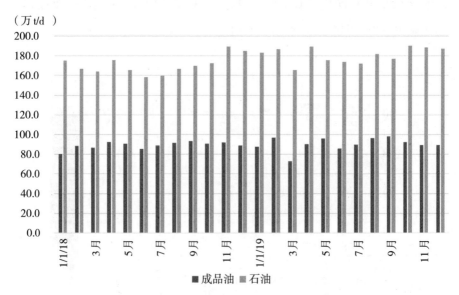

图18-7　2019年逐月成品油日均消费量和石油日均表观消费量

数据来源：根据国家发展改革委经济运行调节局和海关数据整理。

煤改气补贴退坡、供气合同调整、气电上网电价水平下降等各方面因素，发电、工业燃料、城镇燃气等领域用气需求增长较 2018 年全面放缓。全年天然气表观消费量历史上首次突破 3000 亿立方米，同比增长 8.5%，增量 241 亿立方米左右，均显著低于前两年，天然气爆发式增长势头趋弱（图 18-8）。

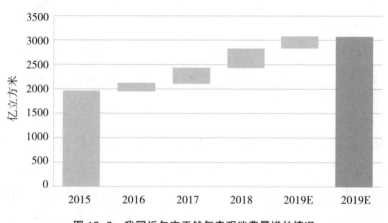

图 18-8　我国近年来天然气表观消费量增长情况

数据来源：根据国家能源局公布信息整理

第二节　能源生产回升势头良好，油气增储上产效果显著

随着煤炭先进产能释放、油气增储上产工作持续推进，清洁能源电力投资稳定增长，2019 年我国能源生产量持续提升。

能源生产回升势头良好，连续第三年保持较快增长。 全年一次能源生产总量达到 39.5 亿吨标准煤（图 18-9），再创历史新高。比 2018 年增加约 1.8 亿吨标准煤，同比增长 4.8%，超过全年能源消费总量增速（3.3%）约 1.5 个百分点。我国一次能源自给率回升至 82.4% 左右，以国内供应为主的特征更加突出，保障经济社会发展的能力保持在较高水平。

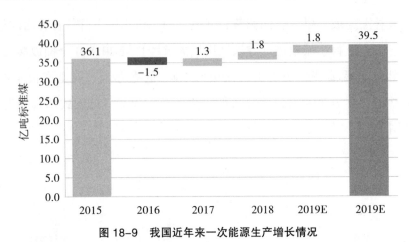

图 18-9　我国近年来一次能源生产增长情况

数据来源：2010~2018 年中国能源统计年鉴，2019 年数据为国家统计局数据

　　原油产量止跌回升，对外依存度持续升高。在增储上产相关政策推动下，国内勘探开发投资、工作力度持续加强，在渤海湾、新疆、川渝等地区取得一系列新突破，常规、非常规资源并举，油气新增探明地质储量触底反弹，新增探明石油地质储量 9.59 亿吨，同比增长 9.4%。原油产量也结束了连跌三年的局面，2019 年原油产量 1.91 亿吨，同比增长 1.0%，增幅较上年提升 2.1 个百分点（图 18-10）。原油进口首次突破

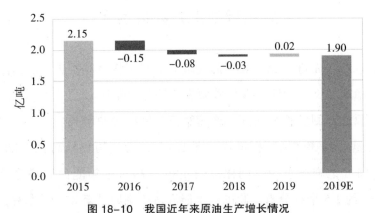

图 18-10　我国近年来原油生产增长情况

数据来源：2015~2018 年中国能源统计年鉴，2018-2019 年数据为作者估算

5 亿吨，对外依存度持续上升。受新建炼厂投产等因素拉动，2019 年我国原油进口持续增加，全年进口量达 5.05 亿吨，同比增长 9.5%，增速较 2018 年降低 1.3 个百分点。按表观消费量计算，我国石油对外依存度超过 70%。与此同时，成品油净出口猛增。成品油供应增速仍大于消费增速，相关企业出口意愿较强。2019 年，我国共出口成品油 6685 万吨，同比增加超过 821 万吨，增长 14.1%。汽油、柴油、煤油出口均大幅增加，且增速快于去年同期。

天然气产量较快增长，对外依存度趋稳。通过加大投资、增储上产，2019 年全国规模以上工业天然气产量 1736 亿立方米，增长 9.8%，连续三年增产超过 100 亿立方米。其中，致密砂岩气、页岩气和煤层气等产量占比超过 30%，增长 23.0%，拉动全部天然气产量增长 6.9 个百分点。按照表观消费量计算，2019 年我国天然气对外依存度 43.4%，与 2018 年基本持平。

煤炭结构性去产能进一步深入，产业优化升级取得成效。2019 年规模以上原煤产量 37.5 亿吨，同比增长 4.2%，增速比 2018 年回落 1.0 个百分点。分类处置年产 30 万吨以下煤矿，关闭退出落后煤矿，同时持续推进煤炭优质产能释放，年产 120 万吨及以上煤矿产能达到总产能的四分之三，煤炭开发进一步向资源富集地区集中，山西、内蒙古、陕西和新疆原煤产量占全国 76.8%，同比提高了 2.5 个百分点（图 18-11）。

发电装机平稳增长，火电利用小时数降幅较大。截至 2019 年底，全国发电装机容量 20.1 亿千瓦，当年新增发电装机 1.02 亿千瓦。全年规模以上工业发电 7.1 万亿千瓦时，比上年增长 3.5%，增速同比回落 3.3 个百分点。其中，火电发电量增长 1.9%，增速明显回落。由于电力需求增长放缓、水电来水形势较好、技术进步带来太阳能发电利用小时数显著提高以及各省市控煤政策等因素影响，火电利用小时数同比明显下降，煤电和气电利用小时数分别为 4416 小时和 2646 小时，比上年分别降低 79 小时和 121 小时。

图 18-11　我国近年蒙晋陕新煤炭产量占全国比重变化

数据来源：根据国家统计局公开数据整理

　　非化石发电保持快速增长，可再生能源发电装机利用率持续改善。截至 2019 年底，水电、风电、光伏发电、核电装机分别达到约 3.6 亿千瓦、2.1 亿千瓦、2.0 亿千瓦和 4874 万千瓦。水电因来水较好发电量增长4.8%，年发电达到 3726 小时，比上年提高 119 小时；核电在新建机组投产运行带动下，增长 18.3%，年发电接近 7400 小时；光伏发电因光照较好，弃光量的下降，年发电量增长 13.3%，发电约 1285 小时，比上年提高 55 小时；风电发电量增长放缓至 7.0%，年发电 2082 小时。总的来看，可再生能源设备利用率不断提高。

第三节　能源价格稳中有降，
能源普遍服务水平进一步提高

　　全国能源供需整体保持宽松态势，带动主要能源品种价格稳中有降，为有效改善实体经济用能成本做出了贡献。

　　动力煤价格稳中有降，供给质量明显提高。自 2016 年以来开展的煤炭去产能工作已从"总量去产能"进入到"深度结构性去产能、系统性优化产能"的新阶段，退出落后产能和释放先进产能"两手抓"的措施取得显著成效。2019 年以来，随着需求放缓、优质产能释放、浩吉铁路投运提升通道能力以及进口煤有效补充和下游高库存等因素影响，动力煤市场供需趋于宽松，价格波动幅度收窄，价格中枢震荡下行。2019 年 12 月，国内主要港口 5500 千卡 / 千克的动力煤平均价下降至 566 元 / 吨，比 2018 年 12 月下降 23 元 / 吨，步入 500–570 元 / 吨的"绿色区间"（图 18–12）。

图 18–12　国内主要港口动力煤平均价（2018–2019）

数据来源：根据 Wind 数据库整理。

电价再降低 10%，用电企业受益。2019 年国家对电网企业增值税税率降低 3 个百分点，此外还通过重大水利工程建设基金征收减半、降低水电核电企业增值税率、延长跨省跨区专项输电工程固定资产折旧年限、重新核定输配电价等举措，实现了 2019 年全国一般工商业平均电价再降低 10% 的目标，降低企业用电成本 846 亿元。

国际油价整体走低，国内成品油价格调整频繁。2019 年世界经济增速放缓，石油需求增速降至 2011 年以来的最低水平。美国等非欧佩克国家供应快速增长，世界石油市场供过于求，国际油价整体走低。全年布伦特原油期货均价 64.2 美元 / 桶，降幅超过 10%。由于地缘政治事件频发，布伦特原油价格波动范围为 54.9~74.6 美元 / 桶，波幅超过 30%。国内成品油价格全年共经历 26 轮调价周期，包括 15 次上调和 7 次下调，因调幅不足 50 元 / 吨而搁置 4 次，汽油和柴油分别累计上调 680 元 / 吨和 675 元 / 吨。

国际天然气市场宽松、价格下行，国内各类价格随增值税下调。一方面，2019 年全球天然气供应持续增加，而消费增速明显趋缓，供应过剩形势加剧，造成主要区域天然气价格呈下行趋势。其中，亚洲和欧洲市场价格跌至 10 年来最低水平，且两地价差进一步收窄。全年东北亚 LNG 现货均价不足 6 美元 / 百万英热单位，比 2018 年下跌近 40%，甚至出现历史上首次季节性价格低于欧洲。大量过剩的 LNG 现货流向欧洲市场，提高了库存水平。另一方面，国内天然气价格随增值税调整而小幅下调。全国平均基准门站价格下调了 0.02 元 / 立方米，自 2015 年存量气和增量气并轨之后门站价格水平连续下降，但终端价格的调整略有滞后，价格机制仍有待完善。同时，国家还下调了跨省管道运输价格，并要求各省调整省内短途天然气管道运输价格。

能源扶贫扎实推进，电力普遍服务水平提高。2019 年全国累计下达光伏扶贫规模 1910 万千瓦，帮扶 407 万贫困户获得稳定收益。电网投资向农网升级改造及配网建设倾斜，加快推进西部及贫困地区农网改造、东中部地区城乡供电服务均等化进程。完成青海、西藏外"三区两州"和中西部贫困地区电网建设任务，开工建设西藏阿里和藏中电网联网工程，将彻底结束阿里地区长期孤网运行的历史。

第四节　能源结构进一步优化，清洁能源比重不断提高

随着煤炭消费趋于峰值平台区，清洁能源应用规模不断扩大，能源和电力结构清洁化、低碳化趋势愈加明显。

能源消费结构进一步优化。2019 年，全国天然气、水电、核电、风电等清洁能源消费占能源消费总量比重比上年提高了 1.0 个百分点，煤炭占比重继 2018 年下降 1.4 个百分点后，再降 1.5 个百分点，降至 57.7%，天然气、水电、核电、风电等清洁能源占比同比提高 1.3 个百分点，上升至 23.4%，其中非化石能源占一次能源消费比重达到 15.3%，已提前实现 2020 年达到 15% 的比重目标。

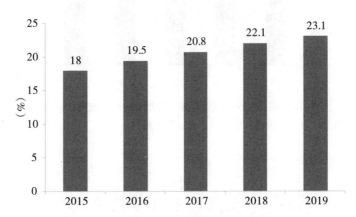

图 18-13　近年来我国清洁能源占能源消费量的比重
数据来源：根据国家统计局统计公报整理。

电源与电量结构调整扎实推进。煤电行业主动转变发展方式，深入推进超低排放和节能改造，煤炭清洁高效利用水平进一步提升。到 2019 年底，全国燃煤电厂超低排放和节能技术改造完成 8 亿多千瓦。推动化解煤电过剩产能，提前一年实现"十三五"淘汰关停 2000 万千瓦煤电机组的目标。2019 年，全国新增非化石能源发电装机容量 6389 万千瓦，占新增总装机比重 62.8%，连续七年在新增装机中比重超过一半以上。至 2019 年底，非化石能源发电装机 8.2 亿千瓦，占总装机比重 40.8%，比上年提高 1 个百分点；非化石能源发电量占全部发电量比重达到 32.6%，比上年提高 1.7 个百分点，电力结构进一步优化。

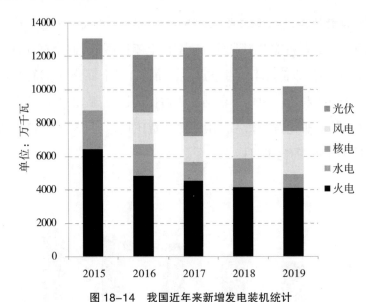

图 18-14　我国近年来新增发电装机统计

数据来源：根据国家能源局公布信息整理

第五节　能源体制改革稳步推进，
电力油气行业取得重要进展

自 2015 年开始的新一轮电力体制改革深入推进，石油天然气行业体制改革配套工作也取得重大进展。

电力体制改革进一步深化。一是市场化电量交易规模进一步扩大。2019 年 6 月，国家明确要求除居民、农业、重要公用事业和公益性服务等行业电力用户之外的经营性电力用户全面放开。2019 年，全年市场化交易电量达 2.3 万亿千瓦时，同比提高 6%。二是增量配电试点改革稳步推进。2019 年将增量配电试点向县域延伸，开展了第四批 84 个增量配电业务改革试点工作以及第五批增量配电业务改革试点项目申报工作。截至 2019 年 10 月，共批复了四批 404 个增量配电业务改革试点项目。评估结果显示，河南、新疆兵团、广西和江苏四省区改革推动成效显著。

三是电力现货市场建设迈出关键一步。首批确定的南方（以广东起步）、蒙西、浙江、山西、山东、福建、四川、甘肃等 8 个地区电力现货市场试点全部完成模拟试运行，并开展结算试运行，电力现货市场建设取得突破。四是燃煤发电市场化进程加快。考虑燃煤发电市场化交易电量占比超过一半、电价明显低于标杆上网电价，2019 年国家出台了燃煤发电上网电价新政策，从 2020 年 1 月 1 日将现行燃煤发电标杆上网电价机制改为"基准价 + 上下浮动"的市场化价格机制，取消煤电价格联动机制，燃煤发电从计划电大跨步迈向市场电时代。

石油天然气体制改革持续深化、取得关键进展。一是国家石油天然气管网集团有限公司挂牌成立。它的成立打破在我国运行了几十年的油气上中下游一体化体系和"捆绑式"运营模式，实行"产、供、运、销"分离运营新机制。同样值得关注的是，《油气管网设施公平开放监管办法》正式出台，明确了公平开放的制度基础、基本原则、解决方案和监管措施，这为包括国家油气管网公司在内的基础设施企业运营模式提出了规范性指导。以国家油气管网公司成立为标志的本次油气基础设施运营机制改革，从定位看，将为上游、下游改革提供条件；从影响看，将为油气市场发展提供更好基础设施支撑，促进并引领产业链改革。二是油气领域全面向外资、民营企业开放。《外商投资准入特别管理措施（负面清单）（2019 年版）》《鼓励外商投资产业目录（2019 年）》等一系列文件出台，符合条件的外资公司，有资格按规定取得油气矿业权、独立进入国内城市燃气行业，同时可参与油气支线管道、甚至干线管道的投资建设。与此同时，《关于营造更好发展环境支持民营企业改革发展的意见》等明确支持民营企业进入油气全产业链。随着允许民营和外资企业进入油气勘探开发、炼化销售、储运和管道输送，以及油气进出口环节，油气产业格局将逐步迎来调整窗口期。

第六节　2020年能源发展形势分析

2020年是全面建成小康社会和"十三五"规划收官之年，也是不断推动经济高质量发展的重要一年。虽然突如其来的新冠疫情对经济发展带来一定不确定性影响，但总的来看，疫情不会改变我国经济发展整体向好的趋势，我国能源清洁、低碳发展将进一步推进，预计可实现"十三五"能源发展主要目标。

"十三五"能源发展目标。展望2020年，全球经济贸易增速放缓，外部不稳定不确定因素增加，我国仍面临着较大的经济下行压力。能源发展"十三五"规划提出了三个约束性指标：

一是总量控制目标。考虑到过去两年能源消费增速较"十三五"初期已明显反弹，即使不考虑疫情对经济活动的影响，按过去两年每年1.5亿吨标准煤能源消费增量估算，2020年能源消费总量控制目标应可以控制在50亿吨标准煤以内。

二是能源强度指标。从"十三五"前四年看，我国能源消耗强度累计下降率已完成"十三五"总目标的90.9%，能源消耗增量仅占用"十三五"增量控制总目标的70.5%，强度和总量目标均超额完成任务，2020年顺利完成"十三五"能耗强度比2015年下降15%目标的可能性较高。考虑到疫情影响，经济增速可能放缓，但是疫后经济激励政策有可能促进经济反弹，因此疫情解除后仍需要加强对节能和能耗控制工作的重视。

三是非化石能源比重目标。从过去几年我国清洁能源增加趋势分析，每年非化石能源比重以0.3—0.5个百分点的比例不断提升，清洁能源发电已连续多年成为国家新增电力装机的主力。尽管可能受到疫情的影响，清洁能源建设项目可能会有所延迟，但国家发展清洁能源的决心不会动摇，预计将在已实现2020年非化石能源比重达到15%的目标基础上，进一步加快清洁能源发展。

从2020年上半年发展形势看，新冠疫情对我国经济造成了很大的影响，但影响主要集中在一季度，从二季度开始，我国经济运行秩序逐步重回正轨。如 4 月开始，全社会用电量同比实现正增长，到了 5 月，全社会用电量已同比增长 4.6%，恢复到了 2019 年全年的用电量增速水平，包括湖北在内的 20 多个省的全社会用电量增速都同比实现正增长。受疫情影响，一季度能源消费下降明显，但煤电油气供给保障充足有力，为疫情防控提供了有力支撑；二季度随着经济活动恢复，能源消费也明显增加，能源生产、运行部门有力保障了经济社会秩序加快步入正轨；预计下半年将进一步加强能源产供储销体系建设，加快清洁能源发展，持续推进能源安全生产和稳定供应，能源消费将逐步恢复至正常水平，能源供需平衡可得到有效保障，能源结构也得到进一步优化。

煤炭　展望 2020 年，从供给侧来看，随着一批矿井证照办理齐全后逐渐投产以及部分投产煤矿产能利用率提升，国内煤炭产能有望继续稳步释放，煤炭产量有望达到 38 亿吨，进口量基本保持稳定，约 3 亿吨左右。从消费侧来看，我国迎来"十三五"最后一年，将面临完成全面建成小康社会和打赢蓝天保卫战等既定任务，电力行业煤炭消费增速预计趋稳，钢铁化工行业煤炭需求将略微增长，其他行业煤炭消费仍将有望下降。综合影响下，预计煤炭需求基本保持在 2013 年形成的峰值平台上。随着清洁能源规模继续扩大，煤炭占一次能源需求总量比重将进一步下降。从价格上来看，供需相对宽松，特别是为了应对疫情，国家出台一系列价格下调政策，煤炭价格有向下运行的趋势。

石油　预计 2020 年全球石油需求低速增长，虽然"减产联盟"在"限产保价"策略下仍将推进减产，但美国、挪威、巴西、圭亚那等国增产，将使世界石油市场仍处于供应过剩局面，预计国际油价宽幅震荡。随着我国经济结构调整，替代能源加快发展，以及石油需求侧技术创新、商业模式创新不断涌现，我国石油消费强度下降态势将加速呈现，预计 2020 年全国成品油需求低速增长；近两年国内增储上产相关举措成效进一步显现，原油产量有望持续回升，如今年前 5 个月，原油生产有所加快，产量同比增长 1.3%；国内新增炼油能力预计将超过 2000 万吨，虽拉动原油需求增长，但增速预计放缓；考虑炼厂向化工型产品结构转型，成品油产量增速有望放缓，但成品油供大于求态势加剧，成品油出口预计保持增长。

天然气　2020 年全球天然气产量将持续增长，需求走弱，市场依然维持供过于求局面。受价格、政策、疫情等因素影响，我国天然气需求增速将有所下滑，工业、发电、化工等各部门增速均将回落。在国家政策促进下，天然气产量将保持较快增长，今年 1–5 月，全国生产天然气 788 亿立方米，同比增长 10.1%，全年增速有望超过 8%。国内天然气基础设施建设将持续推进，随着部分新建站投产、扩建站完工，我国 LNG 接收能力预计将接近 9000 万吨 / 年，我国储气调峰能力也将持续提升。

电力　展望 2020 年，全年电力需求可能保持中低速小幅增长，但电力需求季度性波动增大。电力建设稳步推进，供应能力持续增长，预计全年基建新增发电装机规模 1.2 亿千瓦左右，其中新增非化石能源发电装机占比 70% 以上，清洁能源占比进一步提升，风电、太阳能"平价上网"趋势愈加突出。全国电力供需总体平衡，地区性、时段性电力供应趋紧仍然存在，受电力需求的季节性波动影响，加之天气、来水、可再生能源发电出力等不可控因素，电力保供压力可能有所增大。

第十九章　交通运输业形势分析：
2019—2020 年的主要变化

2019 年交通运输运行总体平稳，固定资产投资完成 32164 亿元，高速铁路、民航、私人小汽车等快速方式出行比重继续提升但增速放缓明显，全社会货运量保持平稳增长，运输结构调整持续深化，新技术新动能快速发展，智慧交通发展水平稳步提升，新技术应用范围不断拓展，交通运输政策支撑体系持续完善，交通强国建设迈入新征程，交通治理政策体系不断健全。从重点领域看，交通服务国家重大区域战略能力增强，交通对外开放新格局稳步推进，交通运输"走出去"不断深入，西部陆海新通道建设逐步推进，绿色运输方式发挥更大作用，新能源及清洁能源推广力度加大，标准化建设和安全保障不断完善，标准规范进一步细化完善，交通安全与应急保障能力不断增强，交通新模式新业态蓬勃发展，"互联网＋"平台建设成效显著，新服务呈现多元化发展趋势。预计 2020 年，交通运输总体持续稳中有进但压力加大，疫情将导致先抑后扬的非常规波动，交通建设投资在高位基础上大幅增长，营业性客运量超大幅下降，货运物流生产将下降，但降幅小于客运，仅铁路方式实现小幅增长。建议 2020 年应充分发挥交通运输"先行官"作用，助力打赢疫情防控总体战，更好服务国家重大战略实施，精准加快补齐交通发展短板，推进交通高水平对外开放，积极培育交通发展新动能，提高行业治理现代化水平。

2019 年是新中国成立 70 周年，按照新发展理念和高质量发展要求，我国交通运输事业发展成绩显著，交通基础设施网络进一步完善，运输服务能力和水平显著提升，服务国家战略实施成效明显，智慧绿色交通以及新业态新模式快速发展，体制机制改革和政策创新深入推进。2020年是全面完成"十三五"规划任务、加快建设交通强国的紧要之年，总体判断，我国交通运输发展仍将保持稳中有进、稳中向好态势，但面临的发展形势更严峻、任务更艰巨，需要重点围绕国家总体战略部署，进一步深化交通运输供给侧结构性改革，全面推动高质量发展，深入推进交通行业治理体系和治理能力现代化。

第一节　2019 年交通运输总体运行情况

一、交通运输固定资产投资小幅增长

交通运输促投资稳增长政策持续发力。2019 年，铁路、公路、水运、民航固定资产投资完成 32164 亿元，同比增长 2.2%[①]，增速较上年同期加快 1.5 个百分点。分运输方式看，民航投资增速最大、公路实现小幅增长、铁路同比保持不变、水运大幅下滑。民航完成投资 950 亿元，同比增长 10.7%；公路完成投资 21603 亿元，高速公路里程达到 15 万公里左右，同比增长 1.3%；铁路完成投资 8029 亿元，与上年规模持平；水运完成投资 1106 亿元，同比下降 7.1%。此外，公路水路其他建设投资达到 476 亿元，为上年的 5.5 倍。

从全年进展看，投资完成进度与 2018 年基本一致。2019 年上半年受益于项目审批加快、中央补助资金及时下达和地方政府债券提前发行等因素，投资实现小幅增长；下半年由于加快发行使用地方专项债券和提前下达明年专项债券部分新增额度，并允许作为一定比例的项目资本金，有力化解了资金筹措难题，推动下半年投资企稳回升，实现了全年投资规模的小幅增长。

---

① 交通固定资产投资总额和增速来自交通运输部快报数据。

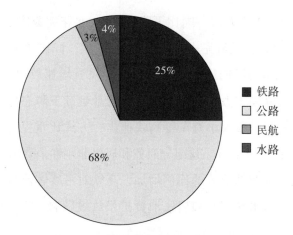

图 19-1　2019 年度各运输方式投资总额占比

数据来源：交通运输部快报数据。

二、旅客出行持续转向高快速运输方式

2019 年，全国营运性客运总量延续下降态势，全年完成客运量 176.0 亿人次，同比下降 1.9%，降幅较上年收窄 1.2 个百分点；旅客周转量累计完成 35375.5 亿人公里，同比增长 3.4%，增速较上年同期放缓 1.0 个百分点。分方式看，铁路完成客运量 36.6 亿人次，同比增长 8.4%；公

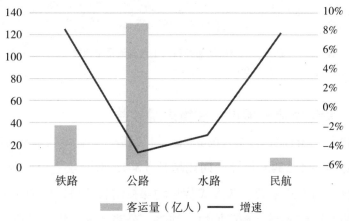

图 19-2　2019 年各运输方式旅客运输量完成情况

数据来源：交通运输部快报数据。

路完成客运量 130.1 亿人次，同比下降 4.8%；水路完成客运量 2.7 亿人次，同比下降 2.6%；民航完成客运量 6.6 亿人次，同比增长 7.9%。

对各方式增速横纵向比较发现，铁路和民航增速较快但略有放缓，水路持续下降且降幅扩大，公路营业性客运量延续下降态势但降幅略有收窄，民航、铁路、私人小汽车等高快速出行方式比重提升，但增速放缓。主要原因是：经济下行导致部分商务和居民非刚性消费出行增速放缓；新建成铁路位于中西部地区的比例增加，高铁对沿线客流带动能力相对偏弱；受公共交通水平提升和居民消费扩张放缓影响，购买和使用小汽车意愿不足等。

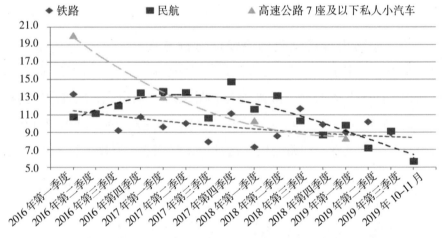

图 19-3　铁路、民航客运量和私人小汽车流量增速放缓（单位：%）

数据来源：国家统计局和交通运输部网站。

三、货运物流发展更加注重质量效益

2019 年，全社会货运量保持平稳增长态势，运输结构调整持续深化，全年货运量达到 534.0 亿吨，同比增长 5.5%，增速较上年放缓 1.6 个百分点。分运输方式来看，各方式货运均保持增长趋势，但增速分化，铁路、公路和民航放缓，水路加快。铁路、公路和民航货运增速分别较上年放缓 1.9、2.3 和 2.6 个百分点，水路货运增速较上年加快 1.6 个百分点。

全社会货物周转量实现 20.9 万亿吨公里，同比增长 4.9%，增速较上年增加 1.2 个百分点。全国港口货物、集装箱吞吐量分别完成 139.5 亿吨和 2.6 亿标准集装箱，同比分别增长 5.7% 和 4.4%，增速分别较上年加快 2.2 和放缓 0.8 个百分点。快递业务量完成 630 亿件，同比增长 24.3%，增速较上年放缓 2.3 个百分点。

表 19-1　2019 年货物运输完成情况

指标	单位	合计	铁路	公路	水路	民航
货运量	亿吨	534.0	43.2	416.1	74.7	0.075
同比增速	%	5.5	7.2	5.1	6.3	2.0
增速比上年同期	百分点	−1.6	−1.9	−2.3	1.6	−2.6

数据来源：交通运输部快报数据。

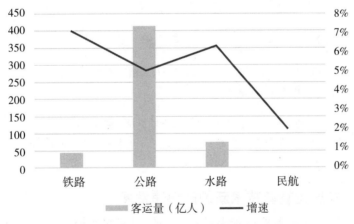

图 19-4　2019 年各方式货物运输量完成情况

数据来源：交通运输部快报数据。

2019 年，全社会物流业进入增速换挡期，处于由总量规模增长向服务提质、高质量发展转型的转折期，开始更加注重发展质量和效率效益。根据中国物流与采购联合会预计，2019 年全社会物流总额 298.0 万亿元，同比增长 5.9%，但增速较 2018 年下降约 0.5 个百分点。2019 年 2 月，国家发展改革委等部门印发《推动物流高质量发展，促进形成强大国内市场的意见》，提出推动物流高质量发展的 25 条政策措施，为行业由追求总量规模增长向追求高品质服务、高质量发展转型指明方向。9 月，国家发展改革委联合相关部门确定首批 23 家国家物流枢纽建设名单，以国家物流枢纽网络化建设为引导的物流基础设施资源整合进入实质推进阶段，推动形成国家顶层"枢纽 + 通道 + 网络"的现代物流体系。

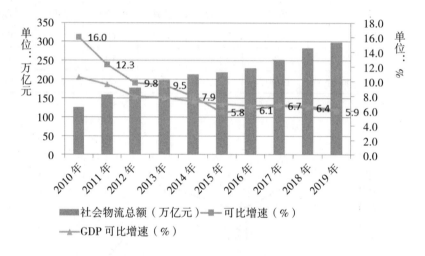

图 19-5 "十二五"以来社会物流总额变化情况

数据来源：历年全国物流运行情况通报、2019 年物流运行情况分析。

四、交通运输新技术新动能快速发展

智慧交通发展水平稳步提升。新一代国家交通控制网、智慧公路试点、智慧港口示范工程、E 航海示范工程、交通旅游服务大数据试点工作有序实施。"综合交通一张图"上线运行，调度与应急指挥系统基本实现全国联网，全国一体化在线政务服务平台建设取得成效。北斗卫星导航系统行业应用规模和质量不断提升，新技术研发和应用积极推进。公路沥青路面再生、道路应急抢通技术与重大装备等取得突破性进展。自动驾驶等前沿技术积极发展，交通科技创新能力不断提升。

新技术在交通领域应用范围不断拓展。互联网、大数据、云计算、人工智能、5G 等新技术与交通运输融合程度更深、覆盖面积更广，网约车、共享单车、网络货运等新业态发展更加规范。截至 2019 年 12 月底，全国 29 个联网收费省份共建设 24588 套 ETC 门架系统，改造 48211 条 ETC 车道，改造完成 487 个省界收费站，启动实施 11401 套高速公路入口不停车称重监测系统，全网收费系统联调联试工作顺利推进。电子不停车快捷收费（ETC）加快推广，全国 ETC 客户累计将近 2 亿，新增 ETC 客户 1 亿以上，超额完成全年 ETC 发行目标任务。

五、交通运输政策支撑体系持续完善

交通强国建设开启新征程。2019 年 9 月 14 日，党中央、国务院以中发〔2019〕39 号文件正式印发《交通强国建设纲要》（以下简称《纲要》），为交通强国建设做了顶层设计和系统谋划，对交通运输行业中长期发展具有显著支撑作用，开启了交通强国建设新征程，具有里程碑意义。《纲要》提出建设现代化高质量综合立体交通网络，构建便捷顺畅的城市（群）交通网，形成广覆盖的农村交通基础设施网，构筑多层级、一体化的综合交通枢纽体系。为深入落实《纲要》部署，交通运输部等部门正在研究谋划面向未来 30 年的交通运输发展重点任务和重大举措。

交通治理政策体系不断完善。交通运输立法工作取得积极进展，交通运输部等部门制定了数十件相关行业部门规章，重大行政决策程序更加规范化、制度化。高质量发展政策和标准体系加快建立。出台了推动"四好农村路"、邮政业、道路货运、长江航运、一流港口建设等一系列高质量发展的政策体系，发布近 300 项国家和行业标准，行业治理制度体系日趋完善。《交通运输领域中央与地方财政事权和支出责任划分改革方案》对公路、水路、铁路、民航、邮政、综合交通等六个方面改革事项的财政事权和支出责任进行了央地划分，《关于建设世界一流港口的指导意见》（交水发〔2019〕141 号）、《关于推动"四好农村路"高质量发展的指导意见》(交公路发〔2019〕96号)、《国家物流枢纽网络建设实施方案(2019-2020年)》(发改经贸〔2019〕578号)等一系列政策文件为行业治理和发展提供了方向和依据。

第二节　2019年交通运输重点领域总体进展

一、服务国家重大区域战略能力增强

交通运输总体布局逐步完善。京津冀、长江经济带综合交通运输体系建设走向纵深,粤港澳大湾区、长江三角洲、海南、黄河流域等区域综合交通运输体系布局规划有序开展。国家发展改革委联合交通运输部等部门加快推进粤港澳大湾区、长三角地区交通规划编制工作,重点区域交通运输建设对更好推动我国区域协调发展,更好服务地区经济社会发展提供扎实支撑。

规划政策精准谋划。区域交通一体化发展显著推进,在相关部门和地方政府的积极推进下,区域内主要城市间快速通达不断便捷,支撑构建区域内高效、便捷、舒适的经济圈生活圈。以长三角区域为例,《长江三角洲区域一体化发展规划纲要》提出,协同打造一体化综合交通体系,加快轨道交通、省际公路、机场群和港口航道建设,提高区域交通通达能力。同时,粤港澳、京津冀等区域机场群和港口群将立足自身发展需要体系化统筹,便捷区域内经贸人员往来和货物流通,助力提升区域竞争位势。

二、交通对外开放新格局稳步推进

交通运输"走出去"不断深入。中欧班列高质量发展逐步深入,全年中欧班列开行数量8225列、同比增长29%,发送72.5万标箱、同比增长34%,综合重箱率达到94%。国铁集团与全国中欧班列企业签订《推进中欧班列高质量发展公约》,强化市场化运作机制,推进各国铁路、

海关及运营企业间的信息化建设，提高中欧班列品牌美誉度和影响力。中老铁路、雅万高铁、中泰铁路、匈塞铁路等项目有序推进，中远海运比雷埃夫斯港"总体规划"获批，巴基斯坦拉合尔轨道交通橙线项目建成试车，诸多"一带一路"标志性项目有序开展。

西部陆海新通道建设逐步推进。国家发展改革委印发《西部陆海新通道总体规划》，按照"创新引领、协同高效，陆海统筹、双向互济，贯通南北、强化辐射，市场主导、政府推动"思路推进西部大开发形成新格局的同时，以广西、贵州、甘肃、青海等西部省份为关键节点，通过铁路、公路、水运等运输方式，向南经广西北部湾等沿海沿边口岸，建设连接"一带"和"一路"的陆海联动通道，支撑辐射西部地区参与国际经济合作。

三、交通运输绿色发展水平不断提升

绿色运输方式发挥更大作用。2019 年铁路、水路货运量分别增加 2.45 亿吨和 4 亿吨，环渤海地区、山东省、长三角地区沿海主要港口等 17 个港口的矿石、焦炭等大宗货物公路疏港比例，由 2017 年的 52.1% 下降至 2019 年三季度的 43.4%，铁路和水路疏港比例由 46.9% 增长到 51.9%，沿海港口大宗货物公路运输量减少约 1.2 亿吨。绿色出行深入人心，城市公共交通年客运量超过 900 亿人次，14 个公交都市创建完成验收。

新能源及清洁能源推广力度加大。33 个绿色公路示范项目取得阶段性成果，交通运输污染得到有效控制，船舶大气污染排放控制区范围扩大到全国沿海海域、港口及长江、西江干线等内河水域，珠江口排放控制监测监管试验区逐步建立，发布 2020 年全球船用燃油限硫令实施方案和配套海事监管指南。积极推进港口船舶污染物接收处置，船舶环保水平有序提升。新能源汽车产业初具规模，2019 年我国新能源汽车产销量分别达到 124.2 万辆和 120.6 万辆，占全球市场的 50% 左右。

四、标准化建设和安全保障不断完善

标准规范进一步细化完善。《交通运输标准化管理办法》于 2019 年 7 月 1 日起施行，统筹推进综合交通运输、铁路、公路、水路、民航和邮政标准化工作，对标准化工作提出全过程管理要求。同时，交通运输领域出台多项国家标准，为各行业标准化建设提供有效指导，涵盖领域也及时跟进各类新应用，如智能交通、交通运输信息服务、物联网等等。

交通运输安全与应急保障能力不断增强。2019 年，交通运输领域加强安全风险防控，完善安全保障体系，统筹推进改革发展与安全生产，实现了交通运输安全的持续稳定。着重保障农村地区交通出行安全，完成乡道及以上公路安全生命防护工程 24 万公里、改造危桥 4700 座，根据当前可得数据，截至 2019 年 11 月，交通运输领域组织协调搜救行动 1736 次，搜救成功率达到 96.4%。

五、交通新模式新业态蓬勃发展

交通运输"互联网 +"平台建设成效显著。"互联网 +"平台推动了交通运输服务供给优化升级，更好地满足居民多样化出行需求，培育了众多交通运输新业态龙头企业，互联网约车、外卖送餐等城市交通新业态逐步改变人们生活消费习惯。2019 年，滴滴出行全年累计运送乘客超过 1.9 亿次，互联网餐饮外卖交易测算规模突破 7200 亿元。"互联网 +"平台推动我国交通运输治理能力逐步提高，国家综合交通运输信息平台建设、一体化在线政务服务平台建设取得新成效，智慧交通发展水平稳步提升。

交通新服务呈现多元化发展趋势。共享汽车、定制公交、房车、邮轮等个性化、定制化出行服务供给能力不断提升，更好地满足了人民对出行产品多元化、个性化的新需要。根据首汽公司等企业统计数据，其共享汽车服务在"十一"期间用户用车时长和里程数同步上涨超过 49% 和 47%。运输新服务普遍性、公平性逐步提升，并且开始向农村地区辐

射扩展，多地发展试行了农村互联网客运出行，农村冷链运输逐步发展，提升了农村地区专业化运输服务水平，为乡村旅游、农村电商等行业发展提供有力保障。

第三节　2020年交通运输发展形势研判

一、总体持续稳中有进但压力较大

2020年，预计我国交通运输发展仍将保持稳中有进、稳中向好态势，但形势更加严峻艰巨。基本面上看，新冠肺炎疫情虽然给经济运行带来明显影响，尤其是在一季度和上半年，但我国经济有巨大的韧性和潜力，长期向好的趋势不会改变。中国特色社会主义制度优势将有力保障我国有效应对当前困难局面。但行业发展确实面临较大下行压力，国际侧受新冠肺炎疫情影响将出现经济衰退，同时全球动荡源和风险点显著增多，国内侧经济下行压力进一步加大，新冠肺炎疫情对经济社会影响程度范围和时间将远远超过2003年非典疫情。

综合各主要机构结合新冠肺炎疫情影响对2020年经济增长的预测，考虑交通运输内在发展规律、结构调整以及与经济发展的耦合关系，预计2020年在经济"稳增长"背景下，需要进一步发挥交通运输投资拉动作用；交通固定资产投资将大幅增加；客货运输以及物流需求增速将大幅放缓，全社会营业性客运量超大幅下降，全社会货运量也将呈现负增长。

二、疫情导致先抑后扬的非常规波动

预计疫情对全年交通运输产生较大持续影响，但第一季度和上半年受冲击最大，客运冲击大于货运。客运方面，餐饮、旅店、旅游、娱乐等消费行业受疫情影响较大，而且疫情要求人员在适度管控情况下流动，停减非必要出行，受负面冲击严重。今年春运学生流与探亲流相互叠加，

节前客流基本和往年规律一致，节前共发送旅客 11.43 亿人次，同比增长 2.0%；随着疫情变化，防控形势严峻复杂，节后返程客流大幅下降，至 2 月 14 日，节后全国共发送旅客 2.83 亿人次，同比下降 82.3%，仅为春运客流的六分之一；"五一"假期期间（5 月 1 日至 5 日），全国累计发送旅客 1.21 亿人次，较节前五日的日均客运量增长了 17.9%，但同比仍然减少 53%。货运方面，大量企业节后复产复工时间延后，人员物资流通缓滞，一季度企业生产能力不会充分释放，派生性货运需求下降。受人员流动和企业复工复产不足影响，交通建设难以及时形成充分有效投资。

疫情形势逐渐好转后，交通运输生产面临迫切恢复，企业单位等将进入全面"复工复产"，交通运输是复工复产的"先行官"，是人员物资有序转动起来的基础，复工复产后国际国内人员物资流通需求将随之快速攀升，前期压抑的人员、物资运输需求将会逐渐释放，对运输物流服务供给带来巨大挑战，需要坚持检疫检测与保通保畅并重，平抑交通运输市场波动，尽量减少因检疫检测工作造成大范围长距离严重拥堵现象。预计第二季度形势探底回转，下半年客运依然呈现负增长，货运和投资运行情况逐渐转阳，但依然不如 2019 年。尤其是国际民航和海路运输受到疫情巨大冲击，全年将呈现大幅度负增长。

三、交通建设投资仍将维持高位态势

2019 年中央经济工作会议进一步明确发挥投资关键作用，提出实施基础设施补短板，加强战略性、网络型基础设施建设，推进川藏铁路、城市停车场、农村公路等设施建设。实施逆周期宏观调控政策，要求交通发挥稳投资促增长关键作用。实现全面建成小康社会和"十三五"规划目标任务，要求交通设施建设在补短板、筑底板方面持续发力。

根据有关公开报道和对当前形势要求的研究判断，特别是充分考虑新冠肺炎疫情影响和稳增长的需要，预计 2020 年交通固定资产投资累计完成超过 3.2 万亿元。其中，铁路投资在 8000 亿元以上，公路水路投资

将超过 2 万亿元，民航投资 900 亿元左右。考虑到疫情导致上半年工作进度难达预期，下半年交通重大投资项目将密集开工和加速推进。投资重点则聚焦补短板、筑底板等领域，包括川藏铁路、深中通道、沿江高铁、成都天府机场等一批具有标志性的重大工程，支撑乡村振兴、国家重大区域战略实施的重大项目，以及大数据、人工智能、区块链等新型技术在交通领域应用的社会性投资。此外，物流、配送、快递等设施以及应急防护设施投资也会进一步加大。

四、营业性客运量出现超大幅下降

全球新冠肺炎疫情防控情况将成为决定 2020 年客运市场走势的最大不确定因素，预计全社会营业性客运量呈现超大幅负增长。铁路民航方面，新冠肺炎疫情爆发以来，供给侧大量民航航班和铁路列车停运，需求侧的高端商务、旅游消费等要求高品质快速度客运服务的行业出行需求明显疲软，居民非刚性市际、省际、区际出行大幅削减，长距离干线客运市场需求必然下降。预计 2020 年，我国铁路和民航客运量增速显著下降。公路水运方面，由于公共卫生环境相对较差，并且安全卫生防护工作存在困难，部分地区和路段公路水路营业性客运彻底停运，受新冠肺炎疫情负面影响更大。预计 2020 年，我国全社会客运量降幅将进一步扩大，上半年下降幅度超过 50%，全年降幅在 20% 以上。

五、货运物流行业降幅将小于客运

结合近年来货运物流与国内生产总值的弹性系数关系及变化趋势，参考主要机构结合新型冠状病毒疫情对于宏观经济影响的分析，预计 2020 年货运物流行业总体呈现负增长，全年降幅在 10% 以内，下半年有望实现正增长。同时结构调整持续深化。参照"非典"时期经验，疫情隔离带来新的消费方式和物流供给模式变化，电商以及快递物流运输增速将明显快于 2019 年。

分运输方式看，预计铁路货运仍将实现小幅增长，受益于运输结构调整政策持续深入，大宗货物持续"公转铁"，铁路专用线、公铁联运设施持续建设，货运全程信息互联互通等措施推进的利好，疫情对铁路货运需求影响相对较小。水路货运增速放缓呈现负增长，尤其考虑到疫情对我国国际贸易以及国内复工的影响，预计全年水路货运量增速转正为负，但下半年有望实现正增长。由于疫情防控成为常态，经济形势下行导致的消费需求疲软，以满足企业生产和居民生活消费流通为主的公路货运将受到持续冲击，预计全年呈现负增长。由于受疫情引发的大部分国家和地区的贸易和人员往来限制，民航航班大量停运，腹仓带货和货运专机运输量将大幅减少，民航货邮运输量预计出现大幅度负增长。

第四节　2020年交通运输工作形势分析

一、助力打赢疫情防控总体战

精准提升疫情攻坚期间人员物资运输组织和防护保障能力。做好新冠肺炎疫情防控期间的物资保障和人员流动管控工作，加强应急运输组织创新，分类优化重点城市物流、配送、快递组织方式。强化交通相关部门之间的信息共享和联动合作，促进人员流动在科学管控的前提下有序推进，保障医疗、居民生活和必要生产物资有效及时运输。加大无人机、无人车等研发推广应用力度，在具备条件地区探索利用无人机、无人车等自动化技术装备进行物资配送。抓紧总结疫情防控交通物流组织经验，建立健全综合交通应急管理体制和长效机制、法规制度和预案体系，加强应急交通专业装备、设施、队伍建设，补齐应急救援和物资保障短板。

做好疫情恢复后交通运输生产建设工作。前瞻性研究储备交通运输生产预案，密切跟踪关注交通运输生产运行情况，创新运输组织方式，根据疫情防控进展和企业复工复产情况灵活采取管理政策和临时措施。

针对受疫情影响导致的生产经营困难以及亏损、资金流转不畅等问题的企业，研究制定专项扶持政策和补助办法，保障交通运输行业稳定和公共服务有效有力供给。优化交通基础设施建设项目审批流程，适度增加交通建设投资规模，确保项目建设进度和发挥促投资稳增长中坚作用。

二、更好服务国家重大战略实施

更好发挥交通运输引领作用。按照国家"十四五"规划工作总体部署，科学确定"十四五"综合交通发展总体思路，研究编制"十四五"综合交通运输体系发展规划，更好指导未来时期我国综合交通运输整体发展。切实发挥交通运输"先行官"作用，围绕"一带一路"建设、京津冀协同发展、长江经济带发展、粤港澳大湾区建设、长三角一体化建设、黄河流域生态保护和高质量发展等区域战略对交通运输发展要求，加快推进重点区域综合交通一体化发展，结合交通强国建设，统筹协调重大工程、重大改革、重大政策。

精准对接重点区域发展要求。加快推进雄安新区综合交通运输体系建设，加强中心城与新城及北京周边主要城镇之间快速交通联系，服务提升北京首都功能，持续推进北京冬奥会配套设施保障提升，加快推进天津北方航运枢纽建设。加快推进长江经济带综合交通运输体系建设，提升长江三角洲城市群、长江中游城市群、成渝城市群内联外通水平，切实发挥长江经济带黄金水道作用。支撑服务粤港澳大湾区经济圈和生活圈建设，加快打造粤港澳大湾区世界级港口群。推进长三角都市圈交通网络设施建设，构建世界级港口群。加快海南现代化综合交通运输体系建设，推进海南交通运输对外开放新格局先行先试。推进黄河流域综合交通运输体系建设。

加快推进区域重大项目建设。推进重点工程开工建设和布局落地，加强交通物流基础设施发展与区域经济社会、产业布局融合衔接。立足区域经济社会发展和交通运输需要，推进深中通道等"十三五"重大项目建设，推进沿江高铁全面开工建设，推进三峡枢纽水运新通道建设前期工作，持续加强北京冬奥会交通保障，切实发挥标志性工程项目引领支撑作用。

三、精准加快补齐交通发展短板

进一步加强交通基础设施建设。推动交通基础设施网络化，加快推进重庆至昆明、和田至若羌等铁路项目建设，推动铁路专用线进港口、物流园区及大型工矿企业。启动建设一批国家高速公路、普通国道待贯通路段项目和拥挤路段扩容改造。提升改造内河航道，加快推动引江济淮工程、长江口南槽航道治理一期等重点工程，提升沿海港口重点货类装卸能力。加快成都天府机场等项目建设。优化完善综合交通枢纽布局，打造一批现代化立体式综合客运枢纽，以及一批具有示范引领作用的国家物流枢纽。

持续提升综合运输组织能力和服务质量效率。推动旅客联程和货物联运发展，推进客运"一票制"和货运"一单制"服务，推进铁路、道路运输、水运电子客票应用，提高海铁联运比例。完善区际城际客运服务，发展大站快车、站站停等多样化城际铁路服务，打造都市圈"1 小时"通勤圈。因地制宜建设多样化城乡客运服务体系，统筹城乡配送协调发展，强化专业化物流、配送、快递等组织能力，加快完善县、乡、村三级物流服务网络，推进冷链运输等专业物流发展。提升综合客运枢纽一体化服务水平，提高旅客中转换乘的便捷性和舒适度，促进货运枢纽站场集约化发展，进一步降低社会物流成本。

强化交通运输企业安全生产管理，健全企业安全生产管理制度，加强安全生产标准化建设和风险管理，进一步加强安全体系建设，启动深化和提升安全体系建设三年行动。加强安全风险管控，持续开展隐患排查治理专项行动，完善交通安全监管系统和机制。加强交通运输部门与其他部门的信息共享和协调联动，完善救助基地布局，提高应急搜救保障能力，加强危险货物运输罐车治理。

四、推进交通高水平对外开放

提升国际交通互联互通水平。加快"一带一路"建设，支撑形成开放包容、互联互通、成果共享的"一带一路"合作局面，依托国际经济合作走廊，推动与周边国家铁路、公路、航道、油气管道等基础设施互联互通，构建国际互联互通交通网络。加快建设国际航运中心，打造航空物流枢纽，提升铁路国际班列覆盖水平，推进跨境道路运输便利化，建立国际物流供应链体系。推进海外战略通道建设，完善支点布局，加快匈塞铁路、雅万高铁、中老铁路、亚吉铁路以及比雷埃夫斯港等项目建设，维护重要国际海运通道安全畅通。

进一步扩大对外开放。推进国际深度合作，与国际重要交通组织加强对接，加大吸引外资力度并充分发挥外资在交通领域作用。引导国内交通企业走出去，积极参与"一带一路"沿线交通基础设施建设、国际运输市场合作以及标准体系机制对接，进一步参与交通国际组织事务框架下规则、标准制定修订，提高中国标准与国际标准和各国标准体系兼容水平，提升在交通规则、标准、技术等方面的国际话语权。推动自贸区、自贸港建设，对标国际高标准经贸规则，提升国际贸易自由和投资自由水平。

推动西部陆海新通道建设。加快干线铁路、国家高速公路、普通国省干线瓶颈路段扩能改造，新建通往港口、口岸的铁路支线、联络线和高速公路等，提升重要枢纽集疏运水平，打通铁海联运等多式联运的"最后一公里"。加快重庆团结村集装箱中心站、重庆鱼嘴铁路货运站、成都天府国际机场空港铁路货站等重大枢纽建设，打造重庆内陆国际物流分拨中心，整合广西北部湾港和海南洋浦港资源，加快建设高等级泊位码头和航道设施，提升通道物流组织水平。加快建设通道公共信息平台，进一步推动海关 AEO 互认国际合作，提升通关效率。

五、积极培育交通发展新动能

提升交通智慧绿色发展水平。继续推进大数据、互联网、人工智能、区块链、云计算、5G等技术研究应用，深化ETC技术拓展应用，加快北斗卫星导航系统在民航、铁路、道路运输、长江航运、邮政等领域应用。着力推动交通基础设施网、运输服务网与信息网络融合发展，构建泛在先进的交通信息基础设施。强化节能减排和污染防治，加快新能源、清洁能源推广应用。促进资源节约集约利用，提升用地用海用岛效率，加强老旧设施更新利用。严守生态保护红线，将生态环保理念贯穿交通基础设施规划、建设、运营和养护全过程。

加快发展交通新业态新模式。鼓励和规范发展定制公交、网约车、共享单车和分时租赁等新业态，培育拓展通用航空及市域（郊）铁路市场。支持"互联网+"高效物流发展，加快推进快递扩容增效和数字化转型，继续壮大供应链服务、冷链快递、即时直递等新业务模式。鼓励"交通+产业"融合发展，依托大型枢纽建设，壮大临空、临港经济。继续推动高铁经济、服务区经济、邮轮经济等发展。深化交通运输与旅游产业的融合，重点加强红色旅游公路、旅游主题公路服务区、旅游航道等建设，完善交通设施旅游服务功能。

六、提高行业治理现代化水平

加快推进重点领域改革。坚持市场化改革方向，推动铁路等领域深化改革。继续深化收费公路制度改革，完善政策，严控规模，降低费用，公开信息，提升服务水平。落实好农村公路管养体制改革等任务，完善改革配套政策。建立健全综合行政执法、城市交通拥堵综合治理、新业态协同监管等领域的工作运行机制，完善科技人才发现、培养、激励机制，切实把制度优势转化为治理效能。

强化法治引领，优化营商环境。加快构建综合交通法规体系，聚焦相关紧迫修编法律法规的制定工作，加强法治政府部门建设，拓宽思路、注重协调、凝聚共识，提高执法规范化和现代化水平。以贯彻实施《优化营商环境条例》为主线，以转变政府职能为核心，以企业有获得感为落脚点，深化"放管服"改革，再取消下放一批行政许可事项，继续推进"证照分离"改革。加强事中事后监管，实现"双随机、一公开"监管全覆盖、常态化，推进"互联网＋监管"。

第二十章 大宗商品市场形势分析：
2019—2020 年的主要变化

2019 年，全球大宗商品需求增速放缓，供给冲击频发，重点商品价格走势分化。国际油价先扬后抑，有色金属供求总体平稳，价格有所分化，钢材价格重心下移，铁矿石价格暴涨后快速回落，煤炭价格窄幅振荡。2020 年，全球经济下行压力凸显，主要经济体货币政策转向，地缘政治风险攀升，国内经济面临较大压力，逆周期调节力度加大。受此影响，主要大宗商品需求相对低迷，供给受疫情影响面临一定不确定性，在流动性持续宽松环境下，基本面和资金面将共同决定商品价格。为应对大宗商品市场形势变化，应进一步加强大宗商品市场监测预警工作，加大政策逆周期调节力度，积极应对大宗商品价格波动可能造成的冲击，稳定重点商品供应，加大商品相关重点领域改革力度。

2019 年，美国在全球范围内挑起的经贸摩擦影响进一步深化，主要经济体制造业持续疲软，全球经济衰退风险攀升。为应对经济下行压力，各国央行掀起降息潮。主要国家民粹主义思潮影响持续深化，全球地缘政治局势紧张，自然灾害、极端气候造成的供给冲击不时出现。受此影响，主要大宗商品价格走势复杂多变，不同品种有所分化。2020 年，受新冠肺炎在全球蔓延、国际原油市场博弈加剧等因素影响，世界经济衰退恐难避免，国内经济复苏前景仍不明朗，经济增长不确定性增强。预计重点商品需求将陷入低迷，在流动性充裕背景下，多数商品价格可能在疫情导致的深跌中震荡回升。

第一节　2019 年大宗商品市场运行情况回顾

一、原油市场多空因素交织，油价先扬后抑

2019 年，国际原油市场多空因素交织，油价先扬后抑，全年呈振荡走势。供给方面，欧佩克持续大力推行"减产"以支撑油价，全年原油产量下降了 6.3%，降幅约 200 万桶／日；美国页岩油行业持续繁荣，产量创历史新高；中东政局动荡持续，"黑天鹅"事件不时搅动市场神经。需求方面，美国在全球范围内挑起经贸摩擦冲击国际贸易和投资，主要经济体制造业持续疲软，全球经济衰退风险攀升加剧市场对原油市场需求的悲观看法。受此影响，原油市场多空厮杀激烈，但对原油需求造成实质性负面影响的重大事件未大量发生，短期供给冲击多次造成油价脉冲式上涨。在多种因素综合作用下，年内油价出现较大幅度上涨，纽交所、布伦特和上斯所原油期货价格分别上涨 34.79%、22.73% 和 27.94%。

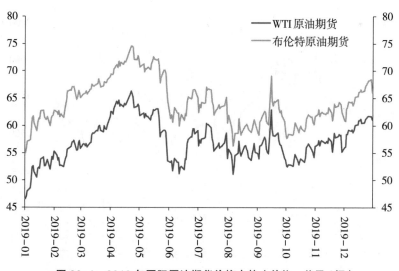

图 20-1　2019 年国际原油期货价格走势（单位：美元／桶）

数据来源：Wind 数据库

从全年走势看，年初欧佩克主动减产，加之非欧佩克国家石油产量下降，供应量趋紧支撑油价上涨。1–4 月纽交所原油和布伦特原油期货价格分别上涨 40.74% 和 35.32%。4 月之后，随着国际贸易紧张局势加剧，世界经济放缓信号更加强烈，市场对需求前景更加悲观，油价在大幅回落之后呈振荡走势。期间，受美国贸易保护主义做法变本加厉、沙特油田遭无人机袭击等事件影响，油价短期内曾出现暴跌暴涨，但总体呈区间振荡走势。下半年，国际油价持续在 50–70 美元 / 桶区间内宽幅波动。

二、有色金属行业总体平稳，价格有所分化

2019 年，受全球宏观经济环境变化和市场预期因素影响，主要有色金属品种需求偏弱，供给总体稳定。多数商品价格上半年冲高回落，下半年区间振荡，不同品种价格有所分化，少数品种走出独立行情。

铜价走势受宏观经济因素影响较大，年初受大型铜矿罢工等因素影响，价格有所上扬，此后市场信心不足，价格也进入较长时间的弱势整理，持续在 6000 美元 / 吨左右波动，全年走势基本平稳。镍价在年初上

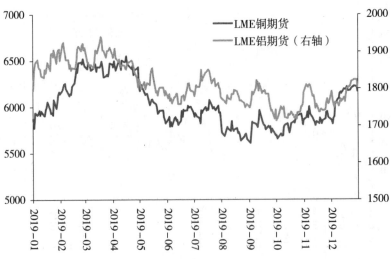

图 20–2　2019 年 LME 铜和铝期货价格走势（单位：美元 / 吨）

数据来源：Wind 数据库

涨后 4–5 月有所回落，下半年受印尼宣布暂停镍矿出口影响，镍价经历了一轮快速上涨，全年总体涨幅较大。9 月初，LME 镍期货价格单日涨幅一度超过 8%，突破 18000 美元 / 吨，创 5 年来新高；沪镍价格也一度接近 15 万元 / 吨，创出历史新高。除铜和镍外，其他品种走势相对低迷。受全球经济不确定性上升，增长预期下调影响，铝、铅、锌、锡等品种整体弱势运行，价格走势低迷。其中，铝价全年呈波浪式下行；铅在年中曾大幅反弹，年底又快速回落；锌和锡经历了年初的小幅上涨后，出现较长时间的单边下跌，四季度弱势整理。全年 LME 铜、铝、铅、锌、锡、镍期货价格涨幅分别为 3.42%、−2.33%、−4.85%、−7.78%、−11.99%、31.52%，上期所铜、铝、铅、锌、锡、镍期货价格涨幅分别为 2.03%、3.71%、−16.41%、−13.35%、−6.00%、27.38%。

三、钢材价格前高后低，铁矿石暴涨后回落

2019 年，钢铁产量、投资增长较快，粗钢产量增速创近几年新高，主要产品供需基本平衡，长材需求好于板材。钢材价格前高后低，走势总体平稳，下半年价格重心下移。供给方面，产能置换和搬迁过程中存在产能扩张现象，加之常规企业增产，导致钢铁产量增长较快。需求方面，房地产投资保持较快增长，基础设施建设补短板力度有所加大，汽车和家电为代表的制造业用钢需求相对较弱，钢铁总需求平稳增长。上半年，受投资项目开工进度较快等因素影响，加之铁矿石价格上涨抬高炼钢成本，钢材价格持续上涨。下半年，随着需求逐步放缓，钢材价格也有所回落。在多种因素综合作用下，全年上期所螺纹钢、热轧卷板、线材期货价格涨幅分别为 4.97%、7.42%、24.67%。螺纹钢和热轧卷板价格重心在 3700 元 / 吨左右。

铁矿石方面，全年价格先扬后抑，上半年矿价涨幅远高于同期钢价涨幅，二者走势严重背离，下半年价格回归理性，进入平台整理期。年初受巴西溃坝和澳大利亚飓风影响，铁矿石进口下滑，价格持续大幅上

涨。受未预期到的供给冲击影响，1、5、6月铁矿石期货价格单月涨幅分别达到19.49%、14.58%、14.16%。进入下半年，受巴西和澳大利亚生产恢复影响，铁矿石港口库存止跌回升，供应偏紧预期进一步缓解，价格快速回落。7、8两月，铁矿石期货价格分别回落8.46%、21.66%。此后，铁矿石价格呈现出区间振荡特征，绝大多数时间在600-650元/吨的范围内小幅波动。

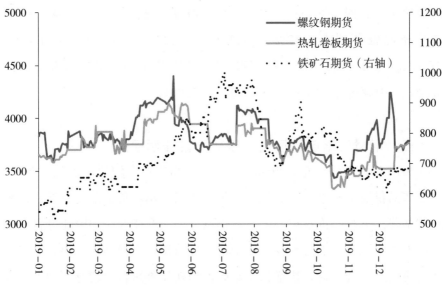

图20-3　2019年钢材和铁矿石期货价格走势（单位：元/吨）

数据来源：Wind数据库

四、煤炭价格窄幅振荡，全年走势总体平稳

2019年，焦煤和焦炭价格经历了先涨后跌的过程，总体呈窄幅振荡走势。从供给看，淘汰落后产能与新增产能并存，且新增规模超过淘汰规模，加之国外焦煤大量涌入，进口规模大幅增长，焦煤和焦炭供给较为充足。从需求看，高盈利背景下国内铁水产量再次创新高，导致焦煤焦炭需求始终保持在高位。从全年价格走势看，1-4月小幅上涨后，承压回落，5-6月上涨后趋于稳定，8月起呈下跌走势。焦煤和焦炭期货结

算价全年分别微幅下跌 0.94% 和 0.69%，焦煤绝对价格在 1140 元 / 吨到 1420 元 / 吨的箱体内窄幅振荡，焦炭绝对价格在 1710 元 / 吨到 2310 元 / 吨的箱体内窄幅振荡。

　　动力煤方面，全年价格呈现一季度上涨、二三四季度下跌的走势。春节前后，受晋陕蒙煤炭主产区矿难事故影响，煤矿主产区春节前提前停产，春节后复产缓慢，对煤炭供应产生了实质性的影响，加之 2 月份澳煤通关时间延长，一季度动力煤走出了一波上涨行情。二季度水电表现良好，用电增速平稳，火电份额被挤压明显，供应增速恢复正常，价格走势开始转弱。三季度迎峰度夏期间，总用电量未大幅增长，而新能源增长较快，火电份额被挤压，价格维持弱势下行。四季度需求进一步萎缩，库存增加，价格进一步下跌。全年动力煤期货结算价微幅下跌 0.82%，绝对价格在 535 元 / 吨到 625 元 / 吨的箱体内窄幅振荡。

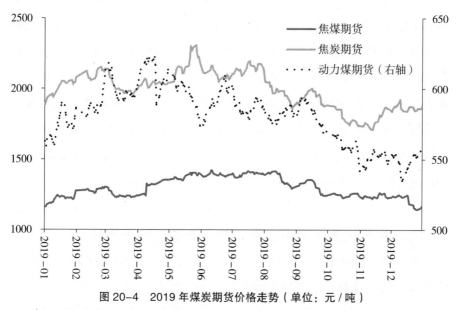

图 20-4　2019 年煤炭期货价格走势（单位：元 / 吨）

数据来源：Wind 数据库

第二节   2020 年影响大宗商品市场走势的主要因素

一、全球经济下行压力凸显，衰退风险有所上升

全球经济增长面临高度不确定性，大范围经济衰退已难避免。一方面，随着美国在全球范围内挑起经贸摩擦的影响不断深化，关税增加和贸易争端加剧或导致国际投资和贸易陷入长期低迷，贸易对经济增长的促进作用难以充分发挥。另一方面，受疫情影响，市场主体信心不足，复工复产面临较大制约，导致各国国内投资和资本品需求疲弱。2020 年主要经济体经济增速大幅放缓已成定局，多国将陷入负增长。在最新一期的世界经济展望中，主要国际机构均下调了 2020 年全球和主要经济体经济增长预期，其中 IMF 在 4 月发布的《世界经济展望》中预测，2020 年全球增长率将下降到 -3%，疫情造成 2020 年和 2021 年全球 GDP 累计损失可能达到 9 万亿美元，大于日本和德国经济总量之和。发达经济体和发展中经济体同时处于衰退之中，这是自"大萧条"以来首次出现。从不同国家看，发达经济体制造业长期低迷，3 月 G7 国家制造业 PMI 全部位于枯荣线以下，美国、加拿大、日本等国创近 10 年新低。新兴经济体面临的内外部风险有所上升，结构性矛盾突出，部分国家在高通胀、高赤字压力下有暴发危机的可能，疫情暴发以来印度、巴西、墨西哥等新兴经济体制造业 PMI 也大幅下行。全球经济增速下滑和制造业疲软将对金融市场和大宗商品产生冲击。经济下行将遏制消费和投资需求，对大宗商品的需求端产生负面影响；同时，经济衰退风险将影响市场预期，市场对经济发展前景的悲观看法也会反映在大宗商品价格上。

二、主要经济体货币政策转向，流动性趋于宽松

随着各国经济下行压力加大，主要经济体货币政策出现新一轮调整，全球央行出现降息潮。美联储在经历了短暂的加息缩表之后，再次"由鹰转鸽"，2019 年三次降息，政策利率共下调 75 个基点。由于美国经济

仍面临一定下行压力，部分前瞻指标走势较弱，加之特朗普为支撑大选持续施压美联储，2020 年美国在进一步大幅降低政策利率后，宣布实行"无限量 QE"政策，新西兰、韩国、越南、智利等国跟进降息，日本央行、欧洲央行也分别扩大资产购买规模。据不完全统计，2019 年各国央行已有上百次的降息行为，2020 年全球央行降息潮继续蔓延。随着主要经济体再次进入降息通道，全球流动性将进一步宽松。由于各国政策并不同步，降息周期中国际资本流动将进一步加剧，各国汇率波动幅度也有可能加大。流动性充裕、资本流动和汇率波动都将对金融市场和大宗商品产生重要影响。一方面，随着流动性进一步宽松，市场上的投机性资金也会大量进入大宗商品市场，寻找炒作机会；另一方面，各国货币政策的调整往往并不同步，会在一定程度上加剧外汇市场波动，汇率变化尤其是美元走势也会成为影响大宗商品市场的重要因素。

三、地缘政治局势更趋复杂，加剧市场不确定性

随着欧美国家民粹主义崛起，相关国家国内政治博弈加剧，部分国家对外政策也出现剧变，对于全球地缘政治格局产生重要影响。尤其是美国和欧洲的民粹主义思潮对美欧两大经济体产生重大影响，美国国内政治力量之间的博弈加剧，欧洲内部不同国家之间以及各国内部不同政治流派的分歧也日益凸显，法国黄马甲运动、英国脱欧影响深远。与此同时，以中东为代表的地缘政治关系复杂地区政治、经济和军事格局正在发生新的变化，热点地区不同政治力量之间的冲突可能进一步加剧。沙特、伊朗、伊拉克、叙利亚等国突发事件不断涌现，美国缺乏国际责任的主动导致巴以问题难以看到和平解决的曙光。2020 年一季度，沙特和俄罗斯在国际原油市场挑起"价格战"，造成国际原油价格暴跌，WTI原油期货还一度出现负价格。"价格战"对国际原油市场的影响短期将难以消散，油价下跌对产油国财政收入与就业的巨大冲击或将导致美国、俄罗斯、沙特等国之间的博弈加剧。重大地缘政治事件会从多个渠道对

商品市场产生影响。一方面，重大突发事件影响全球经济增长信心，通过打压经济、加剧市场避险情绪影响大宗商品需求。另一方面，一些风险事件还可能直接影响原油和其他能矿产品供应，对大宗商品市场的供给产生重大负面影响，极端情况下甚至出现供给危机。

四、经济发展内外压力交织，复工复产稳步推进

当前，我国经济面临的内外部环境日趋复杂。从国际看，尽管中美经贸谈判达到了阶段性协议，但美国为维护其霸权地位，仍有可能继续从贸易、投资、科技、金融对领域对国内企业进行打压。受各国民粹主义影响，加上新冠疫情带来的压力，贸易保护主义和地缘政治冲突可能进一步加剧。我国面临的国际环境仍然复杂多变，支撑经济增长的外部环境不容乐观。从国内看，新冠肺炎疫情对一季度经济影响较大，稳定宏观经济面临较大压力。疫情还可能恶化地方政府的财政状况，市场主体也将面临更大挑战，防范财政金融风险的任务仍然艰巨，国内经济持续稳定增长的基础还需进一步加固。同时，资源环境约束有可能进一步加剧，各种自然灾害频繁发生，科技进步和产业转型取得重大突破尚需时日，制造业面临的国际竞争日趋激烈，经济发展中的各种挑战还需积极应对。展望 2020 年，我国经济增速下行压力不减，稳就业的难度有所加大。但随着我国体量不断增长，国内超大规模的市场优势和内需潜力将进一步显现，庞大的人力资本和人才资源优势也将充分发挥，随着疫情得到有效控制，复工复产稳步推进，各类经济活动将逐步恢复。宏观经济发展前景将成为影响大宗商品市场供求的最重要变量。

五、产业发展面临深层挑战，催生商品需求新格局

产业发展是影响大宗商品市场的最直接变量，原油、有色金属、钢铁、煤炭等大宗商品或者是重要的工业原料，或者是通过能源供应为产业经济稳定运行创造条件。当前，我国正处于构建现代产业体系关键时

期，产业发展面临深层次挑战。一方面，传统产业面临转型升级压力；另一方面，新兴产业的国际竞争加剧。汽车、家电、化工、能源等产业的景气度都将对大宗商品市场波动产生直接影响。2020 年，我国汽车产业有可能止跌企稳，尽管传统汽车需求增长的高峰已经过去，但新能源汽车发展迅猛，汽车行业新的市场格局正在确立；家电产业正在朝智能化、自动化的方向转型，传统家电需求增长放缓，家电更新换代的大潮即将到来；以 5G 为代表的信息产业正掀起新一轮的发展高潮，信息技术的发展将对人民生活带来重大变化，也会为其他产业的发展和变革创造重大机遇。产业转型升级、重点产业此消彼长将会对大宗商品的供求格局产生重要影响，比如，新能源汽车快速发展将会带来能源消费格局的重大变化，影响石油、煤炭等能源大宗商品市场的长期趋势，汽车电池产业快速发展也会带来部分有色金属需求的爆发。未来，产业结构转型升级、产业格局持续演变将催生大宗商品需求的新格局。

六、逆周期调节力度加大，宏观调控政策托底经济

随着国内外环境和经济形势变化，国内的经济政策也将做出相应调整。在国内外经济下行压力加大的背景下，尤其是要缓解新冠肺炎疫情对经济的冲击，国内宏观经济政策逆周期调节的力度也将有所加大。财政政策方面，减税降费政策将进一步推进，财政支出将更加注重质量和效益提升，更加注重结构调整。基建投资补短板的力度将有所加大，民生保障也将得到更多支持。货币政策方面，稳健的货币政策将更加灵活适度，流动性在总量上保持合理充裕，在结构上将更多向民营经济倾斜，向制造业倾斜，社会融资成本尤其是中小企业融资成本将进一步下降。随着宏观经济政策托底经济的作用逐步显现，叠加重要改革举措加快落地，微观主体的活力将不断增强，重点行业和重点企业蛰伏的发展潜能将不断被激发。宏观调控政策将为经济稳定增长提供有力保障，但政策对经济发展的影响是非均衡的，不同领域、不同行业受益程度不尽相同，

相应地不同品种大宗商品的供求也将对调控作出反应。

第三节　2020年大宗商品市场与价格走势分析

一、原油供给充裕需求疲软，价格继续承压

展望2020年，国际油价短期维持在低位，美、俄、沙博弈是重要变量。需求方面，美国挑起的经贸摩擦影响持续发酵，新冠肺炎疫情对经济的冲击或将持续较长时间，由此造成的负面冲击将加剧主要经济体经济下行压力，我国受新冠肺炎疫情影响，全年经济增长也将受到影响。尽管各国推出降息等宽松货币政策有望在一定程度上缓解经济下行压力，但考虑到贸易摩擦与疫情影响的长期性和反复性，国际能源署、美国能源信息署等机构纷纷下调2020年度原油需求预测。供给方面，在沙特、俄罗斯掀起的"价格战"告一段落之后，主要产油国在减产上达成了初步一致，但减产协议能否持续稳定实施尚待观察。考虑到油价一度大幅低于美国页岩油成本，也低于一些产油国成本，部分高成本原油生产商或逐步出清。但基于就业和财政平衡考量，相关国家难以容忍石油价格长期处于低位，美国、俄罗斯、沙特等国博弈将加剧，需提防突发地缘政治事件冲击石油市场。总体看，原油市场需求疲弱，供给或将持续宽松，未来油价弱势震荡成为主旋律。但值得关注的是，中东地区地缘政治局势的变化，尤其是突发事件可能冲击国际原油市场，引发原油价格脉冲式上涨。若相关事件不引发持久性的局势动荡，则难以推动油价持续走高。

二、有色金属供求不确定性强，价格仍将分化

2020年有色金属供求不确定性强，如果没有冲击力强的黑天鹅事件发生，充裕的流动性可能推动铜铝等主要品种价格逐步回升，少数品种受需求扩张影响，价格可能继续走高。

分品种来看，金属铜供求面临一定不确定性，价格振荡回升。需求方面，中国约占世界铜消费的一半，已成影响铜需求主要因素。我国经济在全球所占比重不断上升，稳中向好的趋势未发生实质变化，将对铜的需求形成支撑。但考虑到国内空调、汽车等铜下游产业增长乏力，房地产快速增长难以持续，铜消费集中的电网领域投资整体维持平稳，铜需求也难以出现新的亮点。全球经济承受下行压力，亦难以对铜需求形成提振。供给方面，随着一批新项目投产和扩建，将给未来几年全球铜矿产量带来一定增长。但疫情可能对铜矿开采产生一定冲击，疫情期间智利 Escondida 铜矿、美国内华达铜业地下矿、五矿资源旗下的秘鲁 Las Bambas 铜矿等矿山出现新冠肺炎病例或因疫情停产，导致供给收缩，加之相关国家铜矿罢工隐患不时显现，精炼铜供应仍面临不确定性。总体看，铜需求稳中偏弱，影响供给的因素较多，价格将在疫情引发的深跌中逐步回升。

金属铝需求弱势，供给基本稳定，资金因素可能推动价格回升。需求方面，美国挑起的经贸摩擦对国际贸易的负面冲击持续显现，我国外贸订单减少，下游铝加工产成品库存积压，部分中小型铝下游企业已逐步停产退出市场。受疫情影响，国内制造业短期需求缺乏增长动力。供给方面，国际铝业协会公布的数据显示，我国电解铝占全球产量的比重超过 50%。随着国内环保实现常态化执法，电解铝的供应基本稳定，难以出现大幅收缩。一旦国外生产企业加大投产力度，供应端加速复苏将使得过剩产能难以消化，抑制价格上涨空间。总体看，铝价将受制于供给过剩，但流动性充裕仍可能推动铝价上涨。

其他品种中铅、锌受制于全球宏观经济不景气，也将维持弱势运行。镍受益于新能源汽车发展的良好态势，需求将持续扩张；在印尼等国加大对本国镍矿控制力度的情况下，供给可能受限。但在全球经济的悲观预期下，看多情绪可能受到打击，镍价面临的不确定性较强。

三、钢材需求回落，价格震荡偏弱

2020 年钢材需求偏弱，但存在政策提振的可能，供给保持稳定，预计价格震荡偏弱。需求方面，受疫情影响，全年制造业增速难言乐观，汽车、家电消费难以掀起新的热潮，但应对疫情的逆周期调节政策力度可能加大，疫情结束后，基础设施建设和房地产投资有可能出现反弹，相关投资项目加码对钢材需求形成一定支撑。供给方面，2020 年新建置换产能不容忽视，去产能和环保限产的边际影响将进一步减弱，企业高利润也可能导致高产量。随着钢铁行业集中度提升，钢企的定价能力会有所提升。同时，在原材料价格大幅波动背景下，成本对钢价的影响仍然较大。总体看，钢材需求存在一定的不确定性，供给侧相关因支撑作用或不如去年，与 2019 年相比钢材价格重心将向下移动。

铁矿石需求将保持基本稳定，2019 年气候和自然灾害诱发供给冲击带来的不利影响已基本消除，但价格走势仍受制于疫情等不确定因素。需求方面，钢铁产量小幅增长将继续带动原材料需求微幅扩张，考虑到废钢供应量将保持增长，对铁矿石的需求或将保持稳定。供给方面，巴西淡水河谷溃坝事件、澳大利亚飓风对铁矿石生产的影响已经修复，国外矿山生产能力也恢复至正常水平，发货量将较 2019 年有所增加，国内矿山受价格下跌影响供货量难以出现大幅增长。疫情对国外主要矿山的生产、港口运行和海运产生的负面影响值得关注。此外，港口库存和国内钢铁企业库存处于相对低位。总体看，铁矿石需求稳定，供给可能受到多方面因素冲击，价格面临的不确定性较强。

四、煤炭供求关系略显宽松，价格重心下移

2020 年焦煤和焦炭需求增速或将放缓，炼焦能力仍有一定增长空间，焦煤和焦炭价格或将走低。需求方面，钢铁产量或将继续增长，但增速不会很快，焦煤和焦炭需求增速也将放缓。供给方面，国内传统炼焦煤供应增长空间不大，非传统炼焦煤仍有一定增长空间。总体看，焦煤和

焦炭的供求关系将进一步宽松，价格重心或将下移。

动力煤需求受电力需求以及其他能源品种的贡献影响较大，供给将保持一定增速，预计价格弱势运行。需求方面，在国内外经济面临下行压力的情况下，电力需求难以出现大幅增长，加之太阳能、风电等新能源装机量继续攀升，煤电企业煤耗不断下降，动力煤也难以出现强劲需求。供给方面，去产能边际影响持续消退，受生产制约减少、产能释放等因素影响，煤炭供应平稳增加。在国外煤炭价格低位运行的情况下，进口政策成为影响动力煤供应的不确定因素。物流方面，公转铁继续推进，铁路发运保持增长，随着浩吉铁路的开通，将进一步促进区域供求平衡。总体看，动力煤需求难以大幅增长，供给相对充裕，价格重心将有所下降。

第四节　政策建议

一、进一步加强大宗商品价格监测预测预警工作

加强对国内外宏观经济形势的分析，强化对重点产业形势的跟踪研究，以及对重点商品生产商的跟踪分析，从宏观、产业、政策等不同层面加强对大宗商品市场与价格运行情况的研究。紧盯国内外大宗商品市场，继续加大对国际原油、有色金属、钢铁、铁矿石、煤炭等商品价格的监测力度，建立科学的预测分析模型，及时预测价格趋势。逐步建立起适应政府决策和市场主体生产经营需要的大宗商品价格监测、预测、预警和信息发布体系，满足不同层次的需求。政府部门应在预测预警的基础上，做好政策储备工作，在市场形势发生变化时及时采取有力举措。

二、加大政策逆周期调节力度维持经济稳定增长

科学研判新冠肺炎疫情对国际国内经济的影响，采取针对性举措减少其对经济增长、就业、通货膨胀和进出口的影响。加大宏观政策逆周

期调节力度，综合运用多种政策工具稳定国内需求，为大宗商品市场稳定运行创造有利条件。稳健的货币政策要灵活适度，灵活运用法定存款准备金率、公开市场操作等既有货币政策工具，结合工作需要推动货币政策工具创新，保持流动性合理充裕。加大货币政策对疫情严重区域、受影响严重行业的支持力度，重点加大金融对实体经济的支持力度。积极的财政政策要大力提质增效，加大重点基础设施补短板力度，加快落实湖北等疫情重灾区的税收减免政策。稳定制造业投资，围绕推动制造业高质量发展要求，加快推进 5G、物联网信息网络等新型基础设施建设。通过稳定总需求和重点行业需求，促进能源、有色金属、钢铁等行业健康发展，稳定大宗商品市场。

三、积极应对大宗商品价格波动对国内的冲击

在科学研判国内大宗商品需求和供应能力的基础上，明确供求矛盾突出、市场波动幅度大、对外依存度高的商品，提出合理举措应对相关品种价格波动对国内宏观经济、重点产业和重点领域的不利冲击。能源领域，应持续提高能源利用效率，降低单位 GDP 能源消耗，优化能源供给结构，提高能源自给率，对可能出现的油价大幅波动，要形成应急预案。工业品领域，要优化调整产业结构，加快转变经济发展方式，推动有色、钢铁等行业实现高质量发展，加强对供求缺口、进出口、库存变化的监测分析，及时发布市场供求变化与价格波动信息，强化市场自我调节能力。此外，还应加强对重点商品影响价格总水平的分析和研究，避免特定商品价格波动影响价格总水平，为宏观调控决策创造有利环境。

四、提升重点商品储备水平保障市场稳定供应

加强重点商品储备制度建设，增强商品储备的制度保障。加强重点商品储备基础设施建设，灵活运用市场机制，合理引导社会资本参与建设、运行和维护储备设施。加快推进多层次储备体系建设，完善政府储

备、企业生产经营库存互为补充的储备体系，实现政府储备和市场储备优势互补。进一步提升原油储备水平，逐步达到 90 天进口量。适度扩大铜、镍、锌等金属战略物资国家储备规模。针对可能出现的能源、资源、粮食产品供给冲击，制定相应增加或释放储备的预案。

五、进一步加大商品相关重点领域改革力度

进一步深化钢铁、煤炭、有色等行业供给侧结构性改革，巩固去产能成果，有节奏有步骤实施产能置换政策，对产能置换区域与投产时间适当引导，避免阶段性供给过剩。加大相关行业环保、质量、安全执法力度，构建市场化、法治化、常态化的去产能工作长效机制。进一步放宽能源领域的市场准入，给予民营企业成品油出口资质，加大成品油出口力度，缓解国内成品油过剩压力。放开原油进口配额限制，让地方炼厂与国企有同等进口权，让有能力的地方炼厂参与到油气储运市场。

Part 4
金融篇

第二十一章　金融业运行与服务实体经济的情况分析：2019—2020年的主要变化

2019年，我国货币信贷增长总体平稳，货币信贷增长较上年有所加快，利率市场化改革进一步推进，货币市场利率保持低位，贷款利率略有下降。金融市场总体运行平稳，科创板开市，注册制试点启动，股票发行制度改革实现突破。金融服务实体经济的能力进一步提升，普惠金融较快发展，降低实体经济企业融资成本取得一定成效。2020年，金融领域要继续落实服务实体经济、深化金融改革的任务要求，支持应对新冠肺炎疫情带来的负面影响，支撑经济保持平稳健康发展。建议保持货币政策灵活性，针对不同时期维护经济平稳运行的需要，发挥好逆周期调节作用；疏通货币政策传导渠道，进一步缓解中小微企业融资困难，降低实体经济企业融资成本；用好科创板试点经验，加快完善证券市场发行、交易等基础制度，健全监管机制，推动直接融资发展和融资结构优化；加大金融业对内对外开放，坚持包容审慎监管原则，支持金融科技探索创新，提高金融体系对经济社会发展新变化新要求的适应能力。

2019年，我国金融运行总体平稳，一系列改革和政策举措相继出台，金融市场制度更加完善，金融服务实体经济的能力进一步提升、成效更加明显。展望2020年，经济发展面临的压力挑战交织，金融领域要继续落实服务实体经济、深化金融改革的任务要求，保持货币政策灵活性，针对不同时期维护经济平稳运行的需要，发挥好逆周期调节作用，进一步疏通传导渠道，优化融资结构，降低融资成本，加大金融业对内对外开放，加快金融科技探索创新，提高金融体系对经济社会发展新变化新要求的适应能力，支撑经济平稳健康发展。

第一节 2019 年金融运行情况

2019 年，我国货币信贷稳步增长，利率市场化改革继续深化，宏观杠杆率内部结构优化，金融市场运行总体平稳，股票市场回暖，债券市场发行规模扩大、成本下降，外汇市场受中美经贸摩擦影响波动较大。

一、货币信贷增长加快，利率市场化改革深化

（一）货币供应增速回升

2019 年，通过实施稳健的货币政策，加强逆周期调节，灵活开展公开市场操作，适时降低存款准备金率，补充银行资本金来源等，推动了货币供应量增速回升。2019 年末，广义货币供应量 M2 余额 198.65 万亿

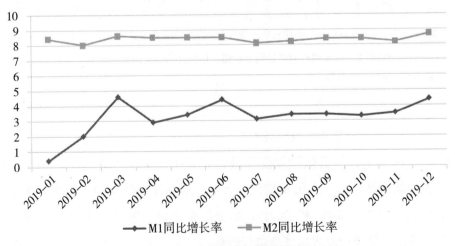

图 21-1 2019 年货币供应量增长情况（％）

数据来源：中国人民银行

元，同比增长 8.7%，增速比上年高 0.6 个百分点，各月度同比增速均在 8%-8.7% 之间，波动较小。狭义货币供应量 M1 余额 57.6 万亿元，同比增长 4.4%，增速比上年高 2.9 个百分点。总体来看，货币供应平稳增长，较上年有所加快，基本实现了流动性合理充裕。

2019 年银行间市场同业拆借、质押式回购交易利率水平保持在较低水平。12 月，同业拆借月加权平均利率为 2.09%，较上年同期下降 0.48 个百分点，质押式回购月加权平均利率为 2.10%，较上年同期下降 0.58 个百分点。

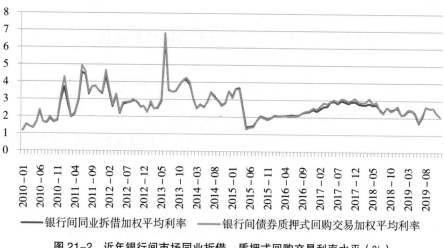

图 21-2　近年银行间市场同业拆借、质押式回购交易利率水平（%）

数据来源：中国人民银行

（二）社会融资规模稳定增长

2019 年末，社会融资规模存量为 251.31 万亿元，同比增长 10.7%。从主要组成部分看，人民币贷款、企业债券和政府债券增长较快，增速分别为 12.5%、13.4% 和 14.3%，非金融企业境内股票融资仅增长 5%，委托贷款、信托贷款等保持负增长态势。

全年社会融资规模增量为 25.58 万亿元，比上年多增 3.08 万亿元。

从社融增量构成上看，人民币贷款 16.88 万亿元，比上年多增 1.21 万亿元；未贴现银行承兑汇票减少 4757 亿元，比上年少减 1586 亿元；委托贷款减少 9396 亿元，比上年少减 6666 亿元；信托贷款减少 3467 亿元，比上年少减 3508 亿元；企业债券净融资 3.24 万亿元，比上年多增 6098 亿元；非金融企业境内股票融资 3479 亿元，比上年少增 127 亿元；此外政府债券净融资 4.72 万亿元，比上年少增 1327 亿元。扣除政府债券净融资，私人部门获得的融资增量中，人民币贷款贡献了 81.0%，比上年有所下降，主要是表外业务收缩的幅度较前期高峰有所下降，同时企业债券净融资的贡献略有上升。

（三）利率市场化进程加速

2019 年 8 月，人民银行推出改革完善贷款市场报价利率（以下简称 LPR）机制的新举措，以提高贷款利率市场化程度，打破贷款基准利率 0.9 倍的隐性下限，促进银行间市场和信贷市场利率"两轨并一轨"，疏

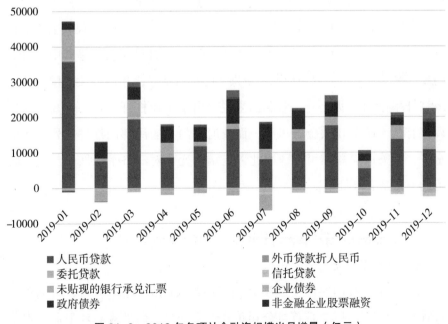

图 21-3　2019 年各项社会融资规模当月增量（亿元）

数据来源：中国人民银行

通利率传导。改革实施后，利率报价有所下降。到 2019 年 12 月份，一年期、五年期以上 LPR 分别为 4.15% 和 4.8%，与原贷款基准利率相比，分别低 0.20 个和 0.10 个百分点。其中，一年期 LPR 比改革前水平下降了 0.16 个百分点。

银行调整新增贷款利率基准的积极性超出预期，新发放贷款使用 LPR 利率的占比明显提高，12 月占比达到 90%。12 月 28 日，人民银行发布公告，2020 年起所有新增贷款将不再使用贷款基准利率定价，并着手推进存量浮动利率贷款定价基准转换工作。在市场利率有所下行的形势下，贷款定价基准转换将进一步促进企业贷款利息成本下降。

（四）杠杆率内部结构优化

2019 年，尽管宏观杠杆率有所上升，但杠杆率结构有所改善。根据国际清算银行的统计数据，年末宏观杠杆率为 258.7%，较上年末高 9.1 个百分点，其中政府部门杠杆率 54.2%，较上年末高 5.2 个百分点，居民部门杠杆率 55.2%，较上年末高 3.7 个百分点，而非金融企业杠杆率尽管在一季度出现上升，但年内保持下降趋势，年末降至 149.3%，仅较上年末高 0.2 个百分点。实际上，在经济下行时期，宏观杠杆率特别是其中政府部门杠杆率上升，是采取逆周期政策操作的必然结果，2019 年主要国家的宏观杠杆率也均有所上升。对我国来说，由于企业杠杆率水平偏高，适当调整有利于防范相关金融风险，而政府部门和居民部门杠杆率处于较低水平，相关风险总体可控，因此以上结构变化对经济平稳增长与风险防范的平衡是有好处的。

二、金融市场总体运行平稳，功能有效发挥

（一）股票市场

2019 年，我国实施了多项股票市场重大改革举措。6 月，科创板正式宣布开板，7 月 22 日首批公司正式上市交易。股票发行注册制试点落地，还在允许特殊股权结构企业上市、分拆上市、允许发行具有特别表

决权的类别股份、扩大日内涨跌幅等方面进行了创新和探索。12 月 28 日，第十三届全国人大常委会第十五次会议审议通过了修订后的《中华人民共和国证券法》（以下简称新《证券法》），将于 2020 年 3 月 1 日起施行。本次证券法修订进一步完善了证券市场基础制度，在证券定义、注册制改革、投资者保护和违法惩戒等方面都有所突破，为证券市场下一步改革发展提供了顶层设计和法治保障。此外，金融衍生品扩容特别是股指期权产品的推出，也将助推股票市场发展。

与上年相比，2019 年股票市场主要指数、成交金额显著上升。年末上证综指收于 3050.12 点，上涨 556.22 点，涨幅为 22.3%；深证成指收于 10430.77 点，上涨 3190.98 点，涨幅为 44.1%。两市全年成交额 127.42 万亿，同比增长 41.1%。

全年股票发行筹资额 6862.39 亿元，略高于上年。年度新股发行明显回暖，根据 Choice 的数据，全年沪深两市共有 201 家企业完成 IPO，募资总额达 2442 亿元，同比大幅增长 95% 和 81%。科创板开市对股市 IPO

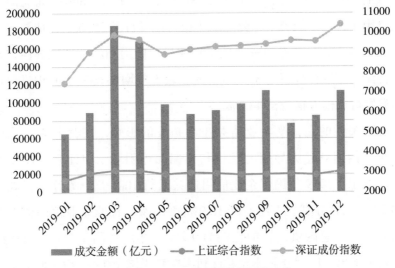

图 21-4　2019 年股票市场量价走势

数据来源：中国人民银行

的带动作用十分明显,到 2019 年末,科创板累计受理企业超过 200 家,上市委审议通过超过 100 家,已上市 73 家,在 IPO 数量方面贡献了整个市场的三分之一以上。并且 2019 年科创板已在特殊股权结构即同股不同权企业上市、携带股权激励方案上市、亏损企业上市等方面实质性突破,可以说试点取得了良好的开局和效果。

（二）债券市场

2019 年,债券发行规模增幅较大,对企业、银行等的融资支持作用显著增强。企业发行债券融资方面,根据中证鹏元评级的研究报告,包括交易所市场和银行间市场在内,非金融企业境内债券发行数量共 9119 只,发行总规模达到 9.54 万亿元,同比大幅上升,发行数量和规模分别增长 30% 和 29%。其中增幅较大的品种包括,交易所企业债券发行数量和规模分别增长 37% 和 50%,可转换债券发行数量和规模分别增长 57% 和 239%,私募债的发行数量和规模分别增长 116% 和 124%。此外银行间市场的中期票据和定向工具发行规模也分别增长了 18% 和 20%。

银行发行债券融资方面,年初推出允许商业银行发行无固定期限资本债券的新政以来,年内共有 15 家商业银行发行了 5696 亿元无固定期限债券用于补充一级资本,此外商业银行还发行了 5950 亿元债券用于补充二级资本,通过债券融资增强了贷款投放能力和经营的稳健性。政策性银行债全年发行规模为 3.66 万亿元,较上年增长 6.6%,其中进出口银行债券发行规模大幅增长 44.2%。

需要关注的是,受企业债券违约频发的影响,民营企业面临债券发行难、信用利差大导致的发行利率偏高等困境。中证鹏元评级整理的情况显示,2019 年民营企业信用债共发行 1006 只,累计发行规模为 9230.27 万元,分别较上年下降 18.9% 和 8.4%。民营企业信用债占非金融企业信用债总融资规模的比例为 9.7%,较上年下降了 3.9 个百分点。业内人士指出,民营企业债券发行利率要高于国企 1-2 个百分点。此外,2019 年中小企业集合债券发行量为零,显示市场环境不利于中小企业利用债券工具融资。

（三）外汇市场

根据外汇管理局发布的数据，2019 年境内和境外人民币对美元交易价 CNY 和 CNH，分别小幅贬值 1.4% 和 1.3%，同期 EMCI 新兴市场货币指数下跌 1.2%，从数字和与新兴市场货币总体情况的比较来看，人民币汇率仍然保持了总体稳定。

2019 年受中美经贸摩擦影响，人民币一度承受较大贬值压力，对美元汇率波动幅度较大。2018 年底，中美两国首脑在阿根廷达成贸易谈判的阶段性一致意见，其后中美双边谈判持续展开，加之美联储提前结束加息的预期逐渐升温，美元走弱，1—4 月，人民币对美元汇率中间价累计升值 2%。5 月起中美贸易摩擦逐步升级，受其影响人民币对美元汇率转为贬值，5 月单月跌幅达 2.5%，到 8 月初"破 7"，其后一度跌至 7.0884 的低点。2019 年末，中美经贸摩擦第一阶段协议达成后，市场预期企稳，人民币对美元汇率略有回升，在 7.0 关口双向波动。2019 年全年人民币对美元汇率的波动率在 4% 左右，与 2018 年大体持平，这一水平与国际主要货币的波动率水平基本相当，显示汇率弹性增强，有助于发挥宏观

图 21-5 2019 年人民币汇率中间价（美元）走势（单位：元）

数据来源：国家外汇管理局

经济和国际收支的"自动稳定器"作用。

外汇市场供求保持基本平衡，银行结售汇的月度逆差平均是 47 亿美元，与 2018 年基本持平，非银行部门的跨境收支累计呈现小幅顺差。资本流入增加，全年实际使用外资 9415 亿元人民币，同比增长 5.8%，规模创历史新高。更值得关注的是，伴随金融扩大开放的一系列举措落实，境外资金流入境内证券市场的规模明显增大，显示了我国金融市场对国际投资者的吸引力。2019 年全年，沪港通、深港通北上资金累计净流入 3517.43 亿元，创出新高。统计显示，全年境外投资者净增持境内债券 866 亿美元，净增持上市股票 413 亿美元，合计达到了 1280 亿美元。外汇储备规模保持平稳，年末国家外汇储备余额为 3.11 万亿美元，较年初增加了 352 亿美元。

第二节　2019 年金融服务实体经济情况

近年来，推动金融回归本源、服务实体经济的改革、监管和政策持续实施，金融服务实体经济的成效不断显现，2019 年实体经济获得的融资支持在总量、结构、成本等方面都有所改善，对重点和薄弱环节的支持力度增强，经济和金融的良性循环更加顺畅。

一、运用结构性政策工具，贷款流向产生积极变化

2019 年，货币政策操作方面，在运用公开市场操作保持流动性合理充裕的同时，仍然注重结构性政策工具的运用，年内三次降准，其中两次运用定向降准措施，已基本形成"三档两优"的存款准备金结构，到年末不同类型银行机构享受的最高和最低准备金率间相差 6 个百分点。降准释放了较大规模长期可贷资金，推动银行中长期贷款增长加快。2019 年末，企事业单位本外币贷款余额同比增长 10.5%，其中中长期贷款余额同比增长 11.6%，快于总体增速。从行业看，工业贷款增

长仍然乏力，年末本外币工业中长期贷款余额 9.18 万亿元，同比增长 6.8%，增速比上年末低 0.5 个百分点；全年新增 5912 亿元，同比少增 39 亿元。但服务业贷款新增规模上升，全年本外币服务业中长期贷款新增 4.45 万亿元，同比多增 3296 亿元；年末余额 39.40 万亿元，同比增长 13.0%。

在政策导向作用下，房地产贷款增幅保持回落态势。2019 年末，人民币房地产贷款余额 44.41 万亿元，同比增长 14.8%，增速低于上年同期 5.2 个百分点，连续 17 个月回落。全年新增房地产贷款 5.71 万亿元，占人民币贷款增量总额的 34.0%，比上年低 5.9 个百分点。

二、推动普惠金融增量降价，薄弱环节融资困难有所缓解

除了对中小型商业银行、县域农村金融机构实施较低存款准备金率，以及实施普惠金融定向降准的优惠政策外，为促进普惠金融发展，2019 年人民银行还通过支农支小再贷款工具提供低成本资金，用于扩大金融机构对小微企业、"三农"、贫困人口等的信贷支持。全年支农再贷款余额 2602 亿元（含扶贫再贷款 1642 亿元），支小再贷款余额 2832 亿元。政策性银行转贷款同样为小微企业、贫困地区等提供了定向的低成本资金，2019 年国家开发银行累计向 322 家合作银行发放转贷款 1000 亿元，支持小微企业逾 12 万户，户均贷款额度低于 100 万元；发放产业扶贫转贷款 105 亿元，支持数万贫困人口脱贫增收。

2019 年，普惠金融业务量实现较快增长，根据人民银行的统计，年末普惠小微贷款余额 11.59 万亿元，同比增长 23.1%，增速比上年快 7.9 个百分点，比同期人民币各项贷款增速快 10.8 个百分点。全年新增普惠小微贷款 2.09 万亿元，同比多增 8525 亿元。普惠金融的受惠面也有明显的扩大，获得支持的小微经营主体累计 2704 万户，比上年增长 26.4%，全年增加了 565 万户，同比多增 100 万户，这显示普惠金融在解决小微

企业贷款难方面取得了良好成效。

三、降低实体经济企业融资成本取得一定成效

2019 年以来利率市场化改革的深化，促进了贷款利率进而实体经济信贷融资成本的下降。2019 年贷款加权平均利率呈逐季小幅下降的趋势，其中一般贷款利率下降更为明显，到 12 月份，新发放一般贷款加权平均利率为 5.74%，是 2017 年二季度以来的最低水平，比 2018 年的高点下降了 0.55 个百分点。

伴随专项再贷款、政策性银行转贷款等低成本资金注入，普惠金融定向降准激励性政策以及"两增两控"考核要求等多种举措的共同影响，2019 年小微企业融资成本明显降低。全年新发放普惠性小微企业贷款的平均利率比 2018 年平均水平下降了 0.69 个百分点，再加上其他融资成本的降低，小微企业整体的平均综合融资成本下降超过了 1%。

此外，债券收益率总体下行，企业发债融资成本有所下降。受经济形势、货币政策等影响，2019 年国债收益率曲线整体下移，短端收

图 21-6　贷款加权平均利率变化情况（%）

数据来源：中国人民银行《货币政策执行报告》相关各期

益率降幅更明显。12 月末，1 年期国债收益率为 2.36%，较上年同期低 0.24 个百分点，10 年期国债收益率为 3.14%，较上年同期低 0.09 个百分点。企业债券发行利率也呈下行走势，9 月企业债券加权平均发行利率为 3.33%，较上年高点下降 1.26 个百分点，其中民营企业债券加权平均发行利率较上年高点下降 1.8%。

第三节　2020 年金融形势分析及政策建议

2020 年是一个特殊的年份，一方面，全面建成小康社会和"十三五"规划迎来收官之年；另一方面，世界经济疲弱、贸易保护主义等因素导致我国面临的外部环境仍然严峻，叠加新冠肺炎疫情带来的全球性冲击，经济发展面临的挑战增多。金融领域要适应宏观经济形势的变化，围绕服务经济平稳健康发展，灵活开展货币政策操作，针对以疫情防控、经济活动恢复等不同时期重点任务的转变及其对金融支持的要求，发挥好逆周期调节作用，同时继续深挖货币政策传导的堵点，加快疏通政策传导渠道，运用金融改革手段，加大金融业对内对外开放力度，提高金融体系对经济社会发展新变化新要求的适应能力，推进监管体系、监管制度的健全完善，增强金融服务实体经济的效应和金融体系自身的韧性。

一、金融运行展望

货币信贷方面，应对疫情阶段性冲击和促进后期经济恢复正常增长，需要货币政策灵活操作提供充足流动性，适度放松信贷政策，因此会带来货币信贷增长加快。2003 年非典期间，货币政策的非常规操作带来货币信贷超常增长，广义货币供应量 M2 同比增长率 5–11 月均超过了 20%，到年末回落到 19.6%。全年新增人民币贷款 2.8 万亿元，同比多增 0.9 万亿元，前三季度增加较多，第四季度明显回落。2020 年初，人民银行宣布全面降准 0.5 个百分点。新冠疫情爆发后，在 2 月 3 日和 4 日，即股票市场年后开市的前两天，人民银行以公开市场操作方式，两天累计投放流动性 1.7 万亿元，随后推出 3000 亿元专项再贷款，支持金融机构向疫情防控重点企业提供优惠利率贷款，并通过多次结构性降准和公开市场操作，创设普惠小微企业贷款延期支持工具、普惠小微企业信用贷款支持计划等，提高支持实体经济针对性和实效，显示货币政策加大操作力度应对疫情影响。考虑到当前货币信贷基数较 2003 年大幅增长，同时货币政策工具更加多样化、操作灵活性明显增强，疫情短期冲击及政策应对会带来货币信贷的异常波动，但幅度会较非典时期显著减小。在政策操作和复工复产带来的融资需求上升影响下，5 月末 M2 同比增速升至 11.1%，较 1 月末上升 3.1 个百分点，但与前月持平。社会融资规模存量同比增速由上年末今年初的 10.7% 升至 5 月的 12.5%。预计年末 M2 同比增速、社会融资规模存量同比增速均有望明显高于 2019 年水平。

证券市场方面，股票市场受疫情等因素的短期影响有所波动，但长期来看，仍然取决于经济基本面总体保持平稳运行。实际上，2 月 3 日开市后，金融市场仅在初期出现短暂的调整，很快恢复了总体平稳运行。2003 年非典期间，股票市场在疫情暴发期初期所受影响最大，冲击集中在 4 月第 4 周，单周下跌 7.23%。在疫情数据好转前，市场已探底，冲击时间为 3 周。从目前来看，2020 年 2 月 3 日股市开盘，沪指低开 8.73%，创下了 1997 年以来的纪录，但当天开盘仅 46 分钟就有资金大幅净流入超 50 亿元，全天净流入近 200 亿元。总体看市场对疫情后的经济复苏仍保有信心。加之创业板注册制改革等举措落地，预计下半年，股票市场有望在良好预期和新动力驱动下保持平稳运行。2020 年前几个月各类债券发行均同比大幅增长，但债券收益率出现较大波动，下半年在多重因素影响下，债券发行规模有望保持增长态势，但同比增速可能有所放缓。同时，疫情可能使部分行业企业特别是民营企业短期偿债能力和流动性受到较大负面冲击，进一步加大民企债券违约的压力。

二、相关政策建议

（一）灵活运用货币政策工具，加强逆周期调节作用

货币政策要灵活机动，以非常规操作应对短期冲击、全力支持抗击疫情，加强逆周期调节作用，维护金融市场的基本稳定，及时推出切实缓解实体经济企业流动性风险的信贷政策，特别是受疫情影响较大的批发零售、住宿餐饮、物流运输、文化旅游等行业。监督银行不盲目抽贷、断贷、压贷，灵活运用定向降准、贷款延期、绿色通道、贴息支持等政策工具，鼓励各类金融机构提供过渡性的短期资金支持，尽可能降低疫情对经济产业发展的微观基础造成的损害。

疫情影响消退后，及时利用公开市场操作等货币政策工具，维持金融体系流动性合理充裕，为大规模复工复产提供资金支撑和保障，促进经济运行逐步恢复。继续加大对民营企业和制造业等重点领域的金融支持，增加信用贷款和中长期贷款。进一步完善市场报价利率传导机制，促进企业融资成本合理下降。

（二）多措并举，进一步缓解中小微企业融资难融资贵

降低金融市场准入门槛，扩大对内对外开放，发展中小金融机构，构建多层次、广覆盖、差异化的银行机构体系。允许在小微贷款方面取得良好成效、形成专业能力的地方性中小银行、民营银行跨地区、跨省设立分支机构，专门经营小微贷款业务。研究放宽互联网银行远程开户限制，拓宽其开展小额贷款的资金来源。支持银行发展纯信用、循环型、自动审批额度、期限弹性、随借随还的线上信贷产品，增加无还本续贷等服务，提高金融支持小微企业的连续性。

完善政策性融资担保体系。发挥好国家融资担保基金、地方财政等对政策性融资担保机构的资本补充作用，保障政策性融资担保机制运行的可持续性。地方政策性融资担保机构要提高服务本地小微企业主动性，

积极借助地方相关政府部门了解的产业、企业信息，运用担保等方式增信，帮助经营状况良好、有发展前景但缺少抵押品的小微企业获取银行首贷。

加快推进企业和个人信用信息整合，尽快形成包括金融管理部门在内的多部门信用信息连通共享的局面。拓展守信联合激励和失信联合惩戒机制的应用范围，强化信用对市场主体的约束作用。发展专业化的第三方征信服务，鼓励大数据在征信领域的应用，为小微企业融资提供良好的信用体系支撑。

（三）加快完善证券市场基础制度，推动融资结构优化

继续加强股票市场基础制度改革。用好科创板注册制试点的经验，稳妥推进注册制的全面改革。加快健全与注册制相适应的信息披露制度。改善上市公司治理能力，完善退市制度，提高上市公司质量。推动资本市场相关税制改革，建立激励上市公司分红的规则和机制，完善市场交易制度，抑制过度投机。进一步丰富机构投资者类型，引入更多长期资金。强化监管，加快建立集体诉讼制度，切实保护投资者权益。积极推进形成融资功能完备、基础制度扎实、市场监管有效、投资者合法权益得到有效保护的多层次资本市场体系，促进股权融资比例上升，优化企业融资结构。

推动符合实体经济发展需要的债券市场金融产品创新，丰富债券工具类型。加快完善债券违约处置机制，探索发展高收益债券，拓宽中小企业债券融资渠道。进一步推进债市统一监管，促进基础设施互联互通，推动建立统一管理和协调发展的债券市场，增强债市对实体经济的支持作用。

（四）支持金融科技发展，推动金融服务创新

支持金融机构在金融科技应用等方面加大探索力度、积极创新、寻求突破，让大数据、区块链、人工智能等新技术更好与金融服务融合，为提升金融服务实体经济的能力和效率提供支撑。

坚持包容审慎的监管原则，借鉴并探索以"沙盒监管"模式，激发、释放金融服务创新活力，允许包括金融机构、规范运作的互联网企业等在内的市场主体，在有效保护金融消费者权益的前提下，探索金融与科技的融合方式，创新实体经济发展需要的金融服务。

第二十二章　防范化解重大风险进展的情况分析：2019—2020 年

　　2019 年以来，受内外部多重因素影响，我国经济金融体系中一些长期积累的深层次矛盾逐渐暴露，经济发展困难增多，金融风险易发高发且呈现一些新的特点和演进趋势，诸如：资本市场对中美贸易摩擦高度敏感；高风险中小银行等机构和各类非法金融活动的增量风险得到有效控制，但存量风险仍需进一步化解；债券市场债券违约趋于常态化，但信用环境明显改善；人民币汇率高度波动；宏观杠杆率出现明显抬头之势。展望 2020 年，全球经济金融动荡源和风险点仍在增多，国内经济下行压力有所加大。面对国内外复杂局势，需要时刻保持清醒，把握长期大势，抓住主要矛盾，善于化危为机，办好自己的事，扎实做好"六稳"工作，全面落实"六保"任务。要推动优化融资结构和金融机构体系、市场体系、产品体系，进一步提高金融供给对实体经济的适应性和灵活性。要坚决打好防范化解重大金融风险攻坚战，平衡好稳增长和防风险的关系，压实各方责任，稳妥处置和化解各类风险隐患，守住不发生系统性金融风险底线。

　　2019 年，针对不同风险分类施策，对威胁金融稳定的重点领域风险，及时"精准拆弹"。同时，在风险化解和处置过程中，把握政策节奏和力度，适时预调微调，防范"处置风险的风险"，有效保障了金融市场和金融机构的平稳运行。展望 2020 年，全球经济金融动荡源和风险点仍在增多，国内经济下行压力有所加大，既有固有的"灰犀牛"式风险，也有新冠疫情的"黑天鹅"风险，来自外部市场和实体经济的风险仍可能传递至金融市场，引发风险叠加效应，需要重点关注。

第一节　2019年防范化解重大风险取得的进展

通过一年多的集中整治和多措并举，防范化解金融风险方面取得积极进展，有效稳住了宏观杠杆率；平稳有序处置了包商银行等高风险机构；大力整顿金融秩序，存量风险有序压降；稳妥化解中小银行局部性、结构性流动性风险，有序处置民营企业债券违约事件；人民币汇率总体稳定。总体来看，金融风险由前几年的快速积累逐渐转向高位缓释，已经暴露的金融风险正得到有序处置，金融市场平稳运行，金融监管制度进一步完善，守住了不发生系统性金融风险的底线。

一、债券市场风险有序暴露

2019年债券市场波动较大，债券违约趋于常态化，但信用环境明显改善，监管政策不断完善，债券市场逐渐走向开放和统一。

一是新增违约主体同比上年有所减少，信用环境明显改善。2019年全年，新增首次违约主体共38家，涉及违约债券共200只，债券余额规模合计约1515亿元，新增首次违约主体少于2018年的43家，但违约债券数量和违约债券余额分别少于2018年的139只和1263亿元。2018年金融去杠杆引发信用收缩，债券违约事件集中爆发，但2019年信用环境已经明显改善，受益于"宽货币"措施和风险偏好的边际回升，发行利率波动下行，利差有所收窄。AAA级、AA+级和AA级3年期中短期票据利差相比上年末明显下行。尽管民企债券利差分化依然明显，但国企债券、城投债的等级利差收窄，1年期、3年期、5年期AA级与AAA级中短期票据利差较上年末有所下降。值得注意的是，尽管2019年民企债券违约仍然不断,但市场对违约事件的反应已经钝化,一般的违约已不会对整个市场的利差走势产生明显冲击。

二是债券违约仍然主要集中在弱资质民营企业,违约风险正逐步向中高等级主体蔓延,城投平台债务违约有所增多。2019 年债券违约主体仍然主要集中在民营企业,民营企业违约债券 153 只,余额 1086 亿元,基本与 2018 年持平,占比 75%。尽管 2019 年整体融资环境出现改善,但民企融资依然困难,尤其在包商银行事件后,银行流动性分层加剧,民企首当其冲受到影响,下半年民企违约债券规模占全年的比例高达 66%。新增违约主体中,发行时主体评级为 AA+ 的企业较去年同期大幅增加,反映了 2019 年违约风险正逐步向中高等级主体蔓延。值得注意的是,城投平台的非标债务违约事件持续发生,并且违约迹象有向外蔓延之势。

三是债券违约事件和原因多样。违约事件类型各式各样,包括技术性违约、场外兑付、破产重整、展期兑付、撤销回售等。违约原因类型层出不穷,债券违约共涉及 68 个主体,其中,51 个主体存在债务结构不合理、过度依赖外部融资等问题,21 个主体存在管理层扩张激进等问题,20 个主体存在行业下行、公司盈利下滑、管理层扩张激进、股权质押等问题。总体来看,多数新增违约主体债务结构安排不合理,地方国企多受盈利下滑、政策冲击等因素影响,而民营企业除此以外,还更多受到企业治理问题的影响。

四是债券市场监管政策不断完善,一定程度扫除了交易障碍、减少了政策套利的空间、维护了投资者权益。2019 年出台了大量债券相关监管政策,一是交易所搭建了违约债券专门的处置交易平台,银行间针对违约债券的特定债券转让政策也已经出台;二是回购债券违约匿名拍卖政策出台,缓解因包商银行事件冲击造成的非银机构流动性分层,阻断了流动性风险的传递和扩散,拍卖实际形成了高收益债券的定价机制;三是证券交易所参与债券交易的银行范围扩大,银行间与交易所债券市场进一步互联互通；四是债券发行进一步规范化，发行人通过直接或间接方式认购自己债券的"结构化"发行被禁止。尽管债券市场的流动性尤其是高收益债券的流动性仍有待改善，但监管政策的完善在维护债券市场正常的融资和风险定价功能等方面发挥了积极作用。

二、有序处置高风险中小银行

2019 年，监管部门加大对银行不良资产的处置规范力度，拆解影子银行，针对部分中小银行出现的局部风险实施分类化解、妥善处置，有效防止了局部风险扩散蔓延，保持了金融市场和金融体系的稳定和健康发展。

一是有效防控银行业信用风险。加大不良贷款暴露和处置力度，将商业银行逾期 90 天以上贷款全部纳入不良资产管理，全年处置不良贷款约 2 万亿元。相应积极稳妥处置化解企业债务风险，健全债权人委员会工作机制，全国共成立债委会约 1.92 万家，实施市场化债转股达到 1.4 万亿元。截至三季度末，全部银行业不良率 1.86%，拨备覆盖率 187.63%，资本充足率 14.54%，核心一级资本充足率 10.85%，整体经营表现稳健。

二是继续拆解高风险影子银行。在资管新规及配套实施细则框架下，进一步规范同业、理财、表外和信托业务，清理压缩脱实向虚、结构复杂、交叉传染的金融资产，推动金融机构资产管理业务在过渡期内平稳转型，逐步回归代客理财本源。继续强化金融机构同业负债管理和约束，促进同业存单市场规范健康发展。经过努力，多层嵌套的通道业务明显收缩，以钱炒钱、资金空转等现象得到一定遏制，三年来影子银行规模较历史峰值压降 16 万亿元，影子银行和交叉金融风险持续收敛。截至三季度末，监管套利突出的同业投资减少 3.65 万亿元，借贷余额比 2019 年初下降了 48%，机构数量、借贷规模及参与人数已连续 15 个月下降。

三是平稳有序处置问题金融机构。针对少数中小银行因内控管理不到位、业务操作不规范等因素导致的局部风险，监管部门果断出手、分类处置，有效防止了风险恶化和蔓延。2019 年 5 月，人民银行、银保监会依法接管包商银行，主要采取存款保险基金出资、人民银行提供资金支持，以收购大额债权方式处置风险，既最大限度地保护存款人和其他客户合法权益，避免了客户挤兑和风险向众多交易对手扩散，又依法依规打破了刚性兑付，实现对部分机构激进行为的纠偏，进而强化市场纪律。目前接管托管工作进展顺利，未出现客户挤兑等群体性事件，大额债权收购与转让、清产核资相关工作已经顺利完成，下一步工作正在有序推进。此外，通过引入外部投资者处置锦州银行风险问题，稳妥推进恒丰银行改革重组。在处置问题中小银行过程中，人民银行适时适度向市场投放流动性，及时稳定了市场信心，有效遏制了风险蔓延。截至三季度末，中小银行核心一级资本充足率为 10.25%，贷款损失减值准备 1.74 万亿元，较上季末增加 24.4%；超过 99.2% 的中小银行流动性比例高于监管要求，流动性水平充足。总体看，中小银行整体经营稳健，资本和拨备水平充足，流动性较为充裕，风险整体可控，并未形成较大的扩散效应。

总的来看，2019 年银行业继续保持平稳运行的态势，业务规模增长更加合理，结构进一步优化，银行体系应对外部冲击的弹性增强，风险总体可控，服务实体经济质效提升。

三、股票市场平稳运行

一是股票质押风险得到初步缓解。2019 年 1 月《关于股票质押式回购交易相关事项的通知》发布，通过设立专项基金、专项资管计划、发行纾困债等市场化方式化解存量股票质押风险，同时严格规范股票质押业务，严控增量。地方政府也通过积极参与建立上市公司纾困基金等方式化解股票质押风险。通过有效的政策手段，近年来股票质押数量和市值不断上升的势头得到遏制，股权质押风险得到初步缓释。质押股数从 2018 年 12 月的 6343 亿股降到了 2019 年 12 月的 5806 亿股，占总股数之比从 9.75% 降到了 8.28%；质押总市值维持在稳定水平，从 4.23 万亿元缓慢增加到 4.58 万亿元，占全部上市市值之比从 9.73% 大幅下降至 7.75%。

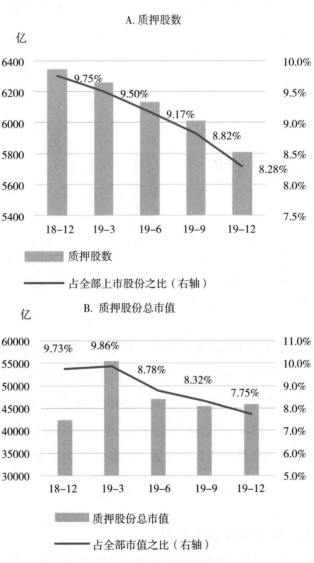

图 22-1　股票质押股数和市值及占比

数据来源：Wind 数据库

二是商誉减值风险部分释放。上市公司并购活跃导致的高溢价收购，推动上市公司商誉大幅增长。被收购方无法完成业绩对赌目标带来的商誉减值风险是资本市场震荡的重要风险之一。2018 年大量上市公司商誉减值，风险得到释放，年报披露的商誉减值损失规模达到 1658 亿元。2019 年前三季度上市公司商誉规模增加 748 亿元，使得 2018 年商誉大幅减值的势头得到扭转。

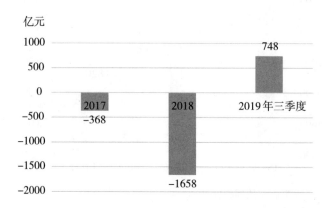

图 22-2　历年上市公司年报（季报）披露的商誉变化
数据来源：Wind 数据库

三是资本市场基础制度逐步完善，风险缓释能力增强。境内外股票市场互联互通得到进一步加强，开放外资私募投资"港股通"标的限制，给予外资私募平等国民待遇。科创板于 2019 年 6 月 13 日开板并试点注册制，为进一步完善资本市场发行、交易、退市机制做出了有益的探索。同时加强了私募基金风险排查和处置，加大对场外非法配资活动的打击力度。

四、外汇市场供求基本平衡

2019 年，面对国内外风险挑战明显上升的复杂形势，外汇管理部门以改革开放为主要手段，多措并举有效应对各类外汇风险挑战，防范跨境资本流动风险，保证了我国外汇市场平稳运行。

一是更大力度以开放促改革。 2019年，面对中美经贸摩擦等国内外风险挑战，外汇管理部门以更大力度深化外汇领域改革开放，增加外汇管理自由化便利化的政策供给，强化宏观政策逆周期调节、加强外汇市场预期引导，增强人民币汇率双边波动、保持跨周期微观监管的一致性、稳定性和可预期性，防范跨境资本流动风险，形成了维护外汇市场基本稳定的政策合力，维护了国际收支基本平衡，外汇储备规模基本稳定，我国外汇市场平稳运行。

二是外汇市场平稳运行。 人民币在全球货币中表现稳健。人民币对美元小幅贬值，截至2019年末，人民币对美元汇率中间价1美元兑6.9762元人民币，较上年末贬值1130个基点，贬值1.65%，贬值幅度较上年末降低了3.5个百分点。外汇储备余额稳中有升。截至2019年末，我国外汇储备余额31079亿美元，全年稳定在3万亿美元以上，较年初增加352亿美元，增幅1.15%，结束了2018年外汇储备下降态势。国际收支呈现经常项目顺差、资本项目逆差基本平衡。2019年前三季度，经常项目顺差1432亿美元，上年同期为逆差55亿美元。资本和金融项目逆差1505亿美元，上年同期为顺差526亿美元。外汇供求总体平衡。2019年，银行结售汇月均逆差46.6亿美元，与2018年持平；银行代客涉外收付款月均顺差20.4亿美元，2018年总体为逆差。

表22-1　2019年外汇市场开放采取的主要政策措施

方向	开放主要内容
资本项目	取消合格境外机构投资者额度限制，支持科创板及"沪伦通"落地，便利境外机构投资者投资银行间债券市场，开展证券公司结售汇业务试点。
经常项目	扩大贸易收支便利化试点地区，支持审慎合规银行为信用优良企业提供更加便利服务；推出跨境金融区块链服务平台，在7个省、直辖市和14家法人银行开展试点，缓解中小企业融资难、融资贵问题。
自由贸易试验区	出台便利横琴澳门投资企业跨境投融资6项举措，发挥特殊经济区域作为外汇改革开放新高地的示范作用。

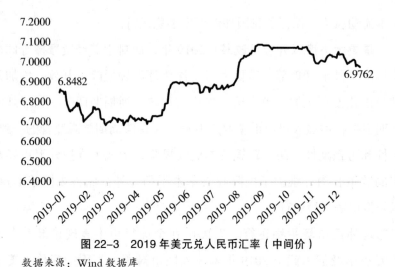

图22-3 2019年美元兑人民币汇率（中间价）

数据来源：Wind数据库

五、宏观杠杆率小幅攀升 [①]

2019年，我国宏观杠杆率较2018年上升了6.1%。虽然这一上升幅度明显高于近两年，但相比2008-2016年宏观杠杆率急剧攀升时期还是降低了2到4个百分点。"急涨"也好，"缓落"也罢，宏观杠杆率是否重回高增长通道引发各界担忧，也对逆周期操作是否重走债务推动的老路有所质疑，对此需要细致分析、科学研判。

一是宏观杠杆率升幅出现明显回调。2019年末，实体经济部门宏观杠杆率继续保持平稳态势，由一季度末的244.4%升至245.4%，杠杆率增速温和回升，整体债务水平较为稳定。分部门来看，居民杠杆率涨了2.7个百分点，从53.1%升至55.8%；非金融企业杠杆率下降了3.1个百分点，从154.4%降至151.3%；政府部门杠杆率上升了1.4个百分点，从36.9%升至38.3%。相比于过去杠杆率的增长态势，今年政府部门杠杆率的上涨幅度较为引人注目。

二是多方面因素导致2019年宏观杠杆率出现"一急一缓"波动攀升

---

① 报告中宏观杠杆率数据均采用中国社会科学院国家资产负债表研究中心估算。

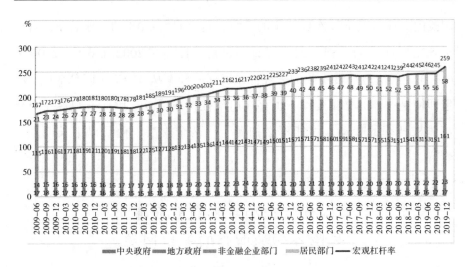

图 22-4　宏观杠杆率变动情况及分部门结构

数据来源：Wind 数据库

格局。简单来看，宏观杠杆率的升降，取决于债务规模（分子）与名义 GDP（分母）的相对变化。2019 年宏观杠杆率的变化特点，充分反映了债务、GDP、价格三因素的不同变化。首先，源于债务增长"先快后慢"，这与一季度多项逆周期政策集中发力、二季度债务风险防控措施明显加强密切相关，短期内负债大幅收放有政策驱动、主动为之的因素；其次，源于 GDP 增长"先慢后快"，通常每年一季度是全年 GDP 占比最低的季度，二季度之后则占比明显提升；再次，源于通缩压力"先大后小"，"债务—通缩"风险先升后降。

三是降杠杆不会直线下降，在起伏中下降符合一般规律。大至国家、小到企业，其杠杆率总是在波动中起伏变化，这也反映了杠杆率受多种因素影响。降杠杆是一个长期过程，需要平衡好债务和增长的关系，因此，在不同时点上，根据经济景气程度、经济增长状况，需调整降杠杆的力度和节奏，有时甚至需要加杠杆。国际经验显示，德国自 1999 年至今经历了两轮完整的杠杆周期，即在 2003 年 6 月 –2008 年 6 月、2010 年 12 月 – 至今的两个时间段出现了宏观杠杆率下行；同时，在这两个时间段内，都出现了多次杠杆率的反复，特别是 2010 年 12 月至今，出现了 5 轮杠杆率的反弹与回落。日本也是一样，在 2002 年 6 月 –2007 年 6 月间，经历过缓慢小幅的去杠杆，宏观杠杆率从 319% 下降到 304.8%，但即使是这样的微幅变动，也存在出现杠杆率反复。因此，观察一个经济体杠杆率的变动，可能不必拘泥于一两个季度，而要以中长期眼光看待。

第二节　2020 年防范化解重大风险各领域面临的突出问题

展望 2020 年，新冠疫情在全球加速多中心蔓延，下半年疫情仍存在较大不确定性，世界经济断崖滑坡迹象明显，经济金融动荡源和风险点持续增多，国内经济下行压力有所加大，债券市场、银行体系、股票市场、外汇市场、宏观杠杆率等领域仍然面临一些潜在风险。

一、债券市场风险较为突出

首先，信用分化可能将延续。当前国企和民企之间盈利分化明显，民企各项指标均弱于国企，且未来短期偿债压力较大，2020 年民企仍将是债券违约的高发区。此外，尽管信用环境将进一步改善，但投资者风险偏好下降，下半年高低评级主体之间的分化将会继续延续下去。其次，信用风险可能传染至"核心资产"。尽管 2019 年债券违约仍主要集中在民企，但已经出现了向国企和城投平台蔓延的趋势，经济较弱区域地方财政能力不足的问题有可能加剧，下半年有可能出现点状的风险事件。

二、部分中小银行风险仍处高位

受近几年经济下行态势影响，我国部分中小银行经营压力较大、风

险隐患不断累积。从资产端看，城商行不良贷款率从 2016 年末的 1.48%
上升至 2020 年 3 月末的 2.45%，农商行不良贷款率从 2016 年末的 2.49%
上升至 2020 年 3 月末的 4.09%。同时，这两类中小银行关注类贷款占比
明显高于国有行和股份行，经营风险相对较高。从负债端看，股份制商
业银行、城商行的同业负债占比较高，受包商银行等中小银行处置事件
影响，同业负债的不稳定性进一步加大，流动性风险加大。同时，不良
资产分类更加审慎，监管更加趋严。在此背景下，部分区域性中小银行，
特别是城商行、农商行的资产质量或将进一步下降，不良率等一些监管
指标下半年大概率会有所恶化，此前激进扩张累积的存量风险可能加速
暴露，需积极关注应对。

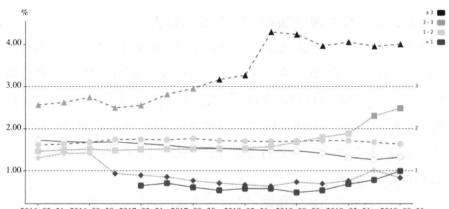

图 22-5 不同类型银行不良贷款率情况（%）

数据来源：Wind 数据库

三、资本市场波动风险较大

资本市场进一步对外开放伴随的衍生风险。2020 年资本市场对外开
放步伐将进一步加快，准入前国民待遇、负面清单、资本市场互联互通
等领域的开放力度将加大。随着海南自由贸易港设立，伴随着资本市场
开放而来的是国际资本市场与中国资本市场的联动性增强，市场波动性

将更强，受国际形势影响增大，股市资金流动和交易的监督将面临更大考验。

四、外汇市场面临不确定风险

从外部看，2020 年依然存在不稳定、不确定性因素，包括全球经济增长放缓、贸易保护主义新冠肺炎疫情等影响国际贸易和投资的发展，国际金融市场脆弱性增强，国际政治也存在较多不稳定的因素，下半年外汇市场依旧面临较大的不确定性。从内部看，人民币汇率和外汇储备稳定承压。全年的进出口可能会有一定程度的下滑，成为扰动外汇市场稳定的不利因素。

五、宏观杠杆率"被动上升"压力较大

事实上，2019 年我国宏观杠杆率的变化态势明显发生了一定程度的"逆转"。我们判断，2020 年尽管在经济增长较为悲观的预期下，企业和居民部门的主动加杠杆的行为趋弱，但是在下半年通缩压力已经有所显现情况下，价格水平低迷造成名义 GDP 增速走低、资本产出效率持续下降将成为影响宏观杠杆走势的主导因素，我国宏观杠杆率的总体水平可能再次"拾级而上"。

首先，通缩压力逐渐显现，价格低迷将推升杠杆走高。通缩压力可能持续存在，2020 年 5 月 CPI 同比上涨 2.4%，涨幅较 4 月份回落 0.9 个百分点；5 月份 PPI 同比下降 3.7%，降幅较 4 月份扩大 0.6 个百分点。在全球整体需求虚弱的背景下，PPI 很可能在较长时期内处于低位运行。价格低迷使得名义 GDP 增速难以提升，从而成为推升杠杆走高的主导力量。

其次，资本产出效率下降，经营困境将造成杠杆被动上升。自 2017 年二季度起，企业部门同时经历了杠杆率增速的下行和资产负债率增速的上升，这种宏观与微观的背离表明了企业部门的资本产出效率下降，造成了杠杆率被动升高。

再次，经济增长前景低迷，企业和居民主动加杠杆动机减弱。从我国特有的"企业－居民"杠杆结构来看，在相当长一段时间内企业部门是高杠杆部门，居民部门加杠杆的边际产出实际上受到压制，下半年居民部门加杠杆步伐可能有所减缓。当前，企业部门负债存量是居民部门的 3 倍左右，而美国和日本分别是 1 倍和 2 倍左右。因此，近年来我国居民部门杠杆的增长体现了某种均值回归的特性，2020 年其杠杆上行会有所减速。

第三节　防范化解重大风险的重点领域和总体思路

一、债券市场风险

2020 上半年，运输成本上升、生产要素流动受阻、企业盈利能力下降、收入停滞，都将导致企业短期内清偿债务能力下降，尤其是餐饮、旅游、电影、交通运输、养殖、种植农业、教育培训等行业受疫情影响较大，下半年情况虽有好转，但各行业受疫情的影响将持续较长时间。可能出现经营困难、债券违约事件。而制造业、房地产、基础设施建设等行业尽管受到的直接冲击并不大，但由于短期基本停滞，企业现金流压力骤增，违约风险也将加大。2019 年违约风险已经开始冲击国有企业和城投平台，财政压力增加，债务负担较重的局部地区偿债风险上升，城投债券的违约风险也将上升。

二、银行体系风险

坚持依法监管、依法行政，依法处理各种市场风险问题，保持政策连续性稳定性。把握强化市场纪律、防范道德风险和维护金融稳定之间的平衡。在守住不发生系统性风险底线前提下，主要采取市场化手段防范和化解风险，由各相关方公平合理承担风险代价和处置成本。要区分情况分类施策、"精准拆弹"，不搞"一刀切"和"齐步走"，在充分评估潜在影响的基础上稳妥实施，严防出现处置风险的风险。强化部门协调，合理引导市场预期，形成合力、提高效率。坚持徐缓调理与外科手术相结合，处置短期风险和构建完善长效机制相结合，实现稳中有进、标本兼治。需要重点监测经济下行压力较大区域的城商行、农商行等中小银行经营状况。

三、资本市场风险

紧密关注 2020 年资本市场可能出现的重大风险点，切实防范极端事件引发上市公司的流动性风险。股权质押与商誉损失风险尽管已经得到部分缓解，但极端事件可能引发部分上市公司的临时经营困难，造成流动性风险，与股权质押与商誉损失风险相叠加。引导预期稳信心，处理好经济冲击与股市风险的关系。要积极引导市场预期，稳定市场情绪，做好信息发布工作，防止经济冲击通过流动性危机、负面新闻等渠道向股市蔓延，造成二次风险。

四、外汇市场风险

2020 年我国外汇市场运行内外部环境正在发生深刻变化，必须强化风险意识，密切关注"黑天鹅"扰动，积极响应，切实做好应对预案。同时，需要警惕全球经济增长放缓、贸易保护主义抬头、国际政治格局变化等不稳定因素，要在守住外汇市场风险的前提下进一步深化外汇领域改革开放，深入推进"放管服"改革，着力抓重点、补短板，完善符合治理体系治理能力现代化要求的外汇管理体制机制，有效防范跨境资本流动风险，切实维护外汇市场稳定，推动高质量发展。

五、宏观杠杆率风险

降杠杆是一个长期过程，且不会直线下降；降杠杆也不必拘泥于一两个季度的波动起伏，但要以中长期眼光审视并处置其深层次问题。

2020 年全年，稳增长必须要有宏观杠杆率的支撑，而宏观杠杆率的上升又意味着风险加剧，因此，宏观杠杆率很有可能出现"易上难下"、"被动上升"，2020 年下半年可能重新开启新一轮上升通道。如何取得稳增长与稳杠杆之间的平衡，如何压实各方责任保持宏观杠杆率的基本稳定，则需要宏观政策需要保持战略定力，稳杠杆重点在调整宏观杠杆率内部结构上做文章，居民杠杆率仍需保持适度稳定；企业去杠杆要更有针对性，主要是国企去杠杆，而国企去杠杆主要是僵尸国企和融资平台；政府加杠杆需要相应的制度配合。同时，加快推进供给侧结构性改革，提振信心，调动各方面积极性。

第四节　政策建议

面对国内外复杂局势，需要时刻保持清醒，统筹推进新冠疫情防控和经济社会发展工作，把握长期大势，抓住主要矛盾，善于化危为机，办好自己的事。要推动优化融资结构和金融机构体系、市场体系、产品体系，进一步提高金融供给对实体经济的适应性和灵活性。要坚决打好防范化解重大金融风险攻坚战，平衡好稳增长和防风险的关系，压实各方责任，做好短期和长期风险防范相结合，稳妥处置和化解各类风险隐患，守住不发生系统性金融风险底线。

一、紧密盯防，确保债券市场风险缓释

针对 2020 年债券市场风险的演变趋势，综合预判下半年债券市场形势，做到长短期政策结合。要切实落实逆周期调控，防止因疫情造成的大面积违约；同时坚持改革导向，加强债券市场制度建设，不断提升债券市场应对和化解风险的能力，释放债券市场活力，有效支持实体经济发展。

一是进行逆周期调控，避免出现系统性风险。稳健的货币政策要更

加灵活适度，为债券市场营造适宜的发展环境。引导金融机构高度重视并积极推广民营企业债券融资支持工具，支持企业扩大债券融资规模，大力推动支持工具增量、扩面惠及更多企业。对于一些尾部风险比较大的行业适当进行定向纾困，发挥基建的稳定器功能，保障房地产整体平稳。

二是监管机构加强指导，引导金融机构妥善应对违约。对于正常企业因疫情及防治疫情的行政措施影响经营造成综合分析判断企业违约原因，违约的，以及疫情影响下由于人员无法到位、企业无法复工导致无法履行金融合同项下非金钱债务的违约，应通过变更还款期限，免除罚息和复息的违约责任；对于疫情背景下企业管理失误造成的违约，如果损害程度较轻，考虑到处于特殊时期，可以酌情免除责任。

三是从根源上规范信用市场建设，在法律制度、财务制度上做好长期制度性供给侧改革。规范、重整企业会计和财务报表制度，保证财务报表的公正、客观、透明和公信力。要采取措施坚决打击恶意逃废债行为，堵上制度漏洞。出台明确的处置方案，有效解决公司控制权变化后出现的违约处置难问题。采取措施进一步完善投资者保护措施，特别是真正发挥好债券持有人大会功能，保障持有人利益。

四是进一步完善债券风险的缓释机制，采取市场化机制降低违约风险。债券市场、信贷市场、货币市场、资金市场、资本市场协同一致，共同给实体经济提供立体式、多元化融资。进一步完善到期违约债券交易机制安排，引导更多的专业化投资者参与违约债券处置，提高风险出清效率，防止风险传染。发展买断式回购和三方回购，提高质押物使用效率，降低违约处置摩擦成本，有效降低违约后风险传染可能。

五是强化信息披露要求，提升信息披露质量。清楚界定会计师事务所、律师事务所、评级机构等中介机构勤勉尽责的范围，督促发行人、主承销商和各类中介机构尽职履责，持续提高投资人保护力度。推动企业违约后处置过程的强制信息披露，保障债权人在破产重整程序中的知情权。

六是继续推进债券市场跨部门监管合作，加强执法力度。进一步深化人民银行、证监会、发改委等部门的执法协作，统一主承销商尽职调查标准。强化对违法违规行为的监管问责，对于欺诈发行、尽职调查不到位等原因造成的债券违约，坚决从严打击。畅通债券违约司法救济渠道，推动解决主承销商或受托管理人的诉讼地位和债券纠纷案件的管辖问题，提升案件审理的专业化程度和破产重整进程的效率。

七是完善《证券法》，堵上"股债联动"漏洞。明确债券市场对于内幕信息的定义，明确如果提前获知内幕信息而买卖公司债券、短融或者中票等债券品种，应算《证券法》规定的内幕交易范围。

二、精密防控，精准拆弹防范化解银行体系风险

要持续关注高风险中小银行机构，继续拆解影子银行，既要保证下半年银行体系不出现较大风险，也要加快完善银行体系风险防控长效机制，推动中小银行补充资本和完善治理，确保我国银行体系保持持续健康稳定。

一是重点防控化解中小银行风险。持续监测中小银行流动性状况，不断完善针对中小银行机构的差异化监管政策。加大对中小银行的政策支持，继续通过定向降准措施为中小银行释放更多资金。完善银行补充资本的市场环境和配套政策，支持商业银行多渠道补充资本金，健全可持续的资本补充体制机制，继续落实发行无固定期限资本债券补充资本政策。健全适应中小银行特点的公司治理结构和风险内控体系，强化"尽职免责"，提高风险防控水平。合理采取不良资产处置、直接注资重组、同业收购合并、设立处置基金、设立过桥银行、引进新投资者以及市场退出等方式，妥善处置化解部分风险机构。

二是继续有序化解影子银行风险。继续拆解影子银行，特别要大力压降高风险影子银行业务，防止死灰复燃。要明确资管新规基本方向不动摇，加强监管协调，合理把握执行力度和节奏，引导金融机构稳妥有

序确定整改计划，推动业务平稳过渡、规范转型。按照业务实质实施一致性、穿透式、全覆盖风险管理，严格适用相应的风险分类、资本占用和拨备计提等要求。坚决落实"房住不炒"要求，严格执行授信集中度等监管规则，严防信贷资金违规流入房地产领域。继续清理规范违法违规搭建的金融集团，在稳定大局前提下，严肃查处违法违规行为，全力做好资产清理，追赃挽损，改革重组。有效防范化解外部冲击风险，做好银行压力测试，完善应对预案，稳定市场预期。

三是构建银行体系风险防控化解长效机制。更好发挥存款保险制度在高风险金融机构处置中的作用，构建完善市场化法治化的金融机构退出机制。由存款保险基金及时通过收购承接、过桥银行、经营中救助和存款偿付等方式处置风险，合理保护存款人利益、维护金融和社会稳定。不断完善风险机构处置程序，压实处置责任，健全损失分担机制，形成健康有序的金融治理体系。进一步完善监管制度，区分系统重要性与非系统重要性机构实施差异化监管。多渠道补充资本，依法合规创新资本补充工具，同时加强资本管理，发挥资本对资产扩张约束和资源配置优化的作用。从长期性、稳定性、结构合理性和功能适配性等方面，不断强化银行体系资产和负债质量监管，细化五级分类规则，提高资产分类准确性，加快制定负债质量监管办法，特别要优化中小银行负债结构、提高中长期稳定资金来源占比，提高中小银行负债的稳定性和匹配性，有效降低中小银行流动性风险问题。推动银行体系建立审慎经营文化，增强风险意识和合规意识，加强内控合规建设和全面风险管理。加大监管科技运用，加快建设监管大数据平台，完善监管制度，强化监管队伍，有效提升监管能力和水平。

三、制度立市，维护资本市场健康稳定运行

一是完善资本市场法规政策体系。加快修订《证券法》《公司法》《刑法》等法规，对涉及欺诈发行、虚假信息披露等证券市场违法违规行为

的处罚条款，加大对证券市场违法行为的惩戒力度，提高违法违规成本。

二是帮扶重点领域民营上市公司。针对受疫情冲击影响较为严重的地区和行业，尤其是湖北省，旅游、餐饮、运输、教育培训等相关行业的上市民营企业，鼓励金融机构给予短期流动性支持，降低融资借贷利率，帮助企业渡过难关。引导各地的纾困基金重点支持短期遭遇疫情冲击的上市公司，允许纾困基金跨地域进行帮扶。

三是加强资本市场反腐与监管力度。加强对交易所、证券公司、公募基金、私募基金机构和人员的反腐高压力度，深入排查资本市场从业者与其他金融交叉领域人员，尤其是银行信贷领域的腐败问题。加强私募基金风险排查和处置，加大对场外非法配资活动的打击力度。

四是加强投资者保护。建立金融法院和集团诉讼制度，让中小投资者可以通过法律途径维权，切实维护投资者利益。推进科创板试点注册制改革，建立健全退市制度，试点成熟一项推广一项，逐步畅通资本市场进出的通道。进一步健全市场应急机制安排，引导市场微观主体树立防范资产价格波动风险的意识。

五是稳妥推进资本市场对外开放。结合海南自由贸易港政策，推进资本市场外资参与主体准国民待遇改革，提升行业协会对外资金融机构的管理约束力，由行业协会牵头制定资本市场开放过程中的操作指南和规范。强化跨境金融数据统计和现金流监管，建立违规资金操作的信用黑名单制度，加强对跨境资金池的监督管理能力。

六是继续拓宽资本市场的互联互通渠道。继续与伦交所、境内外主体紧密联系，推动伦交所优质上市公司在上交所上市交易非融资型 CDR，探索"沪深德通"、"沪深美通"，加快中欧、中美资本市场互联互通的工作也有望纳入日程。

四、深化改革，保障外汇市场平稳运行

一是完善监管外汇市场监管框架，提升市场外汇管理水平。不断完善

外汇市场"宏观审慎 + 微观监管"两位一体的监管框架，维护外汇市场基本稳定、防范系统性金融风险。深入分析全球经济增长放缓、贸易保护主义、国际政治格局变化等外部冲击对我国贸易投资、跨境资本流动以及国际收支结构等方面的影响，加强苗头性、趋势性敏感变化的分析预判，强化监测分析与调研工作，进一步丰富政策工具箱。完善外汇批发市场法律法规，严厉打击外汇领域违法违规行为，建立健全外汇批发市场非现场监管和现场检查工作机制，保持执法标准跨周期的一致性、稳定性和可预期性，压实银行责任，防范跨境资金流动风险，维护外汇市场秩序。逐步扩大试点范围，拓展区块链技术在跨境融资、宏观审慎管理的应用场景，积极推进外汇领域改革开放应对数字货币的前瞻性研究，探索新形势下的外汇监管科技体系建设。完善中国特色外汇储备经营管理，稳妥审慎推进多元化运用，保障外汇储备资产安全、流动和保值增值。

二是深化外汇领域改革开放。稳妥有序推进资本项目开放，支持金融市场互联互通和双向开放，积极落实资本项目改革创新政策。依托海南自由贸易港，支持贸易新业态，推进跨境金融区块链服务平台建设。深化"放管服"改革，认真落实国务院常务会审议通过的 12 项便利化措施，进一步健全外商投资准入前国民待遇加负面清单管理制度，切实维护境外投资者合法权益。支持上海自贸试验区、雄安新区、粤港澳大湾区、海南自贸港等外汇管理改革先行先试。

三是提高外汇及跨境人民币业务办理效率。简化疫情防控相关跨境人民币业务办理流程，支持个人和企业合理用汇需求，鼓励通过手机银行等线上渠道办理个人外汇业务，简化材料、切实提高办事效率。加快外汇及人民币跨境业务办理，支持企业跨境融资，放宽企业借用外债额度限制，允许线上申请外债登记，便利企业开展跨境融资。

五、压实责任，确保实现宏观杠杆率的基本稳定

宏观政策需要保持战略定力，注意长短结合，下半年在继续推动"总

体稳杠杆"、"结构性去杠杆"的同时，解决一批阻碍降杠杆防风险的真难题，建立一套防止周而复始过度加杠杆的好机制。降杠杆是一个长期过程，且不会直线下降；降杠杆也不必拘泥于一两个季度的波动起伏，但要以中长期眼光审视并处置其深层次问题。

一是提早应对宏观杠杆率重回高增长通道。降杠杆工作应放置到经济工作全局中考虑，面临内外部经济形势造成"六稳""六保"这一主要矛盾之下，没有必要固守宏观杠杆率的绝对稳定，一定程度的上升，尤其内部杠杆率相对较低部门的加杠杆，不失为危险时刻的关键选择。从提升稳增长助力的角度，需要容忍杠杆率（特别是中央政府杠杆率）的适度抬升，将重点放在体制、结构与效率上，把握好稳增长与稳杠杆的动态平衡。同时，纵观各国杠杆率变化历史，出现较大幅度的绝对去杠杆是较为少见的。从几个主要发达经济体来看，美国（1952 年以来）和日本（1997 年以来）都是经历了几轮的"杠杆快速上升－杠杆保持稳定"，只有德国实现了两轮"加杠杆－去杠杆"周期。因此，根据我国情况，结合国际经验，杠杆率去化工作也应从长计议，做好"中长跑"准备。

二是在资产端多做文章提升资本产出效率。去杠杆面临两难，削减债务容易导致宏观总需求随之下降，从而拉低经济增长；而经济增长下降通过拉低名义 GDP 增速反而抬高了杠杆率。这种困境导致仅仅通过控制债务水平而降杠杆的政策有可能造成拉高杠杆率的结果。因此政策重点应放在体制、结构与效率上，推动主要行业的重组整合，大力推进基础设施领域不动产投资信托基金（REITs）试点工作，以优化资本配置的方式提升产出效率。培育优质的大型基础设施运营商，推动高速公路、污水处理等基础设施在更大范围内整合运营，充分发挥规模效应，提升运营效率，提高资产回报。

三是中央政府有必要承接转化一部分其他部门的负债。应继续推动债务从私营部门转至政府部门，尤其是中央政府。在宏观稳杠杆的基础上，调节杠杆结构、推动杠杆从私营部门部分转向政府部门，是稳定经济增长、激发民间活力之策。所谓过度举债会带来潜在风险，主要是来源于私人部门。主权政府的本币债务增加，相对于私人部门债务而言不足为虑，我国中央政府也尚有空间可以适度增加举债。因此，中央政府仍然应该继续适当增加举债，不过不应是再启动一轮大规模的基建刺激，而是通过国债低息举债来减税，增加居民消费和企业盈利，使资源更加合理地分配到私人部门，基建投资也应着重在脱贫攻坚、铁路公路、水利能源、生态环保等关键领域和薄弱环节。

四是加快推动经济结构转型升级。由于在防风险、控债务的背景下，未来经济增长将逐渐成为主导杠杆率变动的因素。因此，推动结构转型升级、提升资本产出效率才能真正实现稳定杠杆。政策要"稳中求进"、坚持稳增长与调结构的平衡。短期来看，2020年下半年及未来一段时间要保持货币松紧适度，通过稳增长以时间换空间，为结构转型营造相对平稳的宏观环境；同时，降低融资成本、减轻企业税负，激发企业内生活力。中长期看，只有加快制度改革和产业升级，加快推进要素市场化改革，做到真改革、真开放，才能真正实现创新驱动型的高质量增长。

后 记

　　本书是中国建设银行研究院与中国宏观经济研究院开展战略合作的首批成果之一。本书在全面细致分析 2019 年我国宏观经济总体运行及相关重点领域发展态势的基础上，深入分析了 2020 年经济运行中存在的有利条件和不利因素，对全年经济走势进行总体研判，并提出了相关政策建议。相较已有研究工作，本书在研究框架的系统性、覆盖领域的广泛性、分析研判的深入性、政策建议的有效性等方面均进行了积极探索和尝试，以期为读者准确把握当前我国经济运行的基本状况、面临的问题风险、存在的机遇挑战等提供有益参考。

　　本书由中国建设银行研究院与中国宏观经济研究院共同编写。中国宏观经济研究院经济所、外经所、投资所、产业所、国地所、社会所、市场所、运输所、能源所等 9 个研究所和中国建设银行研究院的近百名科研人员参与本书写作。具体各章节执笔人分别是，第一章：杜飞轮、刘雪燕、杜秦川、何明洋，第二章：李大伟、季剑军、孔亦舒、陈大鹏，第三章：董利，郭刚正，第四章：董利，张旭，第五章：董利，丁林涛，第六章：徐鹏，第七章：张本波、魏国学、王阳、蔡潇彬，第八章：王云平，第九章：王蕴、肖潇、姜雪、姚晓明，第十章：申兵、王继源、贾若祥，第十一章：谭永生、常兴华，第十二章：徐建伟，第十三章：刘琳、任荣荣，第十四章：付保宗、周劲，第十五章：汪鸣、樊一江、马艺菲、刘昭然、李名良、赵欣苗、乔婧、刘思琦、李卫波，第十六章：

洪群联、李子文，第十七章：杨宜勇、范宪伟，第十八章：张有生、高虎、肖新建、杨晶、李际、田磊、谷立静、蒋茂荣、李海，第十九章：汪鸣、刘昭然、樊一江、马艺菲、刘文华、赵欣苗、乔婧、李卫波、李名良、刘思琦、秦山、唐幸，第二十章：刘志成，第二十一章：王元、侯燕磊，第二十二章：李世刚、曹玉瑾、李清彬、宋立义、陆江源。建行研究院杨洸副院长、朱勇副秘书长，中国宏观经济研究院科研管理部罗蓉副主任、蒋同明处长为课题研究以及本书出版积极组织协调，人民出版社在此书编辑出版过程中给予大力支持，在此一并表示衷心感谢！

中国建设银行作为国家金融重器，有重视研究的优良传统，早期的投资研究所、中国投资学会等专业研究机构在业界享有很好声誉。建行研究院是建设银行汇聚国内外智慧，打造的全球化、专业化、平台化的新型智库，以"服务建行，建言国家"为己任，致力于为建设银行战略转型提供智力支撑，为公共政策制定提供决策咨询，为经济金融难题探索解决方案。中国宏观经济研究院（国家发展和改革委员会宏观经济研究院）是首批国家高端智库建设试点单位，是国内唯一以宏观经济理论和政策为专长的国家级决策咨询智库，具有贴近国家宏观经济管理决策机构、贴近中国发展实际、学科专业比较齐全的特色。我们共同以把优秀科研成果推荐给广大读者作为己任，但限于经验和水平，书中如有谬误之处，恳请各位专家和广大读者批评指正。

参考文献

1. 杜飞轮、刘雪燕、何明洋、杜秦川：《经济运行缓中趋稳　内生动力活力仍需增强》，《宏观经济管理》，2019 年第 5 期。

2. 杜飞轮、刘雪燕、何明洋：《2019 年上半年经济形势分析及政策建议》，《中国经贸导刊》，2019 年第 8 期。

3. 杜秦川：《多措并举保障市场供应和物价基本稳定》，《中国经济时报》，2019 年 9 月 3 日。

4. 张前荣：《2019 年物价形势分析与 2020 年展望》，《中国物价》，2020 年第 1 期。

5. 刘立峰：《2019 年投资形势分析与 2020 年展望》，《中国物价》，2020 年第 1 期。

6. 王蕴、肖潇、姜雪、姚晓明：《2019 年消费形势分析与 2020 年展望》，《中国物价》，2020 年第 1 期。

7. 孔亦舒、李大伟：《2019 年外贸形势分析与 2020 年展望》，《中国物价》，2020 年第 1 期。

8. 刘志成、徐鹏：《当前重点市场形势分析与 2020 年展望》，《中国物价》，2020 年第 1 期。

9. 马义华：《我国货币供应、经济增长与物价水平关系的实证分析》，《统计与决策》，2019 年第 9 期。

10. 上海财经大学高等研究院：《"中国宏观经济形势分析与预测"课题组》，《中国宏观经济形势分析与预测年度报告（2019–2020）》，

2019 年 12 月。

11. 李大伟、季剑军、孔亦舒、陈大鹏：《2020 年世界经济形势分析与展望》，《中国发展观察》，2020 年第 1-2 期合刊。

12. 李大伟：《中国对世界经济增长贡献巨大》，《经济日报》2019 年 7 月 29 日。

13. 季剑军：《2019 年大宗商品价格走势预测、对我国的影响及对策》，《海外投资与进出口信贷》，2019 年第 2 期；

14. 孔亦舒、李大伟：《2019 年外贸形势分析与 2020 年展望》，《中国物价》，2020 年第 1 期。

15. 李馥伊：《世贸组织改革各方动向和应对建议》，《中国经贸导刊》2019 年第 3 期。

16. 徐鹏：《CPI 和 PPI 年内走势研判与月度跟踪预测方法研究》，《价格理论与实践》，2017 年第 2 期。

17. 臧跃茹、郭丽岩、徐鹏：《当前价格形势分析与 2018 年趋势展望》，《中国物价》，2018 年第 5 期。

18. 徐鹏：《CPI 和 PPI 的驱动因素分解研究——价格形势分析中翘尾因素和新涨价因素》，《价格理论与实践》，2019 年第 5 期。

19. 徐鹏、刘强：《国际原油价格的驱动因素：需求、供给还是金融——基于历史分解法的分析》，《宏观经济研究》，2019 年第 7 期。

20. 徐鹏：《增值税税率下调对价格总水平的影响研究》，《中国物价》，2019 年第 9 期。

21. 徐鹏：《价格形势分析的理论与实践》。中国经济出版社 2019 年版。

22. 刘志成、徐鹏：《当前重点市场形势分析与 2020 年展望》，《中国物价》，2020 年第 1 期。

23. 国家统计局：《就业形势总体稳定 就业预期目标较好完成》，《国家统计局最新发布》2012 年 1 月 19 日。

24. 人力资源和社会保障部：《人社部举行 2019 年第四季度新闻发布会》，2020 年 1 月 14 日。

25. 常修泽：《民营经济如何实现高质量发展》，《财经界》，2019 年第 10 期。

26. 黄齐元：《新经济的机会与挑战》，《中国科技产业》，2020 年第 2 期。

27. 刘霁：《特朗普政府执政以来全球贸易体系的变局：机遇与挑战》，《中国劳动关系学院学报》，2020 年第 2 期。

28. 王静文：《多措并举保持就业形势稳定》，《经济参考报》，2020 年 1 月 6 日。

29. 谢建国、张宁：《技术差距、技术溢出与中国的技术进步：基于中美行业贸易数据的实证分析》，《世界经济研究》，2020 年第 1 期。

30. 周济：《提升制造业产业链水平，加快建设现代产业体系》，《2019 国家制造强国建设专家论坛（宁波）》，2019 年 10 月 15 日。

31. 宁吉喆：《中国经济运行呈现十大亮点》，《求是》，2020 年第 2 期。

32. 郭克莎：《中国产业结构调整升级趋势与"十四五"时期政策思路》，《中国工业经济》，2019 年第 7 期。

33. 魏后凯、王颂吉：《中国"过度去工业化"现象剖析与理论反思》，《中国工业经济》，2019 年第 1 期。

34. 朱平芳、王永水、李世奇、谢娉青：《新中国成立 70 年服务业发展与改革的历史进程、经验启示》，《数量经济技术经济研究》，2019 年第 8 期。

35. 程俊杰：《高质量发展背景下破解"创新困境"的双重机制》，《现代经济探讨》，2019 年第 3 期。

36. 何伟、屠晓杰：《加快推动我国战略性新兴产业高质量发展》，《信息通信技术与政策》，2019 年第 6 期。

37. 黄蕊、徐倩、赵意:《"人工智能+"模式下我国传统产业的效率锁定与解锁——基于路径依赖理论视域》,《经济问题》,2020 年第 2 期。

38. 王云平:《振兴实体经济、壮大制造业的对策建议》,《宏观经济管理》,2017 年第 11 期。

39. 王佳元、李子文、洪群联:《推动服务业向高质量发展》,《宏观经济管理》,2018 年第 5 期。

40. 姜江:《加快实施创新驱动发展战略的思路和举措》,《经济纵横》,2018 年第 4 期。

41. 王娟娟、杨冰如:《中国在"一带一路"区域的投资结构变化及发展趋势》,《中国流通经济》,2020 年第 1 期。

42. 许家云、毛其淋、胡鞍钢:《中间品进口与企业出口产品质量升级:基于中国证据的研究》,《世界经济》,2017 年第 3 期。

43. 周俊、洪晨翔、王君:《贸易战背景下中美进出口商品贸易结构分析（2007—2016）》,《上海管理科学》2019 年第 3 期。

44. 杜勇宏:《对中国汽车千人保有量的预测与分析》,《中国流通经济》,2011 年第 6 期。

45. 袁富华、张平、陆明涛:《长期经济增长过程中的人力资本结构—兼论中国人力资本梯度升级问题》,《经济学动态》2015 年第 5 期。

46. 刘立峰:《我国三大需求的未来趋势分析》,《中国经贸导刊》,2019 年第 6 期。

47. 郭克莎:《适度扩大总需求须协调三大关系》,《经济参考报》,2019 年 6 月 19 日。

48. 王蕴、肖潇、姜雪、姚晓明:《2019 年消费形势分析与 2020 年展望》,《中国物价》,2020 年第 1 期。

49. 王宏广:《2019 中国区域经济高质量发展研究报告》,《经济日报》,2020 年 1 月第 22 期。

50. 刘秉镰、朱俊丰、周玉龙:《中国区域经济理论演进与未来展望》,

《管理世界》，2020 第 2 期。

51. 肖金成：《"十四五"时期区域经济高质量发展的若干建议》，《区域经济评论》，2019 第 6 期。

52. 习近平：《推动形成优势互补高质量发展的区域经济布局》，《求是》，2019 第 24 期。

53. 黄剑辉：《疫情对我国区域经济的影响及政策建议》，《证券日报》，2020 年 2 月第 8 期。

54. 王继源、申兵：《上半年地区经济形势的三个亮点和三个隐忧》，《中国经贸导刊》，2019 年第 15 期。

55. 闫涛、张晓平、陈浩、李润奎：《2001—2016 年中国地级以上城市经济的区域差异演变》，《经济地理》，2019 年第 12 期。

56. 刘志彪：《建设优势互补高质量发展的区域经济布局》，《社会科学》，2019 年第 10 期。

57. 北京市社会科学院课题组，赵弘：《中国区域经济 40 年的发展成就与展望》，《区域经济评论》，2019 年第 6 期。

58. 常瑞祥、安树伟：《中国区域发展空间的格局演变与新拓展》，《区域经济评论》，2019 年第 3 期。

59. 贾康等：《深化收入分配制度改革研究》，企业管理出版社 2018 年。

60. 李实、岳希明、史泰丽、佐藤宏：《中国收入分配格局的最新变化——中国居民收入分配研究》，人民出版社 2017 年。

61. 常兴华、李伟：《中国宏观收入分配格局再研究》，《宏观经济研究》，2018 年第 5 期。

62. 张车伟、赵文：《"统计外收入"及其对居民收入与经济增长同步性的影响—两种统计口径的对比分析》，《劳动经济研究》，2018 年第 1 期。

63. 李强、戈艳霞：《我国中产阶层发展滞后的现状、原因与对策》，

《中国人民大学学报》，2017 年第 3 期。

64. 白重恩、唐燕华、张琼：《中国隐性收入规模估计—基于扩展消费支出模型及数据的解读》，《经济研究》，2015 年第 6 期。

65. 李培林：《中产阶层成长和橄榄型社会》，《国际经济评论》，2015 年第 1 期。

66. 甘犁：《来自中国家庭金融调查的收入差距研究》，《经济资料译丛》，2013 年第 4 期。

67. 孙敬水、叶晓佳：《分配公平、经济效率与社会稳定的协调性研究：一个文献述评》，《财贸研究》，2013 年第 2 期。

68. 李实、罗楚亮：《中国收入差距究竟有多大？——对修正样本结构偏差的尝试》，《经济研究》，2011 年第 4 期。

69. 龚刚、杨光：《从功能性收入分配看中国收入分配的不平等》，《中国社会科学》，2010 年第 2 期。

70. 陈亚莹：国内汽车产能过剩已超千万辆，《中国新闻周刊》，2019 年 12 月第 11 期。

71. 付一夫：《关于汽车消费市场低迷的几点思考》，《金融界》，2019 年 12 月第 9 期。

72. 罗兰贝格：《颠覆趋势下的全球与中国汽车行业展望》，2020 年 1 月第 14 期。

73. 王静亚：《汽车产业产能过剩是不是"危言耸听"？网通社》2019 年 7 月第 9 期。

74. 未来智库：《机器人行业研究：机器人产业拐点已到？》，2020 年 1 月第 25 期。

75. 央视：《三问新能源汽车产业现状：技术、产能、中外合作如何？》，《金融界网》，2019 年 8 月第 4 期。

76. 赵英：《疫情对汽车产业影响之我见》，《汽车人》，2020 年 2 月第 4 期。

77. 张传宇：《2020，豪华车市场的新挑战与新动能》，《界面》，2020年1月第20期。

78. 张夕勇：《客观看待当前我国汽车产业发展的几个问题》，《新华网》2019年7月第13期。

79. 周菊：《2018年以来又增债务超600亿 汽车公司遭遇最强"资金劫"》，《经济观察报》，2019年6月第28期。

80. 中国汽车技术研究中心：《中国汽车贸易高质量发展报告（2019）》，2019年12月第30期。

81. 中国汽车流通协会等：《2019中国汽车消费者洞察报告》，2019年12月第19期。

82. 2019年中央经济工作会议内容，新华社2019年12月12日。

83. 2019年全国住房和城乡建设工作会议内容，住房城乡建设部，2019年12月24日。

84. 国家统计局：《2019年中国统计年鉴》，中国统计出版社2018年。

85. 何立峰：《加快构建支撑高质量发展的现代产业体系》，《人民日报》2018年8月第8期。

86. 何立峰：《促进形成强大国内市场 大力推动经济高质量发展》，《求是》，2019年第2期。

87. 苗圩：《加强核心技术攻关 推动制造业高质量发展》，《求是》，2018年第14期。

88. 付保宗等：《加快建设实体经济、科技创新、现代金融、人力资源协同发展的产业体系研究》，《宏观经济研究》，2019年第5期。

89. 世界银行：《2020年营商环境报告》，世界银行网站：https：//www.shihang.org/.

90. 国际机器人联合会（IFR）：《全球机器人2019——工业机器人》，国际机器人联合会网站：http：//www.ifr.org.

91. 李小鹏：《在全国交通运输工作会议上的讲话》2019年。

92. 鄂竟平：《坚定不移践行水利改革发展总基调加快推进水利治理体系和治理能力现代化—在 2020 年全国水利工作会议上的讲话》2020 年。

93. 国网能源研究院有限公司，李娜娜、谢国辉：《新能源发电将迈向高质量发展新阶段》，《国家电网报》，2020 年 1 月第 21 期。

94. 本刊编辑部：《2020 年全国能源工作会议在京召开》，《中国能源》，2019 年第 12 期。

95. 中国能源报：2019 能源产业交出高质量答卷 | 年终盘点，2019 年 12 月第 30 期。

96. 上海石油天然气交易中心：《国家管网公司成立背景下中国 LNG 接收站如何公平开放》，2020 年 1 月 10 日。

97. 中电联行业发展与环境资源部：《2019–2020 年度全国电力供需形势分析预测报告》，2020 年 1 月 21 日。

98. 2019 年 1–11 月：《通信业经济运行情况》，《信息技术》，2020 年第 1 期。

99. 艾瑞咨询：《中国人工智能产业研究报告》。

100. 中国电子学会：中国数字经济百人会，北京旷视科技有限公司。《新一代人工智能产业白皮书（2019 年）——主要应用场景研判》，2020 年。

101. 杨剑勇：中国电信物联网连接数破 2 亿，将成运营商增长新动力。

102.《全国住房和城乡建设工作会议召开部署　2020 年九大重点任务》，《建设科技》2019 年第 24 期。

103. 习近平：《在中央政治局常委会会议研究应对新冠肺炎疫情工作时的讲话》，《求是》，2020 年第 4 期。

104. 洪群联：《切实提升生产性服务业质量和水平》，《经济日报》，2018 年 5 月第 8 期。

105. 王佳元、李子文、洪群联：《推动服务业向高质量发展》，《宏观经济管理》，2018 年第 5 期。

106. 姜长云：《服务业高质量发展的内涵界定与推进策略》，《改革》，2019 年第 6 期。

107. 清华大学中国经济思想与实践研究院宏观预测课题组：《中国宏观经济形势分析与前瞻》，《改革》，2020 年第 1 期。

108. 朱平芳、王永水、李世奇、谢婍青：《新中国成立 70 年服务业发展与改革的历史进程、经验启示》，《数量经济技术经济研究》，2019 年第 8 期。

109. 迟福林：《服务业市场全面开放需加快监管变革营造公平竞争的市场环境》，《财经界》，2019 年第 6 期。

110. 毕吉耀、原倩：《当前世界经济形势及面临的主要风险》，《宏观经济管理》，2019 年第 2 期。

111. 张车伟：《关于发展我国大健康产业的思考》，《人口与社会》，2019 年第 1 期。

112. 乔晓春：《养老产业为何兴旺不起来？》，《社会政策研究》，2019 年第 2 期。

113. 顾严：《"十四五"中度老龄化社会的挑战与对策》，《中国国情国力》，2019 年第 2 期。

114. 曾红颖、范宪伟：《进一步激发银发消费市场》，《宏观经济管理》，2019 年第 10 期。

115. 杨立雄：《北京市老龄产业发展研究》，《中国软科学》，2017 年第 3 期。

116. 范宪伟、王阳：《我国医疗服务供需矛盾及发展建议》，《宏观经济管理》，2018 年第 8 期。

117. 范月蕾、毛开云等：《我国大健康产业的发展现状及推进建议》，《竞争情报》，2017 年第 3 期。

118. 中国经济网：《刘文华：能源总量供需平稳能源结构继续优化》

2020 年 1 月第 23 期。

119. 国家能源局:《奋进,打开能源高质量发展新局面——全国能源工作 2019 年终综述》,2020 年 1 月 23 日。

120. 宁吉喆:《中国经济运行呈现十大亮点》,2020 年 2 月 1 日。

121. 人民网:《干货满满!能源工作 2019 年成绩单已出 2020 年要怎么做?》2020 年 1 月第 23 期。

122. 国家能源局:《国家能源局发布 2019 年全社会用电量》,2020 年 2 月第 4 期。

123. 中电联行业发展与环境资源部:《2019-2020 年度全国电力供需形势分析预测报告》,2020 年 1 月第 21 期。

124. 国家能源技术经济研究院:《中国电力发展形势分析报告》,2019 年。

125. 国家能源局:《前三季度可再生能源发展情况》,2019 年 10 月第 29 期。

126. 中电联行业发展与环境资源部:《2019 年前三季度全国电力供需形势分析预测报告》,2019 年 10 月第 31 期。

127. 中国煤炭工业协会:《煤炭行业经济运行形势分析与展望》,2019 年 12 月第 20 期。

128. 国家能源局:《全国电力现货市场建设推进会在京召开》,2019 年 11 月第 26 期。

129. 北极星电力网:《增量配电发展研究白皮书 2019 发布》,2019 年 12 月第 5 期。

130. 国家统计局:《2018 年省(区、市)万元地区生产总值能耗降低率等指标公报》,2020 年 1 月第 27 期。

131. 田磊、金琴琴、付晓晴:《2018 年我国石油市场形势分析与 2019 年展望》,《中国能源》,2019 年第 2 期。

132. 田磊、刘小丽:《油气管网改革更进一步》,《中国投资(中英

文)》，2020 年第 1 期。

133. 李小鹏：《在全国交通运输工作会议上的讲话》，2019 年。

134. 刘昭然：《有效应对发展复杂局面 不断提高下行抗压能力（2019 年交通运输形势分析及 2020 年展望）》，《综合运输参考资料》，2019 年第 38 期。

135. 新华社：《中共中央国务院印发〈交通强国建设纲要〉》，2019 年 9 月第 20 期。

136. 新华社：中共中央 国务院印发《长江三角洲区域一体化发展规划纲要》，2019 年 12 月第 1 期。

137. 国家发展改革委：《西部陆海新通道总体规划》，2019 年。

138. 新华社：中央经济工作会议在北京举行，2019 年 12 月第 12 期。

139. 何黎明：《推进物流高质量发展　助力全面建成小康社会——2019 年我国物流业发展回顾与 2020 年展望》。

140. 中国物流与采购联合会：《历年全国物流运行情况通报》。

141. 交通运输部：《关于通报运输结构调整进展情况的函》，2019 年 11 月 22 日。

142. 交通运输部：《交通运输部等十二部门和单位关于印发绿色出行行动计划（2019—2022 年）的通知》，2019 年 5 月。

143. 滴滴公司：《2019 年〈年度出行报告〉》，2019 年。

144. Analysys 易观：《中国餐饮商超数字化实践洞察 2020》，2020 年。

145. 益群网：GoFun 出行国庆七天订单总量近 70 万单，2019 年 9 月第 20 期。

146. 王永中、周伊敏：《国际大宗商品市场形势回顾与展望：平衡和调整》，载张宇燕主编《2019 年世界经济形势分析与预测》，社会科学文献出版社 2019 年。

147. 李扬：《"金融服务实体经济"辨》，《经济研究》，2017 年第 6 期。

148. 李扬：金融发展和金融创新必须服务于实体经济［J］，《当代财经》，2009 年第 1 期。

149. 刘鎏、梁红：《回顾 2003 年"非典"对经济的影响》，《中金宏观》，2020 年 1 月 21 日。

150. 史晓姗、张琦、延骁威、康正宇：《2019 年信用债市场分析与 2020 年展望》，《中证鹏元专题研究》，2020 年 2 月 12 日。

151. 宋立：《为实体经济提供高质量金融服务》，《人民日报》，2020 年 1 月 10 日。

152. 中国人民银行金融稳定分析小组：《2019 年中国金融稳定报告》，2019 年 11 月 25 日。

153. 中国银保监会，中国人民银行：《2019 年中国普惠金融发展报告》，2019 年 9 月 29 日。

154. 林宏山、林旻、李雅敏、朱佳佳：《我国系统性金融风险测度及传导效应研究——基于实体经济的视角》，《福建金融》，2020 年第 1 期。

155. 柳立：《2020 年：金融风险防控不能松懈》，《金融时报》，2020 年 1 月第 20 期。

156. 沈子钰：《我国房地产金融风险及防范研究》，《现代营销（信息版）》，2020 年第 2 期。

157. 王瑞文：《浅谈国内金融市场风险的应对与防范》，《中国商论》，2020 年第 3 期。

158. 赵建、李奇霖、冯素玲：《货币供给、流动性波动与系统性金融风险——微观行为、宏观结构与传导机理》，《金融评论》，2019 年第 6 期。

159. 中国人民银行金融稳定分析小组：《中国金融稳定报告 2019》。

160. Koh, Winston T. H., Roberto S. Mariano, Andrey Pavlov, Sock Yong Phang, Augustine H. H. Tan and Susan M. Wachter. Bank lending and real estate in Asia : market optimism and asset bubbles. Journal of Asian

Economics, 2005, 6 : 1103–1118.

161. International Energy Agency, Oil Market Report, February 2020.

162. International Monetary Fund, World Economic Outlook : Tentative Stabilization, Sluggish Recovery? January 9, 2020.

163. World Bank Group, Commodity Markets Outlook, October 2019.